GROSSES

CAVAYOM ©

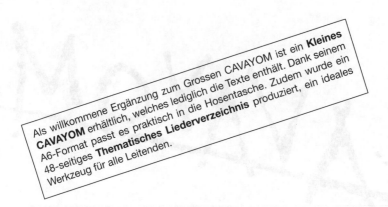

Als willkommene Ergänzung zum Grossen CAVAYOM ist ein **Kleines CAVAYOM** erhältlich, welches lediglich die Texte enthält. Dank seinem A6-Format passt es praktisch in die Hosentasche. Zudem wurde ein 48-seitiges **Thematisches Liederverzeichnis** produziert, ein ideales Werkzeug für alle Leitenden.

Herausgeber: Christlicher Verein Junger Menschen (CVJM) St.Gallen

Gestaltung: Werbeatelier Erwin Schmuck, Mörschwil SG
Herstellung: Schoop AG, Urnäsch AR

Gedruckt auf chlorfrei gebleichtes Papier

3. Auflage 1995
ISBN 3-290-10958-5
© Theologischer Verlag Zürich 1995

Liebe lesende und bald singende CAVAYOM-Freunde

Sie haben sich auf dieses neue Liederbuch eingelassen; das finden wir toll! Allem voran wollen wir Ihnen erklären, wie das CAVAYOM entstanden ist: Seit über zehn Jahren sind wir mit Jugendlichen in Lagern und auf Reisen durch halb Europa unterwegs. Das Repertoire wuchs an, und ein erstes "Büechli" entstand unter der Hand. Doch es fehlten die Akkorde für unsere Gitarreros. Kaum war die zweite, ergänzte Auflage im Umlauf, mussten wir zu hören bekommen, dass die unzähligen unbekannten Lieder nur mit Noten verständlich würden.

Aber nun zum Namen: Was ist CAVAYOM eigentlich? Zunächst ist es eine Wortspielerei. Zwischen dem "A und O" verbirgt sich der Kürzel für die weltweite Bewegung der Christlichen Vereine Junger Menschen, wobei der Internationalität mit dem "Y" Rechnung getragen wird. Doch auch im übertragenen Sinn sagt CAVAYOM einiges aus. CAVA (hebräisch) bedeutet: Die Höhe eines Berges etwa. Wie die alten Isrealiten auf die Höhe eines Berges zogen, um zu opfern, so übertragen wir."Wir kommen zusammen, um miteinander zu singen, zu tanzen, zu beten, zu lachen und zwar heute an diesem Tag (YOM)". CAVAYOM kurz und einfach: Wir sind heute auf der Höhe, gut schweizerisch: "Mir sind zwäg, uf de Höchi". Das möchten wir, dass, wer immer aus CAVAYOM singt, mit andern zusammenfindet und frohe Stunden verbringen kann.

So begannen wir, ein Repertoire von etwa 500 bekannten und neuen Liedern zusammenzustellen, die von A bis Z aus folgenden Sparten stammen: **American, Beat, Christlich, Deutsch, Evergreens, Französisch, Gospels, Hits, Italienisch, Jazz, Klassik, Latin, Mundart, Neuheiten, Oper, Popsongs, Quatschlieder, Rock, Spirituals, Tänze, Unterhaltung, Volkslieder, Wanderlieder, X und Y, Zungenbrecher.** Die Auswahl ist gross und in jedem Fall unvollständig. Deshalb haben wir als Anhang einige Seiten weiss belassen, damit Ihre eigenen Lieblingslieder im CAVAYOM ebenso Platz finden.

Lange hat die Arbeit am neuen Liederbuch gedauert, und sie wäre niemals zu bewältigen gewesen, wären da nicht zahlreiche helfende Augen, Hände, Stimmen und Herzen zur Seite gestanden. Ihnen allen - dem Drucker, dem Grafiker, den PC- und Programmausleihern, den Lektoren, den Gratisautoren - gilt auch unser herzlicher Dank. Durch diese Hilfen und vor allem durch das Wissen um die grosse Vorfreude über das CAVAYOM, die uns von vielen Seiten entgegengebracht wurde, waren wir angespornt. So haben wir nun ein Liederbuch herausgegeben, welches in gleicher Weise in Schulen und in Jugendgruppen, bei Kindern und Chorleitern, in der Jungschar und in Hauskreisen Anklang finden soll.

Doch entsprechend hatten wir denn auch die Lieder zu bearbeiten: Wir transponierten sie, um sie in der Höhe singbar und von den Akkorden her spielbar zu machen. Fremdsprachigen Liedern stellten wir wo möglich deutsche Versionen hintenan. Rhythmisch haben wir etliche Lieder vereinfacht und vor allem auch verdeutscht, damit die Silben auch wirklich so betont sind, wie die Sprache dies erfordert. Doch möchten wir den Musikern auch die Freude bereiten, dass sie mit ungewohnten Akkorden die Begleitung bereichern könnten. Deshalb wählten wir die Akkorde meist so, dass sie mit oder ohne zusätzliche Bezifferungen spielbar bleiben. Wir haben die Lieder konsequent mit Akkorden versehen auch Kanons und alte Kirchenlieder; dafür setzten wir die Lieder nur einstimmig. Einigen Volksliedern verpassten wir attraktive und überraschende Akkorde; denn auch ein "Volkslied" ist ein "Pop(ular)song"; deshalb haben wir einige Arrangements umgeschrieben.

Für die Redaktion, Martin Peier, Pfr.

1

Abendstille überall

Kanon zu 3 Stimmen

A - bend - stil - le ü - ber - all, nur am Bach die Nach - ti -

gall singt ih - re Wei - se kla - gend und lei - se durch das Tal.

T/M: Fritz Jöde/Otto Laub © Möseler Verlag, Wolfenbüttel und Zürich

2

A chance to live

The leaves are gold, the trees are bare, the wind has blown in rage, the

sky is dark, the clouds are grey and all the hea - vens seem to say:

Men live lasts but a short while you shouldn't wait any- more. There's much to

do out side of you in this world. You're not a - lone, just

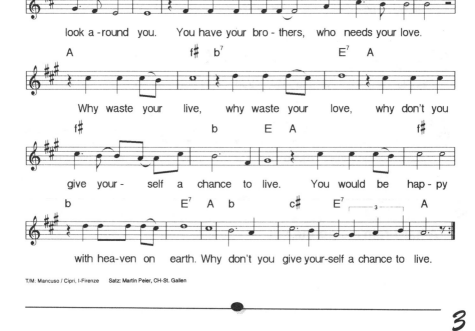

look a-round you. You have your bro-thers, who needs your love.

Why waste your live, why waste your love, why don't you

give your-self a chance to live. You would be hap-py

with hea-ven on earth. Why don't you give your-self a chance to live.

T/M: Mancuso / Cipri, I-Firenze   Satz: Martin Peier, CH-St. Gallen

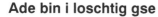

Ade bin i loschtig gse

Kanon zu 3 Stimmen

3

A-de bin i losch-tig gse ond a-de bi de Lüü-te; ond

wer mers nüd ver-trä-ge mag, dä söll mers gad ver-büü-te

Zi-ge-re-fisch ond was guet isch ond Schot-te a de Zäh-ne ond

wennt es be - tze - li hüb - scher bisch, so muesch di gär nüd mee - ne . Ke

ro - te Wii, ke wis - se Wii, grad Was - ser ab de Röh - re; ond

Bue - be, tüe - mer d'Müü - ler zue, i mag i nom - me ghöö - re.

4

A hard rain's a gonna fall

C   C^{sus4}   C   C^{sus4} C

Oh, where have you been, my blue - eyed son?

G⁷

Oh, where have you been, my dar - ling young one?

F   C   C^{sus4} C

I've stum - bled on the side of twelve mis - ty moun - tains,
I've step - ped in the middle of sev - en sad for - ests,

F   C   C^{sus4} C

I've walked and I've crawled on six crook - ed high - ways,
I've been out in front of a doz - en dead o - ceans,

I've been ten thou-sand miles in the mouth of a grave-yard.

Refr.

And it's a hard, and it's a hard, it's a hard, and it's a hard,

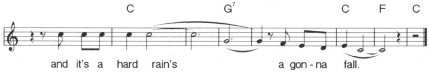

and it's a hard rain's a gon-na fall.

2 Oh, what did you see, my blue-eyed son? And what did you see, my darling young one? I saw a new born baby with wild wolves all around it, I saw a highway of diamonds with nobody on it, I saw a black branch with blood that kept dripping, I saw a room full of men with their hammers a-bleeding, I saw a white ladder all covered with water, I saw ten thousand talkers whose tongues were all broken I saw guns and harp sword in the hands of young children.

3 And what did you hear, my blue-eyed son? And what did you hear, my darling young one? I heard the sound of a thunder that roared you a warning, I heard the roar of wave that could drown the whole world, I heard one hundred drummers whose hands were a-blazing, I heard ten thousand whispering and nobody listening, I heard one person starve, I heard many people laughing, I heard the song of a poet who cried in the alley.

4 Oh, who did you meet, my blue-eyed son? And who did you meet, my darling young one? I met a young child beside a dead pony, I met a white man who walked a black dog, I met a young woman whose body was burning, I met a young girl, she gave me a rainbow, I met one man who was wounded in love, I met another man who was wounded in hatred.

5 And what'll you do now, my blue-eyed son? And what'll you do now, my darling young one? I'm a going back out before the rain start a-falling, I'll walk to the depth of the deepest dark forest, where the people are many and their hands are all empty, where the pellets of poison are flooding their water, where the home in the valley meets the damp dirty prison and the executioner's face is always well hidden, where hunger is ugly, where the souls are forgotten, and I'll tell it and speak it and think it and breathe it, and reflect from the mountain so all uls can see it, then I'll stand on the ocean until I start sinking, but I'll know my song well before I start singing.

T/M: Bob Dylan © 1963 Warner Brothers Music / 1990 Special Rider Music

5

Aller Augen warten auf dich

Al - ler Au - gen war - ten auf dich, Her - re,
und du gi - best ih - nen ih - re Spei - se zu
sei - ner Zeit, du tust dei - ne mil - de Hand auf und
sät - ti - gest al - les, was da le - bet, mit Wohl - ge - fal - len.

6

Alles ist eitel

Kanon zu 3 Stimmen

Al - les ist ei - tel, du a - ber bleibst, und wen du ins Buch des
Le - bens schreibst. Du a - ber blei - - bst, du a - ber blei - - bst,
al - les ist ei - tel, du a - ber bleibst. Du a - ber bleibst,

du a -ber bleibst, und wen du ins Buch des Le - - - bens schreibst.

T/M. Gerhard Fritzsche/Theophil Rothenberg © Möseler Verlag, Wolfenbüttel / Zürich

Alles neu macht der Mai

Al - les neu macht der Mai, macht die See - le frisch und frei.

Lasst das Haus, kommt hin - aus, win - det ei - nen Strauss!

Rings er - glän - zet Son - nen - schein, duf - tend pran - gen Flur und Hain,

Vo - gel - sang, Hör - ner - klang tönt den Wald ent - lang.

2 Wir durchziehn Saaten grün, Haine, die ergötzend blühn, Waldespracht, neu gemacht nach des Winters Nacht. Dort im Schatten an dem Quell, rieselnd munter silberhell, klein und gross ruht im Moos wie im weichen Schoss.

3 Hier und dort, fort und fort, wo wir ziehen Ort für Ort, alles freut sich der Zeit, die verjüngt, erneut. Widerschein der Schöpfung blüht, uns erneuernd im Gemüt. Alles neu, frisch und frei macht der holde Mai.

8

Alles schweiget

Kanon zu 3 Stimmen

Al - les schwei - get, Nach - ti - gal - len lok - ken mit süs - sen

Me - lo - di - en Trä - nen ins Au - ge, Schwer- mut ins Herz, lok- ken mit süs - sen

Me - lo - di - en Trä - nen ins Au - ge, Schwer - mut ins Herz.

(Alles vorbei, Tom Dooley siehe Tom Dooley)

9

Alles, was Odem hat

Hal - le - lu - ja! Lo - bet Gott in sei - nem Hei - lig - tum,

lo - bet ihn in der Fes - te sei - ner Macht!

Lo - bet ihn für sei - ne Ta - ten, lo - bet ihn! Lo - bet ihn in

sei - ner gros - sen Herr - - lich - keit! Al - les, was O - dem hat,

lo - be den Herrn! Hal - le - lu - - - ja!

2 Lobet ihn mit den Posaunen, lobet ihn, lobet ihn mit Psalter und mit Harfen! Lobet ihn mit Pauken und mit Reigen, lobet ihn mit Saiten und mit Pfeifen!

3 /:Lobet ihn mit hellen Zimbeln, lobet ihn, lobet ihn mit wohlklingenden Zimbeln!:/

T/M: Bernd Draffehn © Hänssler-Verlag, Neuhausen-Stuttgart

10

Alle Vögel sind schon da

Al - le Vö - gel sind schon da, al - le Vö - gel, al - le!

Welch ein Sin - gen, Mu - si - zie - ren, Pfei - fen, Zwi - tschern, Ti - ril - lie - ren!

Früh - ling will nun ein - mar - schiern, kommt mit Sang und Schal - le.

2 Wie sie alle lustig sind, flink und froh sich regen! Amsel, Drossel, Fink und Star und die ganze Vogelschar wünschen dir ein frohes Jahr, lauter Heil und Segen.

3 Was sie uns verkünden nun, nehmen wir zu Herzen: alle wolln wir lustig sein, lustig wie die Vögelein, hier und dort, feldaus, feldein, sin- gen, springen, scherzen.

11

All Morgen ist ganz frisch und neu

All Mor- gen ist ganz frisch und neu des

Her - ren Gnad' und gros - se Treu, sie hat kein End' den

lan - gen Tag, drauf je - der sich ver - las - - sen mag.

2 Drum steht der Himmel Lichter voll, dass man zum Leben sehen soll, und es mög schön geordnet sein, zu ehren Gott, den Schöpfer dein.

3 So hat der Leib der Augen Licht, dass er dadurch viel Gut's ausricht, und seh auf Gott zu aller Frist und merk, wie er so gnädig ist.

4 O Gott, du schöner Morgenstern, gib uns, was wir von dir begehrn. Zünd deine Lichter in uns an, lass uns an Gnad' kein Mangel han.

5 Treib aus, o Licht, all Finsternis. Behüt uns, Herr, vor Aergernis, vor Blindheit und vor aller Schand und beut uns Tag und Nacht dein Hand,

6 zu wandeln als am lichten Tag, damit - was immer sich zutrag - wir stehn im Glauben bis ans End' und bleiben von dir ungetrennt.

12

Alouette

A - lou - et - te, gen - tille A - lou - et - te, A - lou - et - te,

je te plu - me - rai. Je te plu - me - rai la tête, je te plu - me - rai la tête,

ah la tête, ah la tête, A - lou - ette, A - lou - ette. A - a - a - a -

2 /:Je te plumerai le cou,:/ ah le cou, ah le cou,
et la tête, et la tête, Alouette, Alouette. A-a-a-

3 ... les ailes ...

4 ... les pattes ...

5 ... le dos ...

6 ... la queue ...

7 ... les yeux ...

*(Als Israel in Aegypten war siehe **Geh hin, Moses**)*

*(Am Abend war sie fett und prall siehe **Em Pfarrer sini Chue**)*

13

Amazing grace

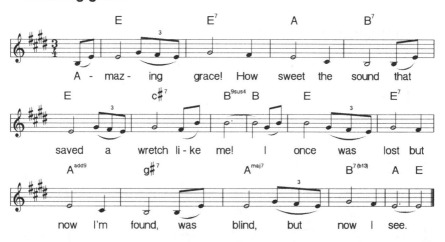

A - maz - ing grace! How sweet the sound that saved a wretch li - ke me! I once was lost but now I'm found, was blind, but now I see.

2 'T was grace that taught my heart to fear, and grace my fears relieved, how precious did that grace appear the hour I first believed!

3 How sweet the name of Jesus sounds in a believer's ear. It soothes his sorrows, heals the wounds and drives away his fear.

4 Through many dangers, toils and snares, I have already come, 'tis grace that brought me safe thus far, and grace will lead me home.

5 When we've been there ten thousand years, bright shining as the sun, we've no less days to sing God's praise than when we first begun.

6 Amazing grace! How warm the sound that gave new life to me, he will my shield and portion be, his word my hope secures.

Satz: Martin Peier, CH-St. Gallen

14

Wie das Licht nach der Nacht

(gleiche Melodie wie Amazing grace)

1 Wie das Licht nach der Nacht, wenn der Tag anbricht, so erscheint mir die Gnade des Herrn. Wie ein Gruss nur, ein Wort, das man zu mir spricht, und ich weiss, jemand hat mich gern.

2 Wie ein singendes Kind, das mit Muscheln spielt, darf ich sein durch die Gnade des Herrn, und ich darf zu ihm gehn, wenn mir etwas fehlt, denn ich weiss, er gibt es mir gern.

3 Wie der Bettler, der hört, er soll König sein, so erschien mir die Gnade des Herrn. Er, mein Vater, ist reich, und ich darf mich dran freuen und darf nehmen vom Reichtum des Herrn.

4 Wie das Licht nach der Nacht, wenn der Tag anbricht, so erschien mir die Gnade des Herrn. Er, mein Vater, ist reich, und ich darf mich dran freuen und darf nehmen vom Reichtum des Herrn.

T/M: Renate Wagner/trad. © Abakus Schallplatten + Ulmtal Musikverlag D-Greifenstein

(Am Bellevue hockt es Müsli siehe S' Müsli)

15

Am Brunnen vor dem Tore

2 Ich musst' auch heute wandern vorbei in tiefer Nacht, da hab ich noch im Dunkel die Augen zugemacht; und seine Zweige rauschten, als riefen sie mir zu: Komm her zu mir, Geselle, /:hier findst du deine Ruh.:/

3 Die kalten Winde bliesen mir grad ins Angesicht; der Hut flog mir vom Kopfe, ich wendete mich nicht. Nun bin ich manche Stunde entfernt von jenem Ort, und immer hör' ich's rauschen: /:Du fändest Ruhe dort.:/

(And I never thought siehe That's what friends are for)

An einem Sommermorgen

16

An ei - nem Som - mer - mor - gen, da nimm den Wan - der -

stab, es fal - len dei - ne Sor - gen wie Ne - bel von dir ab. La - la -

la la la la la la la, la - la - la la la la la, es

fal - len dei - ne Sor - gen wie Ne - bel von dir ab.

2 Des Himmels heit're Bläue lacht dir ins Herz hinein und schliesst wie Gottes Treue mit seinem Dach dich ein. Lala lala ...

3 Rings Blüten nur und Triebe und Halm, vom Segen schwer. Dir ist's, als zög' die Liebe des Weges nebenher. Lala lala ...

17

An einem Tag vor langer Zeit

An ei - nem Tag vor lan - ger Zeit kam er zur Welt in
Er war von Gott selbst aus - er - wählt als Süh - ne - op - fer

tief - stem Leid, doch sein Le - ben hat - te ei -nen Sinn (ja ei -nen Sinn).
für die Welt, und Gottes star- ke Hand war ü - ber ihm (ja ü - ber ihm).

Refr.

A - a, a - a, a - a, a, a - a, a - a, a.

2 Zu Fischern von Genezareth, da kam der Mann aus Nazareth, und rief ihnen zu: "Folgt mir nach!" Und Petrus und Andreas, erkannten den Messias, und folgten durch Triumphe und durch Schmach.

3 Er wanderte durch Israel, half allen Kranken, die er fand, und legte Gottes Liebe offenbar. Doch verstand man seine Botschaft nicht, man wollte den Messias nicht, weil er nicht König, sondern Diener war.

4 Das Ende war auf Golgatha, als Schwerverbrecher starb er da, und schlug im Tod die Brücke hin zu Gott. Er erstand zu neuem Leben, wer ihm folgt, wird's erleben, denn er hat für dich besiegt den Tod.

18

Antwort auf alle Fragen

Blues-Rhythmus (1/8 Noten synkopieren)

Ant -wort auf al -le Fra -gen gibt uns dein Wort, Aus -weg aus al -len Pla -gen

| F | e | G⁷ | C | e | F | C | C⁷ᵐᵃʲ |

zeigt uns dein Wort! Wenn so viel auf der Welt an das Bö-se sich hält, al-les

| a | e | F | C |

strebt nach der Macht, und wer glaubt, wird ver - lacht, und du

| G | e | a⁷ | D⁷ | a⁷ | F⁻ᵃᵈᵈ⁹ |

selbst, du bleibst stumm, und wir fra-gen: Wa-rum? Wa-rum? Wa-

| e | C | a | d⁷ᵇ⁹ | G⁷ᵇ¹³ |

rum? Ant - wort auf al - le Fra - gen gibt uns dein Wort,

| C | C⁷ᵐᵃʲ | a | F | G⁷ˢᵘˢ⁴ | C |

Aus - weg aus al - len Pla - gen zeigt uns dein Wort!

2 Antwort auf alle Fragen gibt uns dein Wort,
Ausweg aus allen Plagen zeigt uns dein Wort!
Wenn der Nachbar uns kränkt und kein
Mensch an uns denkt, wenn der Alltag uns
plagt und das Herz ist verzagt, und du selbst,
du bleibst stumm, und wir fragen: Warum?
Warum? Warum? Antwort auf alle Fragen gibt
uns dein Wort, Ausweg aus allen Plagen zeigt
uns dein Wort!

T/M: Rauch, Fred/Michalski, Carl © Bosse-Verlag

19

Aprite le porte

A - pri - te le por - te che pas - sa - no, che pas - sa - no, a-

pas - sa - no i ti -ci - nes. E co - me so - na ben, la ban - da, la

ban - da, e co -me so -na ben, la ban -da, la ban - da, e co -me so -na

ben, la ban - da do sol - dà. Fa mal i pé, fa mal i

pé, sa mar - cia mal, sa mar - cia mal sul mar -cia pé, fa mal i

pé, fa mal i pé, sa mar -cia mal, sa mar -cia mal sul mar - cia pé.

2 Deh, vieni alla finestra, oi bruna, oi bella bruna; deh vieni alla finestra, oi bruna, farem l'amor.

3 Siam giovani e siam soldati, e per la Patria e per la Patria, siam giovani e siam soldati, e per la Patria sappiam morir.

Aquarius

(Arabisch siehe *Dr Sidi Abdel Assar*)

Är isch mächtig

Refr.

𝄋 E E⁷

Aer isch mäch - tig, Aer isch chräf - tig, Aer isch

A E B⁷

präch- tig, und wahr-haf- tig, Aer isch ächt, Je - sus isch Herr. Aer isch

E E⁷ A

mäch - tig, Aer isch chräf - tig, Aer isch präch - tig, und wahr - haf- tig, Aer isch

E B⁷ E B⁷
fine Strophe

ächt, Je - sus isch Herr. Al - li Macht, al - li Macht, i - im

E A

Him - mel, i - im Him - mel und uf Aer - de und uf

B⁷ D.S.

Aer - de, die isch ihm ghä, die isch ihm ghä. Aer isch

2 Und gar nüt, und gar nüt, isch unmöglich, isch
unmöglich, für alli, für alli, wo ihm vertraued,
wo ihm vertraued.

T/M: Elly/Rikkert / M. Zwicky/M. Dolder ©Martin Zwicky, CH-Herisau

As I sat on a sunny bank

As I sat on a sun-ny bank, a sun-ny bank, a sun-ny bank, as

I sat on a sun-ny bank on Christ-mas Day in the mor-ning.

2 I saw three ships come sailing by, /:comme sailing by:/ on Christmas Day in the morning.

3 And who d'you think were on the ship, /:were on the ship:/ but Joseph and his fair Lady!

4 O he did whistle, and she did sing, and all the bells on earth did ring for joy our Saviour Christ was born on Christmas Day in the morning.

A toi la gloire

A toi la gloi-re, o rés-sus-ci-té, à toi la vic-toi-re

pour l'é-ter-ni-té! Bril-lant de lu-miè-re, l'ange est des-cen-

du, il rou-le la pier-re du tom-beau vain-cu.

2 Vois-le paraître! C'est lui, c'est Jésus, ton sauveur, ton Maître, o ne doute plus' Sois dans l'allegresse, peuple du Seigneur, et redis sans cesse que Christ est vainqueur!

3 Craindrais-je encore? Il vit à jamais celui que j'adore, le prince de paix. Il est ma victoire, mon puissant soutien, ma vie et ma gloire. Non, je ne crains rien!

M: G.F. Händel

Atte katte nuwa

At - te kat - te nu - wa, at - te kat - te nu - wa, e - mi - sa de - mi - sa
du - la mi - sa de. He - xa ko - la mi - sa woa - te, he - xa ko - la mi - sa woa - te.

Au clair de la lune

Au clair de la lu - ne, mon a - mi Pier - rot, prê - te - moi ta
plu - me pour é - crire un mot. Ma chan - delle est mor - te,
je n'ai plus de feu, ou - vre - moi ta por - te pour l'a - mour de Dieu.

2 Au clair de la lune Pierrot répondit: "Je n'ai pas de plume; je suis dans mon lit. Va chez la voisine, je crois qu'elle y est, car dans sa cuisine on bat le briquet."

3 Au clair de la lune Pierrot se rendort. Il rêve à la lune, son coeur bat bien fort, car toujours si bonne pour l'enfant tout blanc, la lune lui donne son croissant d'argent.

Satz: Martin Peier, CH-St. Gallen

Auf der Mauer auf der Lauer

Auf der Mau-er auf der Lau-er sitzt 'ne dik-ke Wan-ze.

Seht ein-mal die Wan-ze an, wie die Wan-ze tan-zen kann.

(Beim zweitenmal "Wanze" weglassen usf.)

Auf de schwäbsche Eisebahne

Auf de schwäb-sche Ei-se-bah-ne gibt's gar vie-le Halt-sta-tio-ne,

Schtue-gart, Ulm und Bi-be-rach, Mek-kle-beu-re, Dur-les-bach.

Rul-la, rul-la, rul-la-la, rul-la, rul-la, rul-la-la,

2 Auf de schwäbsche Eisebahne gibt es viel Restauratione, wo ma esse, trinke ka, alles was der Mage ma. Rulla, Rulla, ...

3 Auf de schwäbsche Eisebahne braucht me keine Postillione. Was uns sonst das Posthorn blies, pfeifet jetzt die Lokomotiv.

4 Auf de schwäbsche Eisebahne wollt amal a Bäurle fahre, geht an Schalter, loupft de Hut: " Oi Billetel, seid so gut!"

5 Eine Geiss hat er sich kaufet, und dass sie ihm net entlaufet, bindet sie de gute Ma hinte an de Wage na.

6 "Böckle, tu nur woidle springe, 's Futter werd i dir scho bringe." Setzt sich zu seinm Weible na und brennts Tubakspfeifle a.

7 Auf de nächste Statione, wo er will sein Böckle hole, findt er nur noch Kopf und Soil an dem hintre Wagetoil.

8 Do kriegt er en grosse Zorne, nimmt den Kopf mitsamt dem Horne, schmeisst en, was er schmeisse ka, dem Konduktör an Schädel na.

9 "So, du kannst den Schade zahle, warum bischt so schnell gefahre! Du allein bischt Schuld dara, dass i d'Gois verlaure ha!"

28 Auprès de ma blonde

Dans les jar-dins d'mon pè-re les li-las sont fleu-ris. Dans ris. Tous les oi-seaux du mon-de vien'nt y fai-re leurs nids.

Refr. Au-près de ma blon-de qu'il fait bon, fait bon, fait bon, bon.

2 /:La caill', la tourterelle et la joli' perdrix,:/ et ma joli' colombe qui chante jour et nuit.

3 /:Qui chante pour les filles qui n'ont pas de mari?:/ Pour moi ne chante guère car j'en ai un joli.

4 /:Dites-nous, donc, la belle, où donc est votr' mari?:/ Il est dans la Hollande, les Hollandais l'ont pris.

5 /:Que donneriez-vous, belle, pour avoir votre ami?:/ Je donnerais Versailles, Paris et Saint-Denis.

6 /:Les tours de Notre-Dame et l'clocher d'mon pays,:/ et ma joli' colombe pour avoir mon ami.

29 Aus grauer Städte Mauern

Aus grau-er Städ-te Mau-ern ziehn wir in Wald und bleibt, der mag ver-sau-ern, wir fah-ren in die

Feld, Wer Welt. Hal - li, hal - lo, wir fah - ren, wir

fah - ren in die Welt! Ha - fah - ren in die Welt!

2 Der Wald ist unsre Liebe, der Himmel unser Zelt. Ob heiter oder trübe, wir fahren in die Welt.

3 Ein Gruss dem Schweizer Walde, zu dem wir uns gesellt. Hell klingt's durch Berg und Heide, wir fahren in die Welt.

4 Die Sommervögel fliegen wohl über Wald und Feld, jetzt heisst es Abschied nehmen, wir fahren in die Welt.

T/M: Hans Riedel/Robert Götz © Voggenreiter Verlag, D-Bonn

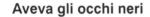

Aveva gli occhi neri

A - ve - va gli oc - chi ne - ri, ne - ri, ne - ri; la
La va, la va in fi - lan - d'a la - vo - ra - re, per

fac - cia di bam - bi - na appe - na na - ta, l'ho vi - sta ie - ri se - ra e l'ho ba -
gua - da - gnar - si il pa - ne con su - do -re, l'ho vi - sta ie - ri se - ra a far l'a -

cia - ta, l'ho vi - sta ie - ri se - ra e l'ho ba - cia - ta.
mo - re, l'ho vi - sta ie - ri se - ra a far - l'a - mo - re.

2 Aveva i capelli d'oro fino, le labbra d'un bel rosso porporino, /:l'ho vista ieri sera in giardino.:/ La va, la va ...

31

Ayan gena

Ay-an ge-na ay-a bu-ma ay-a ti- ti - se - la a- ye sa ba ma gua- la.

Ay-an la. A -ye sa ba ma gua - la, a - ye sa ba ma gua -la.

2 /:Aye sa ba ma guala, aye sa ba ma guala.:/

32

Bajuschki baju

Schlaf, mein Kind, ich wieg dich lei - se, ba - jusch - ki ba - ju,

sin - ge die Ko - sa - ken - wei - se, ba - jusch - ki ba - ju.

2 Draussen rufen fremde Reiter durch die Nacht sich zu, schlaf mein Kind sie reiten weiter, bajuschki baju.

3 Einmal wirst auch du ein Reiter, bajuschki baju, von mir ziehen, immer weiter, fernen Ländern zu.

4 In der Fremde, fern der Heimat, denkst du immerzu an die Mutter, die dich lieb hat, bajuschki baju.

Banks of the Ohio

I asked my love to take a walk, to take a walk, just a lit - tle walk, down be - side where the wat - ers flow, down by the banks of the O - hi - o.

And only say, that you'll be mine, in no others arms entwine. Down beside where the waters flow. Down by the banks of the Ohio.

2 I held a knife against her breast, as into my arms she pressed, "Willie, oh Willie, don't mur- der me, I'm not prepared for eternity."

3 I started home 'twixt twelve and one, crying: "My Lord, what have I done?" Killed the only woman I loved, because she would not be my bride."

Bella ciao

Ques - ta mat - ti - na, mi son' al - za - to, o bel - la ciao, bel - la ciao, bel - la ciao, ciao, ciao, ques - ta mat - ti - na, mi son' al - za - to, e ho tro - va - to l'in - va - sor.

2 O partigiano, porta mi via, o bella ciao... o partigiano, porta mi via, ché io mi sento di morir.

3 Se io muoio, da partigiano, o bella ciao... se io muoio, da partigiano, tu mi devi seppellir.

4 Mi seppellirai là, sulla montagna, o bella ciao... mi seppellirai là, sulla montana, sotto l'ombra d'un bel fior.

5 E tutti quelli che passeranno, o bella ciao... e tutti quelli che passeranno, diranno "o che bel fior".

6 Questo è il foire del partigiano, o bella ciao... questo è il fiore del partigiano, morto per la liberta.

35

Bergvagabunden

Wenn wir er - klim - men schwin - deln - de Hö - hen,
In un - sern Her - zen brennt ei - ne Sehn - sucht,

stei - gen dem Gip - fel - kreuz zu.
die lässt uns nim- mer- mehr in Ruh.

Herr - li - che Ber - ge,

son - ni - ge Hö - hen, Berg- va- ga- bun- den sind wir, ja wir; wir.

2 Mit Seil und Haken alles zu wagen, hängen wir in der steilen Wand. Herzen erglühen, Edelweiss blühen, vorbei geht's mit sich'rer Hand.

3 Fels ist bezwungen, frei atmen Lungen, ach, wie so schön ist die Welt. Handschlag, ein Lächeln, Mühe vergessen, alles zum besten bestellt.

4 Beim Alpenglühen heimwärts wir ziehen, Berge sie leuchten so rot. Wir kommen wieder, denn wir sind Brüder, Brüder auf Leben und Tod.

/:Lebt wohl, ihr Berge, sonnige Höhen, Bergvagabunden sind treu, ja treu.:/

T/M: Hartinger, Erich/Kolesa, Hans © 1956 by Eberle Verlag, A-Wien

Bewahre uns, Gott

Be - wah - re uns, Gott, be - hü - te uns, Gott, sei mit uns auf un - sern We - gen. Sei Quel - le und Brot in Wü - sten - not, sei um uns mit dei - nem Se - gen. Sei gen.

2 Bewahre uns, Gott, behüte uns, Gott, sei mit uns in allem Leiden. /:Voll Wärme und Licht im Angesicht, sei nahe in schweren Zeiten.:/

3 Bewahre uns, Gott, behüte uns, Gott, sei mit uns vor allem Bösen. /:Sei Willen und Kraft, die Frieden schafft, sei in uns, uns zu erlösen.:/

4 Bewahre uns, Gott, behüte uns, Gott, sei mit uns durch deinen Segen./:dein Heiliger Geist, der Leben verheisst, sei um uns auf unsern Wegen.:/

T/M: Eugen Eckert/Anders Ruuth, © Strube Verlag, D-München

(Bi der Taufi siehe unter Himmel, Erde, Luft und Meer)

Bim Coiffeur

Bim Coif - feur bin i gsäs - se vor em Spie - gel, lue - ge dry und gseh dert drinn e Spie - gel wo ar Wand isch vis - à - vis, und

G   e

dert drinn wi - der spie - glet sech dr Spie - gel da vor mir, und

a   D

i däm Spie - gel wi - der - um dr Spie - gel hin - de - für. Und

a   D   G   D   G

chöit dir jitz ver - stah wa - rum i da e Hem - mig ha.

2 Und so geng wyter: s'isch gsy win e länge Kori-
dor, i däm my Chopf gwüss hundertfach vo hin-
den und vo vor isch ufgreit gsy i eir Kolonne,
z'hinderscht isch dr Chopf, i ha ne nümme
gchennt, so chly gsy win e Gufechnopf.

3 My Chopf dä het sech dert ir Wyti, stellet öich
das vor, verloren ir Unäntlechkeit vom länge
Koridor, i ha mi sälber hinde gseh verschwin-
de, ha das gseh, am heiterhälle Vormittag und
wi we nüt wär gscheh.

4 Vor Chlupf han i mys Muul ufgsperrt, da sy im
Koridor, grad hundert Müler mit ufggange win
e Männerchor, e Männerchor us mir alei, es
cheibe gspässigs Gfüel, es metaphysischs
Grusle het mi packt im Coiffeurgstüel.

5 I ha d'Serviette vo mer grisse, ungschore
sofort, das Coiffeurgschäft verla mit paar ent-
schuldigende Wort, und wenn dir findet i sött
e chly mehr zum Coiffeur ga, de chöit dir jitz
verstah warum i da e Hemmig ha.

T/M: Mani Matter © 1972 by Benziger Verlag AG. CH-Zürich

38

Blos e chliini Stadt

C   G⁷   C   G⁷   C   G⁷

Ganz z'uss-erscht us - se und ä- ne am Rhy do liit e chli-ses Stuck

C   C   G⁷   C   G⁷   C   G⁷

Wält; e chli ver-träumt und ver-schloo-fe luegts drii, da munzig chlii-ni Stuck

C   F   C   G⁷   C   %C   a

Refr.

Wält, und mänge emp-find's scho fascht als Pro-vinz.   Blos e chliini Stadt mit

d   G⁷ C   a   d   G⁷

bür-ger-li-che Wänd, blos e chliini Stadt, wo ein de ander kännt. Und

F   G⁷   C   a   C   a

wänn au uf em Globus nienet- wo din Name stoht, bisch du doch en Ort, wo sich's guet

d G⁷ C   F   G⁷   F   G⁷

lä-be loht! Zue-gäh, du häsch statt Wol-ke-chrat-zer Schii-ter-bii-ge;

C   a   C   a

zue-gäh, statt High So-ci-e-ty blos Da-me-rie-ge;

G⁷   C   a

goht's im Städt-li uus-nams-wiis fi-del und lusch-tig zue,

D⁷   G⁷ D.S. *al*   d   G   C

sind's bim Nö-cher-lue-ge si-cher d'I-tal-ie-ner! Pfuus guet chlii-ni Stadt!

Blos e chliini Stadt ...

2 Es Städtli isch zwor für jungi Lüüt z'chlii, si rei-
sed use i d'Wält. Doch wiit ewägg vo däm
Fläcke am Rhy, do gspüürets öppis, wo fählt!
(Und da sig dänn schiints di chliini Provinz!)
    Bloss e chliini Stadt ... Pfuus guet, chli-
ini Stadt!

T/M/© : Dieter Wiesmann, CH-Neuhausen

39

Blowin' in the wind

| | D | G | D | b | D | G |
How ma-ny roads must a man wa-alk down be-fore you call him a

| A⁹ˢᵘˢ⁴ A | D | G | D | b | D |
man? Yes, 'n: How ma-ny seas must a white do-ve sail, be-fore she

| G | A | D | G | D |
sleeps in the sand? Yes 'n: How ma-ny times must the can-non-balls

| b | D | G | A | G | A | *Refr.*
fly, be-fore they 're for-e-ver banned? The an-swer my friend, is

| F# | b⁷ | G⁶ | A⁹ | A⁹ˢᵘˢ⁴ A | Dˢᵘˢ⁴ D |
blow-in' in the wind, the an-swer is blow-in' in the wind.

2 How many years can a mountain exist, before it is washed to the sea? Yes, 'n': How many years can some people exist, before the're allowed to be free? Yes, 'n': How many times can a man turn his head pretending he just doesn't see?

3 How many times must a man look up, before he can see the sky? Yes, 'n': How many ears must one man have, before he can hear people cry? Yes, 'n': How many deaths will it take 'til he knows that too many people have died?

T/M: Bob Dylan © 1962 Warner Brothers Music / 1990 Special Rider Music

Dr einzig wo das weis

(gleiche Melodie wie Blowin' in the wind)

1 Dur wie viel Strosse mues en Bueb dure go, bevor me seit er sig en Maa? Dur wie viel Wolke flügt e Schwalbe ächt dervo, damit se d'Chatz am Schluss cha ha? Wie viel Bombe si scho usem Himmel gheit, wenn chunt die letschti ändlech dra?

Dr einzig wo das weis, isch eine wos nit seit. Dr einzig wo das weis, isch de Wind.

2 Wie viel Johr cha ne Bärg blibe stoh, bevor ne z'Wasser mit sech treit? Wie viel Johr muess en Maa verlochet si, bevor ne öpert befreit? Wie viel Ohre mues en Mönsch öpe ha, bevor er ghört was eine schreit?

3 Wie mängs Pfund Teig git es Brot so gross wie d'Wält? Wie mänge Tropfe het e See? Wie mänge Schlag müesse sich zwei Findä gä, bis keine seit, er wöll no meh? Wie mängisch chöne mer de Chopf uf d'Site dreie und säge, mer heig es nit gseh?

T/M: Franz Hohler/Bob Dylan © F. Hohler, CH-Zürich

Bolle reiste jüngst an Pfingsten

Bol - le   rei - ste   jüngst   an   Pfing - sten,   nach
lor   er   sei - nen   Jüng - sten   ganz

Pan - kow   war   sein   Ziel.   Da ver - wühl.   'Ne   vol - le   hal - be
plötz - lich   im   Ge -

Stun - de   hat   er   nach ihm ge - spürt.   A - ber   den - noch   hat   sich

Bol - le   ganz   köst - lich   a - mü - siert.   A - ber   siert.

2 In Pankow gab's kein Essen, in Pankow gab's kein Bier. War alles aufgefressen von fremden Gästen hier. Nicht eine Butterstulle hat man ihm reserviert.

3 Auf der Schönholzersheide, da gab's 'ne Keilerei. Und Bolle gar nicht feige, war feste mit dabei. Hat's Messer 'rausgezogen und fünfe massakriert.

4 Es fing schon an zu tagen, als er sein Heim erblickt. Das Hemd war ohne Kragen, das Nasenbein geknickt, das rechte Auge fehlte, das linke marmoriert.

5 Als er nach Haus gekommen, da ging's ihm erst recht schlecht, da hat ihn seine Olle ganz fürchterlich verdrescht. 'Ne volle halbe Stunde hat sie auf ihm poliert.

Bona nox

Kanon zu 4 Stimmen

Bo - na nox, bist a rech- ter Ochs; bo - na not - te, lie - be

Lot - te, bonne nuit, pfui, pfui, good night good night, heut müass ma no

weit; gu - te Nacht, gu - te Nacht, 's wird höch - ste Zeit, gu - te Nacht!

Schlaf fei g'sund und bleib recht ku - gel - rund!

Bridge over troubled water

When you're wea - ry, feel - ing small,

when tears are in your eyes, I'll dry them all.

I'm on your side. Oh, when ti - mes get rough

and friends just can't be found, like a bridge o - ver trou - bled wa - ter I will lay me down. Like a bridge o - ver trou - bled wa - ter I will lay me down.

2 When your're down and out, when your're on the street, when evening falls so hard I will comfort you. I'll take your part. Oh, when dark-ness comes and pain is all around, /:like a brid-ge over troubled water I will lay me down.:/

3 Sail on silvergirl, sail on by. Your time has come to shine. All your dreams are on their way. See how they shine. Oh, if you need a friend I'm sailing right behind, /:like a bridge over troubled water I will lay me down.:/

T/M: Paul Simon © Paul Simon Music / Fanfare Musikverlag, D-München

(Brüder, ruft in Freude: Ja der Herr ist nah siehe unter Joshua fought the battle of Jericho)

44

Buna not, dorma bain

Che dutsch tra - magl, che bel - la sai - ra in - sem - bel e pas - san - ta nus vain, d'at ban - du - nar va greiv pel vai - ra, al - grez - cha mi - a, dor - ma bain. Bu - na not, dor - ma

A ... **D** ... **D⁷**

ba - in, bu - na not, dor - ma bain, bu - na not dor - ma

G **g** **D** **G** **A** **D** [1.] [2.] **D**

ba - in al - grez - cha mi - a dor - ma bain. Bu - na bain.

2 In sön sarà, duos ögls chi glüschan, sco stailas vi al firmamaint, chi riantads, cuntaints am dischan, t'insömgia dutsch e dorma bain. /::Buna not, dorma bain,::/ t'insömgia dutsch e dorma bain. /: Buna not,...

3 Oh quant bramada, m'ais quell ura cur saimper nus insembel stain, in mia bratsch' At tegn allura, suot vusch At di meis dorma bain. /::Buna not, dorma bain,::/ suot vusch At di meis dorma bain. /: Buna not,...

45

Bunt sind schon die Wälder

G **D** **G** **D⁷** **G**

Bunt sind scho - on die Wäl - der, gelb die Stop - pel - fel - der,

D **e** **A⁷** **D** **G** **D** **e** **B** **C** **E⁷**

und der Herbst be - ginnt. Ro - te Blät - ter fal - len,

a **E** **a** **A⁷** **D** **D⁷** **G** **D⁷** **G**

grau - e Ne - bel wal - len, küh - ler weht der Wind.

2 Wie die volle Traube aus dem Rosenlaube purpurfarbig strahlt! Am Gelände reifen Pfirsiche, mit Streifen rot und weiss bemalt.

3 Flinke Träger springen, und die Mädchen singen, alles jubelt froh. Bunte Bänder schweben zwischen hohen Reben auf dem Hut von Stroh.

4 Geige tönt und Flöte bei der Abendröte und im Mondesglanz; junge Winzerinnen winken und beginnen lust'gen Ringeltanz.

Bye-bye, love

There goes my ba - by with some -one new. She sure looks hap - py. I sure am blue. She was my ba -by 'till he stepped in. Good - bye to ro - mance that might have been.

Refr. Bye - bye, love, bye - bye, hap - pi - ness, hel - lo lone -li - ness, I think I'm gon - na cry. Bye - bye, love, bye - bye, sweet car - ess, hel - lo emp - ti - ness, I feel like I could die. Bye - bye, my love, good - bye.

2 I'm through with romance, I'm through with love, I'm through with counting the stars above. And here's the reason that I'm so free. My lovin' baby is through with me.

T/M: Bryant, Felice/Bryant, Boudleaux © 1957 Acuff Rose Opryland Music Inc. / Neue Welt Musikverlag GmbH, D-München

*(By the rivers of Babylon siehe **Rivers of Babylon**)*

By the waters of Babylon

Kanon zu 3 Stimmen

By the wa - - ters, the wa - - ters of Ba - by - lon

we sat down and wept and wept for Thee, Zi - on.

We re -mem - ber, we re -mem - ber, we re -mem - ber Thee, Zi - on!

Call him up

Well I've got Je - sus on the main line,

tell him what you want, I've got Je - sus on the main line,

tell him what you want, I've got Je - sus on the main line,

tell him what you want, call him up and tell him what you

Refr.

wa- ant. Call him up, call him up and tell him what you want.

Call him up, call him up and tell him what you want.

Call him up, call him up and tell him what you want.

Call him up and tell him what you wa- ant. He's a wa- ant.

2 /::He's a doctor and a lawyer, tell him what you want,::/ call him up and tell him what you want.

3 /::If you're sick and can't get well, tell him what you want,::/ call him up and tell him what you want.

Satz: Martin Peier, CH-St. Gallen

 49

Candle in the wind

Good - bye, Nor- ma Jean. Though I ne-ver knew you at a-

3. Strophe

all, you had the grace to hold your-self while those a-round you crawled.

They crawled out of the wood - work and they whispered in - to your brain.

They sent you on a tread - mill and they made you change your name.

And it seems to me you lived your life like a candle in the wind, ne - ver

know - ing who to cling to when the rain set in. And I would

have liked to've known you but I was just a kid. Your candle burned out

long be - fore your legend ne - ver did. Good bye Nor ma Jean,

from a young man in the twen ty sec - ond row who sees you as something

more than sex - ual, more than just our Mar - i - lyn Mon - roe.

2 Loneliness was tough, the toughest role you
ever played. Hollywood created a superstar
and pain was the price you paid. And even
when you died, oh, the press still hounded you.
All the papers had to say was that Marilyn was
found in the nude.

T/M: Bernie Taupin/Elton John © 1973 Dick James Music Ltd, London / Dick James Musikverlag GmbH

50 Can the circle be unbroken

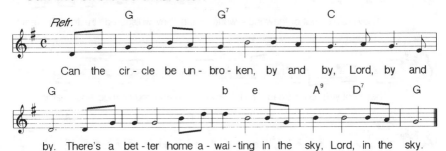

Can the cir - cle be un - bro - ken, by and by, Lord, by and

by. There's a bet - ter home a - wai - ting in the sky, Lord, in the sky.

1 I was standing by the window on one cold and cloudy day, when I saw the hearse come rolling for to carry my mother away.

2 Lord, I told the undertaker: "Undertaker, please drive slow, for this body you are hauling, Lord, I hate to see her go."

4 Went back home, Lord, my home was lonesome, since my mother she was gone. All my brothers and sisters crying, what a home, so sad and lone.

3 For I followed close behind her, tried to cheer up and be brave, but my sorrows I could not hide them, when they laid her in the grave.

51 Chara lingua della mamma

Cha - ra lin - gua del - la mam - ma, tü so - nor ru - mantsch la -

din, tü fa - vel - la du - tscha - lam - ma, o co t'a - am e sain - za fin!

In teis suns cur eir in chü - na m'ha la mam - ma cha-rez- zà e chan-

zuns dall' En-gia - di - na dell'u - ra - glia m'ha chan - tà, e chan - ta.

2 M'hast muossà cun vir' algrezcha mia patri' ad amar, seis Eroes, sa bellezza in chanzuns a dechantar. Dell' amur la dutcha brama hast express tü e guidà, /:hast nudri la sancha flamma chi'm rendai' uschè beà.:/

3 O il chant da filomena, am parettas tü sunar cun allur in ma favella mais infants sentit chantar, millieras recordanzas svagl' in mai tais pled sonor. /:Svaglia saimper veglias spranzas chi'n di han mos meis cuor.:/

(Che dutsch tramagl siehe **Buna not, dorma bain**)

Cheerio

Chee ri - o, cheeri-o, bye - bye. Chee ri - o, it's too late to try 'cause I

miss you in the morn - ing and I need you ev' - ry night. Chee - ri -

o, chee- ri- o, bye - bye. Chee - ri- o, chee - ri - o, bye - bye. I will

ne - ver know the rea - son why. For a mo - ment we were lov- ers for a

mo - ment you were mine now it's o - ver chee - ri - o, bye - bye.

We were run - ning wild, the miss- for- got - ten child.

saw you at the roof-top, your eyes were shin-ing bright like a cand-le in the night. Was it on-ly a game, you played for fun, did you think you could fly? Just a memo-ry remains as time goes by. Cheeri-

Cheerio, cheerio, bye-bye. Cheerio, it's too late to try. There is nothing for to give you, what's wrong or what is right, cheerio, cheerio, bye-bye.

Cheerio, cheerio, bye-bye. Cheerio, it's to late to cry 'cause I couldn't live without you and you couldn't take a fight. Cheerio, cheerio, bye-bye.

Cheerio, cheerio, bye-bye. Cheerio, it's too late to try. I'm so lonely in the morning and I miss you ev'ry night. Cheerio, cheerio, bye-bye.

T/M: The Monroes

 53

Chevaliers (Mes amis) de la table ronde

Che - va - liers de la tab - le ron - de, goû - tons voir, si le vin est bon. Che - va - bon. Al - lons voir, oui, oui, oui, al - lons voir, non, non, non, al - lons voir, si le vin est bon. Al - lons bon.

2 /:S'il est bon, s'il est agréable, j'en boirai jusqu'à mon plaisir.:/

3 /:Les deux pieds contre la muraille et la tête sous le robinet.:/

4 /:Et s'il en rest quelques gouttes, ça sera pour nous raffraîchir .:/

5 /:Si je meurs, je veux qu'on m'enterre dans une cave où il y a du bon vin.:/

6 /:Sur ma tombe je veux qu'on inscrive: "Ici gît le roi des buveurs".:/

7 /:La morale de cette histoire: c'est de boire avant de mourir.:/

54

Christe, du Lamm Gottes

Chri - ste, du Lamm Got - tes, der du trägst die Sünd der Welt,

er - barm dich un - ser. Chri - ste, du Lamm Got - tes,

der du trägst die Sünd der Welt, gib uns dei - nen Frie - den.

A - - - - - - men.

Satz: Martin Peier, CH-St. Gallen

55

Come, go with me

Come, go with me to-ge-ther through this world.

Come, don't let it be, 'cause there's hope for you, there's hope for me, for

each and ev 'ry - one, to - ge - ther through this world.

You may say to me and it's true: "We are cutting tree by tree, we throw our

waste in to the sea. No hope, nor for me, nor for you, No hope!"

2 You may cry for the justice in our world: "We are eating Africa, we kill many people with our law. No hope, nor for boys, nor for girls. No hope!"

3 You may think, I'm a dreamer - and it's true, but we are building day by day, we can start for a world where we can say: There's hope just for you and for me: for all!

T/M/© Martin Peier, CH-St. Gallen

56

Come, Missa Tallymann

Day O! Day O! Day, dah light break, me wan- na go ho - me.

wan - na go home.   Come, Mis - sa Tal -ly - mann, tal - ly me Ba -na - na.

Day, dah light break, me wan -na go ho - me. wan -na go home.

Strophe

Heave   six foot, se - ven foot, eight foot, bunch.

Day, dah light break, me wan - na go home.

2 A clerk man a check, but him a check with cau-
tion. Day, dah light break, me wanna go home.

3 My back just broke with bare exhaustion. Day,
dah light break, me wanna go home.

T/M: Irving Burgie/William Attaway © Global Musikverlag, D-München

Country roads

Al- most hea- ven,   West Vir- gin - ia,   Blue Ridge Moun - tains,

Shen- an- do- ah Ri - ver.   Life is old there, ol - der than the

Refr.

trees, youn- ger than the moun - tains, grow- in' like a breeze.   Coun- try

%&E   B   c♯   A

roads, ta-ke me home to the place I be - long. West Vir -

E   B   A   E

gin - ia, moun - tain mom- ma, ta-ke me home, coun- try roads.

3. Strophe B   E

I hear the voice, in the morn- in' hours she calls me, the

A   E   B

ra- di- o re- minds me of my home far a- way, and

c♯   D   A

driv- in' down the road I get a feel- in' that I

E   B   B⁷   D.S.

should have been home yes -ter- day, yes -ter - day. Coun - try

2 All my mem'ries gather 'round her, miner's
lady, stranger to blue water. Dark and dusty,
painted on the sky, misty taste of moonshine,
teardrop in my eye.

T/M: Bill Danoff/Taffy Nivert/John Denver © by Cherry Lane Music Publ. Co., Inc. / Global Musikverlag, D-München

58

Da doo ron ron

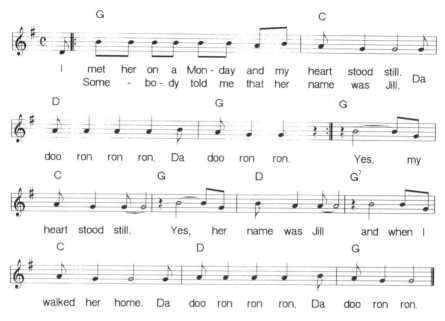

I met her on a Monday and my heart stood still.
Somebody told me that her name was Jill. Da
doo ron ron ron, Da doo ron ron. Yes, my
heart stood still. Yes, her name was Jill and when I
walked her home. Da doo ron ron ron, Da doo ron ron.

T/M. E. Greenwich/J. Barry/P. Spector © 1963 by Trio Music Co, Inc. and Mother Bertha Music Inc / Musikverlag Intersong GmbH, D-Hamburg

59

Danke, danke

Danke, danke, für dä neu-i Tag! Dass i gsund verwacht bi
und dir singe mag. Danke, danke, danke!

2 Danke, danke, das i Mänsche ha, wo für mich tüend sorge, und ich läbe cha. Danke, danke, danke!

3 Danke, danke, du bisch immer da. Au i böse Tage tuesch mi nöd verla. Danke, danke, danke!

4 Danke, danke, so viel gisch du mir, bis du mich emale hei nimsch, ganz zu dir. Danke, danke, danke!

T/M/©: Mica Romano/Walter Ritter, CH-Wängi

60

Danke, für diesen guten Morgen

Dan - ke, für die - sen gu - ten Mor - gen, dan - ke, für je - den neu - en Tag;

dan - ke, dass ich all mei - ne Sor - gen auf dich wer - fen mag.

2 Danke, für alle guten Freunde, danke, o Herr, für jedermann, danke, wenn auch dem grössten Feinde ich verzeihen kann.

3 Danke, für meine Arbeitsstelle, danke für jedes kleine Glück, danke, für alles Frohe, Helle und für die Musik.

4 Danke, für manche Traurigkeiten, danke, für jedes gute Wort, danke, dass deine Hand mich leiten will an jeden Ort.

5 Danke, dass ich dein Wort verstehe, danke, dass deinen Geist du gibst, danke, dass in der Fern und Nähe du die Menschen liebst.

6 Danke, dein Heil kennt keine Schranken, danke, ich halt mich fest daran, /:danke, ach Herr, ich will dir danken, dass ich danken kann.:/

T/M: Martin G. Schneider © Bosse-Verlag, aus "Neue Kinderlieder"

61

Danket, danket dem Herrn

Kanon zu 4 Stimmen

Dan - ket, dan - ket dem Herrn, denn er ist so freund - lich,

sei - ne Güt und Wahr - heit wäh - ret e - wig - lich.

Danket dem Herrn

Dan - ket dem Herrn! Wir dan - ken dem Herrn; denn er ist freund - lich, und sei - ne Gü - te wäh - ret e - wig - lich, sie wäh - ret e - wig - lich, sie wäh - ret e - wig - lich.

2 Lobet den Herrn! Ja, lobe den Herrn auch meine Seele, vergiss es nie, /::was er dir Gutes getan.::/

3 Sein ist die Macht, allmächtig ist Gott! Sein Tun ist weise, und seine Huld /::ist jeden Morgen neu.::/

4 Gross ist der Herr, ja gross ist der Herr! Sein Nam' ist heilig, und alle Welt /::ist seiner Ehre voll.::/

5 Betet ihn an, Anbetung dem Herrn! Mit hoher Ehrfurcht werd' auch von uns /::sein Name stets genannt.::/

6 Singet dem Herrn, lobsinget dem Herrn in frohen Chören, denn er vernimmt /::auch unsern Lobgesang.::/

T/M: Schulz/Herrosee

Dann, wenn du bei uns bist

Dann, wenn du bei uns bist, wan - delt sich um uns das Le - ben.
Ist es auch noch so kalt, scheint's als ob die Son - ne strah - le.

Gold ü - ber - deckt die Welt, und es ver - drängt den Ne - bel.
Dun - kel wird Licht und hell in uns er - wacht das Le - ben.

Wir sind in dir und mit dir ver - eint.

T/M: Hürlimann / Lietha, CH-Zürich

(Dans les jardins d'mon père siehe Auprès de ma blonde)

Das alte Haus von Rocky Tocky

Die - ses Haus ist alt und häss- lich, die - ses Haus ist kahl und leer, denn seit

mehr als fünf - zig Jah - ren, da be - wohnt es kei - ner mehr. Die - ses

Haus ist halb zer - fal - len, und es knarrt und stöhnt und weint, die - ses

Haus ist noch viel schlim - mer als es scheint. Das al - te

Haus von Rok - ky Tok - ky hat vie - les schon er - lebt, kein

Wun - der, dass es zit - tert, kein Wun - der, dass es bebt. Das al - te

Haus von Rok - ky Tok - ky sah Angst und Pein und Not, es

war - tet je - den A - bend aufs neu - e Mor - gen - rot.

2 Dieses Haus hat faule Schindeln und der Wurm, der macht es krank, und die alten morschen Balken waschen Schnee und Regen blank. Dieses Haus hat keine Farbe, und der Rost, der nagt und frisst, bis das ganze Haus ein einz'ger Rostfleck ist.

3 Dieses Haus ist voller Stimmen, die kein Sterblicher versteht, dieses Haus ist voller Seufzer, wenn der Nachtwind es umweht. Dieses Haus hat viele Türen, doch nicht eine führt hinaus, denn wer drin ist, der bleibt drin in diesem Haus.

4 Dieses Haus will ich bewohnen, komm vom Wandern ich zurück, denn das Haus ist voller Wunder und voll heimlicher Musik, alle Sterne hör' ich singen, und die Schatten am Kamin, leiten zu den Träumen meiner Jugend hin.

(Das Lied der Berge siehe unter La Montanara)

Das Wandern ist des Müllers Lust

Das Wan - dern ist des Mül - lers Lust, das Wan - dern ist des

Mül -lers Lust, das Wan - dern. Das muss ein schlech - ter Mül - ler sein, dem

nie - mals fiel das Wan - dern ein, dem nie - mals fiel das

Wan - dern ein, das Wan -dern, Wan -dern, das Wan - - - - - - dern, das

Wan - - - - - - dern, das Wan - dern, das Wan - dern, das Wan - dern.

2 /:Vom Wasser haben wir's gelernt,:/ vom Wasser. Das hat nicht Ruh' bei Tag und Nacht, /:ist stets auf Wanderschaft bedacht,:/ das Wasser, Wasser, das Wasser,...

3 /:Das sehn wir auch den Rädern ab,:/ den Rädern, die gar nicht gerne stille stehn, /:die sich den Tag nicht müde drehn,:/ die Räder, Räder, die Räder,...

4 /:Die Steine selbst, so schwer sie sind,:/ die Steine, sie tanzen mit in muntern Reih'n /:und wollen gar noch schneller sein,:/ die Steine, Steine, die Steine,...

5 /:Oh Wandern, Wandern, meine Lust,:/ oh Wandern! Herr Meister und Frau Meisterin, /:lasst mich in Frieden weiterziehn:/ und wandern, wandern, und wandern,...

66

Dass du mich einstimmen lässt

Dass du mich ein -stim - men lässt in dei - nen Ju - bel, oh Herr, dei - ner

En - gel und himm - li - schen Hee - re, das er - hebt mei - ne See - le zu

dir, oh mein Gott; gros - ser Kö - nig, Lob sei dir und

Eh - re. Herr, du kennst mei - nen Weg, und du

eb - nest die Bahn, und du führst mich den Weg durch die Wü - ste.

2 Und du reichst mir das Brot, und du reichst mir den Wein und bleibst selbst, Herr, mein Begleiter.

3 Und du sendest den Geist, und du machst mich ganz neu und erfüllst mich mit deinem Frieden.

4 Und nun zeig mir den Weg, und nun führ mich die Bahn, deine Liebe zu verkünden.

5 Gib mir selber das Wort, öffne du mir das Herz, deine Liebe, Herr, zu schenken.

6 Und ich dank' dir, mein Gott, und ich preise dich, Herr, und ich schenke dir mein Leben.

T/M: Kommunität Gnadenthal; aus: Mosaik 1-4/5 © Präsenz-Verlag, D-Hünfelden
Satz: Martin Peier, CH-St. Gallen

67

Dat du min Leevsten büst

Dat du min Leev - sten büst, dat du wull weest. Kum bi de Nacht,

kum bi de Nacht, seeg wo du heesst. seeg wo du heesst.

2 Kumm du üm Middernacht, kumm du Klock een. /:Vader slöpt, Moder slöpt, ick slaap alleen.:/

3 Klopp an der Kamerdör, fat an de Klink! /:Vader meent, Moder meent, dat deit de Wind.:/

4 Kümmt denn de Morgenstund, kreiht de ol' Hahn, /:Leevster min, Leevster min, denn mösst du gahn.:/

5 Sachen den Gang henlank, lies mit de Klink! /:Vader meent, Moder meent, dat deit de Wind:/

(Day O! Day O! siehe Come, Missa Tallymann)

D' Bouschtell

Ua pa ba du ba, ua pa ba du ba, ua pa ba du ba, ua pa ba du ba,

ua pa ba du ba, ua pa ba du ba, Oh, oh, das isch de Bou-schtel-le -

song En Schtei, wo im Eg-ge vo de Huus-wand sitzt, de seit sich: "Ich gange,

de Fall isch gritzt." Doch d'Huus- wand gheit zä - me und d'Mo -

ral vo dere Gschicht: Als Chisel- steinli liit er under all dem Gwicht,O ho ho

2 E Schufle isch gäg Lärme, si wott öppis tue: "Ich grabe mir es Loch, so hani mini Rue". Doch, wo si wott pausiere so nach 3/4-Schtund, merkt si, dass si nümm us irem Loch us chunt. **Ohoho!**

3 D'Nägel sind am schtreike, und zwar international: "Mir wärded z'vill gschlage, das isch doch nöd normal". Doch d'Lösig vom Problem hät d'Medizin im Griff: Es Mittel gäge Schmärze, und si tüend iri Pflicht. **Ohoho!**

4 De Hammer sinersiits seit, er sig verpöhnt: "Ich wird bereits als Schlegertyp uf offner Schtraass verhöhnt. Doch tueni nume mini Pflicht und gang der Arbet naa. Ich möcht di Lüüt mal gsee mit bloosse Händ uf d'Nägel schlaa!" **Ohoho!**

T/M/©: Bruno Pedrazzoli, CH-Bern-Ittigen
Satz: Martin Peier, CH-St. Gallen

*(De Maa vo Nazareth siehe unter **The man from a Galilee**)*

De Pinsel

Herr, mol du hüt mit mir, es Bild zu di-ner Ehr, wo me dich drus-

u-se-gseht, we-nigsch-tens un-ge-fähr. Lass mich din Pin-sel sii,

tauch mi id Far-be ii, wo du bruchsch für dis Bild, das es wür-ke cha.

2 Füehr du mini Strich, mini Linie unterbrich, dini Künschtlerhand weiss, wie's usgseh söll.

3 Und wenn ich plötzlech gschpüür, dass ich Hoor verlüür, will ich mich freue dra, ich will mich bruche lah.

4 Und tauchsch mi öppedie i dunkli Farbe ie, darf ich wüsse, au das ghört i dis Bild.

5 So nimm mich jede Tag nöi i dini Hand, lass mich din Pinsel sii, solang i uf Aerde bi.

(*Der Clou* siehe **Du bist du**)

Der erste Schritt

E

Wir le - ben mit - ein - an - der und
sin - gen mit - ein - an - der, doch
Oft trennt uns Stil und Stand - punkt, zu

B   c#

se - hen uns doch kaum. Wir hö - ren von - ein - an - der und
sel - ten Ton in Ton. Wir hel - fen zwar ein - an - der, aber
lie - ben fällt uns schwer, und da - bei hilft ge - ra - de ein

f#   E

kön - nen schwer ver - traun. Wir re - den mit - ein - an - der, ver -
war - ten auf den Lohn. Wir ler - nen von - ein - an - der, profi -
Wort in Lie - be sehr. Ich will Be - geg - nung wa - gen, wir

B   c#

ste - hen uns oft nicht. Wir gehn die - sel - be Stras - se und
tie - ren ir - gend - wo. Wir freun uns an - ein - an - der, wir
sind nicht al - le gleich, und lern' es wert - zu - schät - zen: Die

A   f#   A   E   B

nä - hern uns doch nicht. Wa - rum fällt es uns so schwer, ge -
zei - gen's nur nicht so.
Viel - falt macht uns reich. Gib mir Mut zum er - sten Schritt ge -

A   E   B   B
                       1.   2. und 3.

mein - sam den Weg zu gehn? Wir gehn?
mein - sam vor - an - zu-   gehn! Ich will den

T/M: Ueli Haldemann © Kir Verlag, CH-Uster

71

Der hat sein Leben am besten verbracht

Kanon zu 2 Stimmen

Der hat sein Le - ben am be - sten ver - bracht,

der die mei - sten Men - schen hat froh ge - macht.

T/M: Johannes Petzold © Verlag Singende Gemeinde, D-Wuppertal

72

Wär hät sys Läbe am beschte glänkt

(gleiche Melodie wie Der hat sein Leben am besten verbracht)

Wär hät sys Läbe am beschte glänkt? / Dä, wo
vilne Mensche e chli Liebi schänkt!

(2 Stimmen)

T/©: Walter Ritter, CH-Wängi

73

Der Herr, mein Hirte, führet mich

Der Herr, mein Hir - te, füh - ret mich, für - wahr, nichts man - gelt mir. Er

la - gert mich auf grü - nen Au'n bei fri - schem Was - ser hier.

2 Erquickung schenkt er meiner Seel' und führet gnädiglich um seines hohen Namens Ehr' auf rechter Strasse mich.

3 Geh' ich durchs dunkle Todestal, ich fürcht' kein Unglück dort, denn du bist da, dein Stecken und Stab sind Tröstung mir und Hort.

4 Den Tisch bereitest du vor mir, selbst vor der Feinde Schar. Mein Haupt salbst du mit deinem Oel. Mein Kelch fliesst über gar.

5 Ja, deine Güte folget mir mein ganzes Leben lang. Und immerdar im Haus des Herrn ertönt mein Lobgesang.

T/M: Rous/Sauer/Irvine © Hänssler-Verlag, Neuhausen-Stuttgart

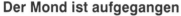

Der Mond ist aufgegangen

74

Der Mond ist auf - ge - gan - gen, die gold - nen Stern - lein
Wald steht schwarz und schwei - get, und aus den Wie - sen

pran - gen am Him - mel hell und klar. Der
stei - get der weis - se Ne - bel wun - der - bar.

2 Wie ist die Welt so stille, und in der Dämm'rung Hülle so traulich und so hold; als eine stille Kammer, wo ihr des Tages Jammer verschlafen und vergessen sollt.

3 Seht ihr den Mond dort stehen? Er ist nur halb zu sehen und ist doch rund und schön. So sind wohl manche Sachen, die wir getrost belachen, weil unsre Augen sie nicht sehn.

4 Wir stolzen Menschenkinder sind eitel arme Sünder und wissen gar nicht viel. Wir spinnen Luftgespinste und suchen viele Künste und kommen weiter von dem Ziel.

5 So legt euch denn, ihr Brüder, in Gottes Namen nieder; kalt ist der Abendhauch. Verschon uns Gott mit Strafen und lass uns ruhig schlafen und unsern kranken Nachbarn auch.

75

Der selbst den Spatzen

Kanon zu 3 Stimmen

Der selbst den Spatzen gibt zu Essen, hat seine Menschen nicht ver gessen. Er

gibt das wah -re Le -bens- brot und macht uns frei aus al -ler Not.

Der Tag begann, der Tag vergeht

Der Tag be - gann, der Tag ver - geht, vor - bei ist sei - ne
Zeit, wenn gleich der Mond am Him - mel steht, ist er Ver - gan - gen-
heit. Die - se Nacht in Got - tes Hand, le - gen wir in
Got - tes Hand. Die - se Nacht, je - de Nacht in Got - tes Hand.

2 Wir danken dir für alles Glück, das du uns heut' geschenkt. Jetzt nimmst du diesen Tag zurück, du, der die Tage lenkt.

3 Wir danken dir für jedes Wort, das uns heut' Mut gemacht. Verzeih uns, wenn wir hier und dort nur an uns selbst gedacht.

4 Wir bitten dich jetzt für die Nacht, dass wir geborgen sind, und du auf alle hier gibst acht, bis neu dein Tag beginnt.

T/M: Rainer Haak/Siegfried Fietz © ABAKUS Schallplatten & Ulmtal Musikverlag, D-Greifenstein

Der Tempel

Je - sus will uns bau'n zu sei nem Tempel, als Wohnung für den heil'gen

Gott. Dies Haus des Herrn ist die Ge-mein-de, die Säu-le

und der Wahr-heit Grund. Wie E-del-stei-ne schön ge- formt,

aus seiner Gnade durch das Wort. Wenn wir uns lieben und ver-

trau-en, (Halle-lu-ja), dann wächst der Tem-pel mehr und mehr.

T/M: Ian Trayner: "We are being built into a Temple" © 1977 Thankyou Music / Hänssler-Verlag, D-Neuhausen-Stuttgart

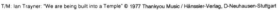

78

De Säge

Ü-se Gott wird dich be-schüt-ze, dass du Luft zum schnuu-fe

häsch. Ü-se Gott wird dich be-schüt-ze!

2 ...dass du Füür zum wärme häsch...   4 ... dass du Ärde zum läbe häsch...

3 ...dass du Wasser zum trinke häsch...

M/©: Walter Ritter, CH-Wängi

Des Nachts wenn i heim soll geh

Des Nachts wenn i heim soll geh, tuet mir mei Fuess so weh, und de

Strophen von hinten nach vorne repetieren

13. - 2.   1.

Fuess isch es Mues, des Nachts wenn i heim soll geh.

2 ... und de Zeche isch verdreht, ...	8 ... und die Brust voller Lust, ...
3 ... und de Chnode isch am Bode, ...	9 ... und s'Herz voller Schmerz, ...
4 ... und d'Wade lampet abe, ...	10... und de Hals voller Schmalz, ...
5 ... und das Knie, das arme Vieh, ...	11... und de Grind us em Gwind, ...
6 ... de Schänkel us em Sänkel, ...	12... und d'Haar sind so rar, ...
7 ... und de Bauch voller Rauch, ...	13... und d'Glatze muss i chratze, ...

De Solochrist

Strophe

Wo-rom goht's denn nöd als So-lo-christ, wo-rom chas e-lei nöd

goh? Will d'ä-lei-ge ganz ver-lo-re bisch, und der nie-mert häl-fe cha. En

Christ brucht de an-der, de an-der brucht mich, so häl-fed mer en-

an-der uf em Wäg i sis Rich. En -an-der i sis Rich.

2 Wenn d' am Bode lisch und Krise häsch, was machsch denn ganz älei? Chasch Bedure ha und trurig si, doch das bringt di nöd uf d'Bei.

3 Mengmol stinkt der alls und d'Freud isch wäg, möchtsch em liebschte wit devo. Doch elei chonsch du au nüme zwäg, s'brucht de Zweit, wo dr z'Hilf cha cho.

4 Oeppemal bruchsch eine wo der sait: was jetzt machsch, isch verchehrt, oder wo der d'Hand uf d'Achsle leit und di z'rugg zu Jesus zehrt.

5 Sötsch emol denn doch äleige si und kei Fründ me um di gseh, üsen Herr isch immer ganz debi, er verloht di gar nie meh!

(De Töff vom Polizischt siehe unter John Browns' body)

Die Affen rasen durch den Wald

Swing-Rhythmus

Die Affen rasen durch den Wald, der eine macht den andern kalt; die ganze

Af-fen-ban-de brüllt: Wer hat die Ko-kos-nuss, wer hat die

Kokosnuss, wer hat die Kokosnuss ge-kla-ut? Wer hat die klaut?

2 Die Affengotte rennt umher, sie liebt die Kokosnuss so sehr; ...

3 Der Affenpapa hat 'ne Wut, die Wut ist gross, man sieht es gut; ...

4 Die Affenmama lehnt am Zaun, sie hält den Bauch, sie fasst es kaum; ...

5 Der Affenonkel sitzt am Fluss und angelt nach der Kokosnuss; ...

6 Die Affentante kommt von fern, sie hätt' die Kokosnuss so gern; ...

7 Der Affenhäuptling, welch ein Graus, reisst ganze Urwaldbäume aus; ...

8 Der Affenmilchmann, dieser Knilch, der lauert auf die Kokosmilch; ...

9 Der Elefant im Dickicht spricht: Hier im Dickicht ist sie nicht; ...

10 Der Affenpastor predigt laut: Wer hat die Kokosnuss geklaut? ...

11 Das Affenbaby mit Genuss, hält in der Hand die Kokosnuss; ...

12 Und freudig ruft der Grosspapa, die Kokosnuss ist wieder da! ...

82

Die Gedanken, die sind frei

DieGe - dan -ken, die sind frei, wer kann sie er- ra -ten? Sie flie -hen vor -

bei, wie nächt - li - che Schat - ten. Kein Mensch kann sie wis - sen, kein

Ker -ker ein - schlies -sen: es blei -bet da - bei: Die Ge - dan - ken sind frei!

2 Ich denke, was ich will und was mich beglücket, doch alles in der Still' und wie es sich schicket. Mein Wunsch und Begehren kann niemand verwehren: es bleibet dabei: Die Gedanken sind frei!

3 Und schliesst man mich ein im finsteren Kerker, dass alles sind rein vergebliche Werke, denn meine Gedanken, sie reissen die Schranken und Mauern entzwei: die Gedanken sind frei!

83

Die goldne Sonne voll Freud und Wonne

Die gold - ne Son - ne voll Freud und Won - ne bringt un - sern

Gren - zen mit ih - rem Glän - zen ein herz - er - quik - ken - des, lieb - li - ches

Licht. Mein Haupt und Glie - der, die la - gen dar - nie - der, a - ber nun

steh ich, bin mun-ter und fröh-lich, schau-e den Him-mel mit meinem Ge - sicht.

2 Lasset uns singen, dem Schöpfer bringen Güter und Gaben; was wir nur haben, alles sei Gotte zum Opfer gesetzt. Die besten Güter sind unsre Gemüter; dankbare Lieder sind Weihrauch und Widder, an welchen er sich am meisten ergötzt.

3 Abend und Morgen sind seine Sorgen; segnen und mehren, Unglück verwehren sind seine Werke und Taten allein. Wenn wir uns legen, so ist er zugegen, wenn wir aufstehen, so lässt er aufgehen über uns seiner Barmherzigkeit Schein.

4 Alles vergehet, Gott aber stehet ohn' alles Wanken; seine Gedanken, sein Wort und Wille hat ewigen Grund. Sein Heil und Gnaden, die nehmen nicht Schaden, heilen im Herzen die tödlichen Schmerzen, halten uns zeitlich und ewig gesund.

84

Die Gott lieben, werden sein wie die Sonne

Die Gott lie - ben, wer - den sein wie die Son - ne, die auf - geht

in ih-rer Pracht. Die Gott lie-ben, wer-den sein wie die Son - ne, die

auf-geht in ih-rer Pracht. Noch ver-birgt die Dun-kel-heit das Licht,

und noch se - hen wir die Son - ne nicht. Doch schon zieht ein

neu- er Tag her - auf, und das Licht des Mor- gens leuch- tet auf.

2 Viele Tränen werden noch geweint, und der Mensch ist noch des Menschen Feind. Doch weil Jesus für die Feinde starb, hoffen wir, weil er uns Hoffnung gab.

3 Krieg und Terror sind noch nicht gebannt, und das Unrecht nimmt noch überhand. Doch der Tag, er steht schon vor der Tür. Herr, du kommst! Wir danken dir dafür.

4 Noch verbirgt die Dunkelheit das Licht, und noch sehen wir den Himmel nicht. Doch die Zeit der Schmerzen wird vergehn, und dann werden wir den Vater sehn.

T/M: Peter Strauch © Hänssler-Verlag, D-Neuchausen-Stuttgart

85

Die Herrlichkeit des Herrn

Kanon zu 4 Stimmen

Die Herr - lich- keit des Herrn blei- be e - wig - lich, der

Herr freu - e sich sei - ner Wer - ke! Ich will sin - gen dem Herrn mein

Le - ben lang; ich will lo - ben mei - nen Gott, so lang ich bin.

© Jugend mit einer Mission e. V., Aquila Verlag GmbH, D-Frankfurt

86

Die Nacht ist ohne Ende

Die Nacht ist oh - ne En - de, der Him - mel oh - ne Stern, die

Stras - se oh - ne Wen - de, und was wir lie - ben fern. Ah - - - - h,

ah - - - - h, ah - - - - h, ah - - h.

2 Gebeugte Rücken tragen die harte, schwere Last, und müde Schritte fragen: Wann endlich kommt die Rast?

3 Wann scheint die Sonne wieder, wann wird sie hell und licht, wann fällt der Kummer nieder, wann drückt die Not uns nicht?

4 Geduld, es wird sich wenden, verlasst euch fest darauf, in Gottes weisen Händen liegt aller Welten Lauf.

Diesen Tag, Herr

Die - sen Tag, Herr, leg ich zu - rück in dei - ne Hän - de, denn du
Du, Herr, bist doch der Zei - ten Ur - sprung und ihr En - de, ich ver -

gabst ihn mir.   Kom - men dunk - le Schat - ten ü - ber die Welt,
trau - e dir.

wenn die Angst zu le - ben mich plötz - lich be - fällt: Du machst das Dunkel hell.

2 Ist mir heut gelungen, was ich mir erträumt? Und wer kann es zählen, was ich versäumt? Du nimmst die Schuld von mir.

3 Wieviel Worte blieben besser ungesagt? Wann hab ich gedankt und wie oft nur geklagt? Du weisst ja, wie ich bin.

4 Schien mir auch das Leben oft ohne Sinn, frag ich mich auch manchmal: Wo führt es mich hin? Du kennst auch meinen Weg.

T/M: Martin G. Schneider © Bosse-Verlag, aus "Neue geistliche Lieder"

*(Dieses Haus ist alt und hässlich siehe **Das alte Haus von Rocky Tocky**)*

Do Lord, o do remember me

Do Lord, o do Lord, o do remember me. Do Lord, o do Lord, o do remember me.

Do Lord, o do Lord, o do remember me, way beyond the blue. I took Jesus as my savi-

our, you take him too. I took Je-sus as my sav- i- our, you take him too,

I took Je-sus as my sav- i- our, you take him to, way be - yond the blue.

2 /::I've got a home in glory land that outshines
the sun,::/ way beyond the blue.

Vater im Himmel

(gleiche Melodie wie Do Lord, o do remember me)

/::Vater im Himmel, o denke doch an
mich.::/ dort im Paradies.

1 /::Jesus nahm mir meine Sünden und gab mir
die Ruh,::/ dort im Paradies.

2 /::Jesus nimmt auch deine Sünden und gibt dir
die Ruh,::/ ...

3 /::Jesus gab mir einen Platz in seinem Vater-
haus,::/ ...

4 /::Bei Jesus, bei Jesus, da ist mein Vater-
haus,::/ ...

5 /::Hast du dort die ew'ge Ruh, dann hast du sie
auch hier.::/

Dona, dona, dona

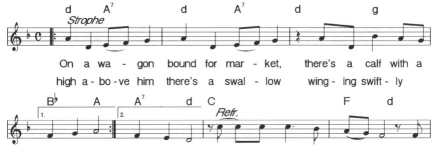

On a wa - gon bound for mar - ket, there's a calf with a
high a - bo - ve him there's a swal - low wing - ing swift - ly

mourn -ful eye, through the sky. How the winds are laugh - ing, they

laugh with all their might, laugh and laugh the whole day through, and

half the sum-mer's night. Do-na, do-na, do- na, do - na, do-na, do-na, do-na,

don. Do -na, do -na, do - na, do - na, do -na, do -na, do -na, don.

2 "Stop complaining!", said the farmer, "Who told you a calf to be? Why don't you have wings to fly with, like the swallow so proud and free?"

3 Calves are easily bound and slaughtered, never knowing the reason why. But whoever treasures freedom like, the swallow has learned to fly.

T/M: Secunda, Sheldon/Schwartz, Teddi/ Kevess, Arthur/Secunda, Sholom ©1940 & 1956 by Mills Music Inc. / Edition Corona KG Rolf Budde GmbH & Co., D-Berlin

91

Dona nobis pacem

Kanon zu 3 Stimmen

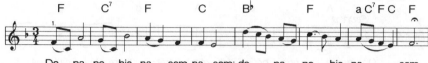

F   C⁷   F   C   B♭   F   a C⁷ F C F

Do - na no - bis pa - cem, pa - cem; do - - na no - bis pa - - - cem.

Do - na no - bis pa - cem, do - na no - bis pa - - - cem.

Do - na no - bis pa - cem, do - na no - bis pa - - - cem.

92

Döt ene am Bärgli

F   C⁷   1. F   2. F

Döt e - ne am Berg - li, do stoht e wis - si Geiss. I
ha sie wöle mäl - che, do haut sie mir   eis. Ho - la

C⁷   1. F   2. F

du - li, du - li du - li, ho - la du - li du - li du - li du - li, ho - la du.

2 Vo Züri uf Basel, do hät's äs Tunnel, wemmer ine chunt wird's dunkel, wemmer use goht wird's hell.

3 Min Vatter isch Glaser und Glaser bin i. Min Vatter flickt Schiibe und schliisse tuen i's.

4 Min Vatter isch Gärtner und Gärtner bin i. Min Vatter setzt Blüemli, usriisse tuen i's.

Down by the riverside

Goin' to lay down my bur - den, down by the ri- ver -side, down by the
river -side, down by the ri ver -side. Goin' to lay down my bur - den, down by the

ri - ver - side, to stu - dy war no more. I ain't goin' to stu -dy war no
more, ain't goin' to stu-dy war no more, ain't goin' to stu -dy war no more.

Ain't goin' to more, ain't goin' to stu - dy war no more.

2 Goin' to lay down my sword and shield, ... 4 Goin' to try on my starry crown, ...
3 Goin' to try on my long white robe, ...

Drei Chinesen mit dem Contrabass

(1. mal normal, dann auf a, e, usw.)

Drei Chi-ne-sen mit dem Con - tra- bass sas - sen auf der Stras-se und er -

zähl - ten sich was. Da kam die Po - li - zei und sag - te: "Was ist das?" "Drei Chi - ne - sen mit dem Con - tra - bass."

*(Dr einzig wo das weis siehe unter **Blowin' in the wind**)*

95 Drei Zigeuner fand ich einmal

Drei Zi- geu - ner fand ich ein - mal lie - gen an ei - ner Wei - de, als mein Fuhr - werk mit mü - der Qual, schlich durch die san-di- ge Hei - de.

2 Hielt der eine für sich allein in den Händen die Fiedel, spielte, umglüht vom Abendschein, sich ein feuriges Liedel.

3 Hielt der zweite die Pfeife im Mund, blickte nach seinem Rauche, froh, als ob er vom Erdenrund nichts zum Glücke mehr brauche.

4 Und der dritte behaglich schlief, und sein Zimbal am Baum hing. Über die Saiten der Windhauch lief, über sein Herz ein Traum ging.

5 An den Kleidern trugen die drei Löcher und bunte Flicken. Aber sie boten trotzig frei Spott den Erdengeschicken.

6 Dreifach haben sie mir gezeigt, wenn das Leben uns nachtet, wie man's verraucht, verschläft, vergeigt, und es dreimal verachtet.

7 Nach den Zigeunern lange noch schau'n musst ich im Weiterfahren, nach den Gesichtern dunkelbraun, den schwarzlockigen Haaren.

Dr Eskimo

Ken - net dir das Gschich - tli scho vo däm ar - me Es - ki - mo, wo in

Grön - land ei - nisch so truu - rig isch um ds'Lä - be cho?

nie es Cemba-lo. Süsch geits öich grad ä be-so, wie däm ar-men Eski-mo, wo in

Grön - land ei - nisch so truu - rig isch um ds'Lä - be choo - ooo.

2 Aer het dank em Radio, Fröid ar Musig über-cho und het tänkt das chan i o, so isch är i ds Unglück cho.

3 Nämlich är het sech für zwo Fläsche Läbertran es no guet erhaltes Cembalo gchouft und hets i d'Höli gno.

4 Doch won är fortissimo gspilt het uf sym Cem-balo, isch en Ysbär ynecho, het ne zwüsche d'Chralle gno.

5 Kunscht isch geng es Risiko, so isch är um ds Läbe cho, und dir gseht d'Moral dervo: chou-fet nie es Cembalo.

T/M: Mani Matter © 1972 by Benziger Verlag AG, CH-Zürich

Dr Ferdinand isch gstorbe

Dr Fer - di - nand isch gstor - be, o - jeh, o - jeh, o - jeh, dr
Fer - di - nand isch gstor - be, es

tuet mer hütt no weh, är, wo so vil het gwor - be um

Lie - bi im Quar - tier, dr Fer - di - nand isch gstor - be, das ar - me Tier.

2 Win i doch geng mys Goudi am Ferdinand ha gha, eson e stolze Moudi wird nie mehr öpper ha, geng d'Liebi het ne tribe, nie ds Müüs- und Vögelfah, är isch mys Vorbild blibe, dä Chatzema.

3 Wen är sys unbeschwärte ganze Läbe lang het gsungen i de Gärte und nüt als Minnegsang, de ischs im albe glunge ds Härz zrüere vo sym Schatz, är het für d'Chatze gsunge, doch nid für d'chatz.

4 So het är ou am gröschte Nachwuchs ds Läbe gschänkt, das tuet eim albe tröschte, wo a sys Stärbe dänkt, e Huufe Ferdinändli spaziere no dür d'Stedt, sit das ne dr Herr Brändli erschlage het.

5 Teil Lüt, me sött se strafe, verschliesse ds Härz dr Kunscht, si wei geng nume schlafe und hei ke Sinn für d'Brunscht, so het au dr Herr Brändli mit emne Topf für d'Nacht däm arme Ferdinändli es Aendi gmacht.

6 Dr Ferdinand isch gstorbe, ojeh, ojeh, ojeh, dr Ferdinand isch gstorbe, es tuet mer hütt no weh, är, wo so vil het gworbe um Liebi im Quartier, dr Ferdinand isch gstorbe, das arme Tier.

T/M: Mani Matter © 1972 by Benziger Verlag AG, CH-Zürich

98

Dr Hansjakobli und ds Babettli

Dr Hans - ja - kob - li und ds Ba - bett - li hei mit em Chu - chi - ta - bu - rett - li es

Spi - li zä - me gspilt zum göis - se, "he - he Frou Mei - er" het das gheis - se.

2 Da isch zum Byspil zersch ds Babettli druf gchlätteret uf ds Taburettli, und Hansjakobli wo süsch zaagget, isch tifig tifig drunder gschnaagget.

3 Ganz lut het obehär ds Babettli jitz gstampfet uf das Taburettli, bis dass dr Hansjakobli dopplet so lut het undenufe topplet

4 und grüeft: hehe Frou Meier machet doch nid so Krach, du hei si glachet, und är isch obe gsy, äs unde, und ds Spil het disewäg stattgfunde.

5 Vowäge grad so i däm Spili, wi z'grächtem - Byspil git es vili - isch jede - daderfür wird gchrampfet - gärn dä wo obenabe stampfet.

6 Es isch nid jede wi ds Babettli so harmlos uf sym Taburettli, drum lueget dass wi Hansjakobli gäng einen undenufe toppli.

7 I wett fasch säge, d'Wält wär freier, wenn meh würd grüeft: hehe Frou Meier!

T/M: Mani Matter © 1972 by Benziger Verlag AG, CH-Zürich

Dr Sidi Abdel Assar

Dr Si- di Ab- del As- sar vo El Ham- ma het mal am Mor-ge früe no im Py -

ja - ma, ir Strass vor dr Mo -schee, zwöi schö - ni Ou -ge gseh, das isch dr A - fang wor - de vo sim Dra - ma.

2 S'isch d'Tochter gsy vom Mohamed Mustafa. Dr Abdel Assar het nümm chönne schlafa, bis är bim Mohamed um d'Hand aghalte hed und gseit: i biete hundertfüfzig Schaf a.

3 Dr Mohamed het gantwortet: bi Allah, es fröit mi, dass my Tochter dir het gfalla, doch wärt isch si, mi Seel, zwöihundertzwänzg Kamel und drunder chan i dir sen uf ke Fall la.

4 Da het dr Abdel Assar gseit: O Sidi, uf son e tüüre Handel gang i nid y, isch furt, het gly druf scho e billigeri gno, wo nid so schön isch gsy, drfür e gschydi.

5 Doch wenn es Nacht wird über dr Sahara, luegt är dr Mond am Himel häll und klar a und truuret hie und da, de schöne Ouge na und dänkt: hätt i doch früecher afa spara!

T/M: Mani Matter © 1973 by Benziger Verlag AG, Zürich

*(D' Sünd isch gross siehe **Wayahi-hamabol**)*

Ds Zündhölzli

A   E⁷

I han es Zünd-hölz-li a-zündt und das het e Flam-me gäh, und i

f#   c#

ha für d'Zi-ga-ret-te wel-le Füür vom Hölz-li näh, a-ber

D   A

ds Hölz-li isch der-vo-gspickt und uf e Tep-pich cho, und es

E⁷   A   A

hätt no fasch es Loch i Tep-pich gäh der-vo. Ja me furt ha gno.

2 Ja me weis was cha passiere, we me nid ufpasst mit Füür, und für d'Gluet ar Zigarette isch e Teppich doch de z'tüür, und vom Teppich hätt o Grus, chönne ds Füür i ds ganze Hus, und wär weis, was da nid alles no wär worde drus.

3 S'hätt e Brand gäh im Quartier und s'hätti d'Füürwehr müesse cho, hätti ghornet i de Strasse und dr Schluch vom Wage gno, und si hätte Wasser gsprützt und das hätt de glych nüt gnützt, und die ganzi Stadt hätt brönnt, es hätt se nüt meh gschützt.

4 Und d'Lüt wären umegsprunge i dr Angscht um Hab und Guet, hätte gmeint s'heig eine Füür gleit, hätte ds Sturmgwehr gno ir Wuet, alls hätt brüelet: wär isch tschuld? ds ganze Land i eim Tumult, dass me gschosse hätt uf d'Bundesrät am Rednerpult.

5 D'Uno hätt interveniert und d'Uno-Gägner sofort o, für ir Schwyz dr Fride z'rette, wäre beid mit Panzer cho, s'hätt sech usdehnt natisna uf Europa, Afrika, s'hätt e Wältchrieg gäh und d'Mönschheit wär jitz nümme da.

6 I han es Zündhölzli azündt und das het e Flamme gäh, und i ha für d'Zigarette welle Füür vom Hölzli näh, aber ds Hölzli isch dervogspickt und uf e Teppich cho gottseidank dass i's vom Teppich wider furt ha gno.

T/M: Mani Matter © 1972 by Benziger Verlag AG, CH-Zürich

Du bisch de Wystock

Du bisch de Wy-stock, und mir sind d'Rä - be. Wem-mer a dir sind,

denn hem- mer s'Lä- be. dänn hem- mer s'Lä- be. Wär dir ganz noch bliibt,

dä bringt viel Frucht, doch wär dir fort - rennt, dä rennt in Tod.

2 Du pflegsch üs alli und stutzisch üs, mer tör-
fed rein sii för dich, de Herr.

3 Was mer dich bitted, willsch du üs geh, wem-
mer i dir sind und du i üs.

4 Glich wie din Vater dir Liebe git, gisch du si
witer, mer danked dir.

5 Das häsch du üs gseit zu üser Freud, die
Freud blibt immer, was au passiert.

Du bisch Herr

Du bisch Herr, du bisch Herr, du bisch Herr vo mim Lä -be; nimm du

mich, bruch du mich, mach du mich doch zum Sä - ge. Je - de

Tag, je - di Stund, lass du mich doch es Liecht für dich sii.

T/M/©: Jean-Daniel von Lerber, CH-Richterswil

Du bist du

Ver- giss es nie, dass du lebst war kei - ne ei - ge - ne I - dee und dass du
nie, dass du lebst war ei - nes an - de - ren I - dee, und dass du

at - mest kein Ent- schluss von dir. Ver- giss es at - mest, sein Ge- schenk an

dich. Du bist ge - wollt, kein Kind des Zu- falls, kei- ne Lau- ne der Na- tur, ganz e-

gal, ob du dein Le - bens - lied in Moll singst o - der Dur. Du bist

ein Ge - dan - ke Got - tes, ein ge - nia - ler noch da - zu. Du bist

du. Das ist der Clou. Ja der Clou, ja du bist du.

2 Vergiss es nie, niemand denkt und fühlt und handelt so wie du, und niemand lächelt, so wie du's grad' tust; Vergiss es nie, niemand sieht den Himmel ganz genau wie du. Und niemand hat je, was du weisst, gewusst.

3 Vergiss es nie, dein Gesicht hat niemand sonst auf dieser Welt, und solche Augen hast allei- ne du. Vergiss es nie, du bist reich, egal ob mit, ob ohne Geld, denn du kannst leben, niemand lebt wie du.

T/M: Jürgen Werth / Paul Janz © Paragon Music Corp. / Rudolf Slezak Musikverlag, D-Hamburg

Du bist mein Zufluchtsort

Du bist mein Zu-fluchts-ort. Ich ber-ge mich in Dei -ner Hand, denn Du
schützt mich, Herr. Wann immer mich Angst be-fällt, traue ich auf Dich. Ja, ich trau auf
Dich, und ich sa-ge: "Ich bin stark in der Kraft mei- nes Herrn." Her - rn.

T/M: Gitta Leuscher, Maranatha Music, Kiir Verlag, CH-Uster

Du gehst durch die Strassen

Du gehst durch die Stras - sen der gros - sen Stadt, und
um dich braust der Ver -kehr. Und wie die Stadt kei - ne Ru -he hat, so
hetzt auch du hin und her. Dann möch - test du man - ches Mal
schrein: Ich bin un - ter Tau -sen - den al - lein. Ich - lein.

2 Dann stehst du an deinem Arbeitsplatz, und andere schaffen mit dir. Du redest und denkst bei jedem Satz: Was wisst ihr denn schon von mir? In mein Herz sieht keiner hinein. /:Ich bin unter Tausenden allein.:/

3 Und am Wochenende bist du beim Tanz oder beim Fussballspiel. Du erlebst im Film eine Welt von Glanz, und Musik erhebt dein Gefühl. Doch was wird nachher sein? /:Nachher bist du wieder ganz allein.:/

4 Du gehst zum Einkauf ins Warenhaus, umgibst dich mit vornehmem Schein. Und dann gibst du mehr als du wolltest aus, um gesellschaftsfähig zu sein. Und was bringt dir der Aufwand ein? /:Nachher bist du wieder ganz allein.:/

5 Vielleicht liegst du einmal im Krankenhaus, und Schmerzen halten dich fest. Dann merkst du erst: so leicht ist es aus. Und wenn dich die Kraft dann verlässt, dann siehst du plötzlich ein: /:Am Ende bin ich wieder ganz allein.:/

6 Es gilt in den Strassen der grossen Stadt, gilt mitten im dichten Verkehr: Christus ist auch in unserer Stadt, und er geht neben dir her. Hast du ihn, brauchst du nie mehr zu schrein. /:Mit ihm bist du dann nie mehr allein.:/

106 Du hast dich uns gegeben

Du hast dich uns ge-ge-ben, wir tra-gen dich in uns. Ein Herz sind wir ge-

wor-den und du bleibst un-ter uns. Dan-ke für dein Le-ben, du
Du bist das Mass der Lie-be und

hast uns eins ge-macht. Wir wollen weiter-ge-ben, was uns glücklich macht.
drängst uns nun zu geh'n, zu bringen deine Lie-be, in je-dem dich zu seh'n.

T/M/©: Martin Peier, CH-St. Gallen

Du hast uns gerufen

Du hast uns ge-rufen, wir folgten deiner Stimme. Du führst uns zu-sammen,

wir finden uns in dir. Der Staub des Alltags liegt auf uns, doch wir wissen:

Alles machst du neu. Unsre Aengste, Zweifel, Hoff-nung, alles tragen wir zu dir.

2 Nun zeige uns den Weg zur Einheit, als deine
Brüder sind wir hier. In uns soll alles schwei-
gen, alles, was uns trennt von dir.

T/M/©: Martin Peier, CH-St. Gallen

(Du Herr gabst uns siehe unter It's me, it's me, it's me, oh Lord)

Du meine Seele, singe

Du mei - ne See - le, sin - ge wohl - auf und sin - ge schön dem,
wel - chem al - le Din - ge zu Dienst und Wil - len

stehn! Ich will den Her - ren dro - ben hier prei - sen auf der Erd; ich

will ihn herz-lich lo-ben, so-lang ich le-ben werd.

2 Wohl dem, der einzig schauet nach Jakobs Gott und Heil! Wer dem sich anvertrauet, der hat das beste Teil, das höchste Gut, erlesen, den schönsten Schatz geliebt; sein Herz und ganzes Wesen bleibt ewig unbetrübt.

3 Hier sind die starken Kräfte, die unerschöpfte Macht; das weisen die Geschäfte, die seine Hand gemacht: der Himmel und die Erde mit ihrem ganzen Heer, der Fisch' unzählge Herde im grossen, wilden Meer.

4 Hier sind die treuen Sinnen, die niemand unrecht tun, all denen Gutes gönnen, die in der Treu beruhn. Gott hält sein Wort mit Freuden, und was er spricht, geschieht; und wer Gewalt muss leiden, den schützt er im Gericht.

5 Er weiss viel tausend Weisen, zu retten aus dem Tod, ernährt und gibet Speisen zur Zeit der Hungersnot, macht schöne rote Wangen oft bei geringem Mahl; und die da sind gefangen, die reisst er aus der Qual.

6 Er ist das Licht der Blinden, erleuchtet ihr Gesicht, und die sich schwach befinden, die stellt er aufgericht'. Er liebet alle Frommen, und die ihm günstig sind, die finden, wenn sie kommen, an ihm den besten Freund.

7 Er ist der Fremden Hütte, die Waisen nimmt er an, erfüllt der Witwen Bitte, wird selbst ihr Trost und Mann. Die aber, die ihn hassen, bezahlet er mit Grimm; ihr Haus und wo sie sassen, das wirft er um und um.

8 Ach ich bin viel zu wenig, zu rühmen seinen Ruhm; der Herr allein ist König, ich eine welke Blum. Jedoch weil ich gehöre gen Zion in sein Zelt, ist's billig, dass ich mehre sein Lob vor aller Welt.

109

Du Mensch im Strudel unsrer Zeit

Du Mensch im Stru-del uns-rer Zeit, so steh doch end-lich still, weil Gott, der Herr der Herr-lich-keit, dir et-was sa-gen will. Weil will.

2 Du glaubst, die Welt ist schön und weit, da alles singt und lacht. /:Doch hör, das Herz, es klagt und schreit, weil in ihm dunkle Nacht.:/

3 Du sagst: Die Hilfe fand ich nicht, ich blieb doch stets allein. /:Doch hör, was Jesus Christus spricht; er will dir Helfer sein.:/

4 Wir singen dir ein frohes Lied, befreit von Schuld und Not. /:Und froh und stimmt ein, wer mit uns zieht: Wie gross ist unser Gott.:/

T/M: Heinz Fuhrmann © Hänssler Verlag, D-Neuhaussen-Stuttgart

Dungtien i wang

Dung-tien i wang Yu Shui i jy bai hua ben-fang bai niau ming-ti.

He- bi deng-dai He- bi chy -i. Wo di jia- ou yu wo tung chyu. Ye - su wo Ju

wo ai so gui. Wo shen wo ling yung shu yu ni. You gu jy jung

sy ni sin chie yu ni tung chyu jin you cun - hui.

T/M: Lin Shengben, China © Asia YMCA, Hongkong

Walking with the Lord

(gleiche Melodie wie Dungtien i wang)

1 Winter has passed the rain is over, earth is abloom, songs fill the air. Linger no more, why must you wait? Rise up, my love, come follow me.

Jesus my Lord, my love, my all, body and soul, forever yours. In date so dark, I longed for you, walking with you spring wakes a new.

2 O Lord, your face I long to see, your still small voice reveal to me. Your voice so tender, your face so fair, o precious dove with me be near.

3 O my below'd I'll follow you, far from the rock, the hills and sea. Midst all the song and blossoms anew, in your firm steps, I'll follow you.

T/M: Lin Shengben, China © Asia YMCA, Hongkong

(Dur wie viel Strosse siehe Dr einzig wo das weis)
(Du wolltest dir bloss siehe Tausend und eine Nacht)

112 Ehre sei Gott in der Höhe

Kanon zu 8 Stimmen

Eh- re sei Gott in der Hö - he! Frie- de auf Er- den, auf Er - den und den

Men - schen ein Wohl- ge - fal - len! A - - - - men, A - - men.

113 Ein heller Morgen

Kanon zu 3 Stimmen

Ein hel - ler Mor - gen oh - ne Sor - gen fol- get der dü - ste - ren

Nacht. Nach Dun - kel und Schat - ten leuch - ten die Mat - ten, die

Flur und der Wald er - wacht. Des Her -ren Macht hat Licht ge - bracht.

aus: Willi Gohl, Der Singkreis © Musikverlag zum Pelikan, Hug & Co. Musikverlage, CH-Zürich

Ein Heller und ein Batzen

D   A⁷   D   A

Ein Hel-ler und ein Bat-zen, die wa-ren bei-de mein, der Hel-ler ward zu

E⁷   A⁷   D   f♯
Refr.

Was - ser, der Bat-zen ward zu Wein. Ja, jup-pi fal-le-ra, fal-le-ra,

G   D   b   A⁷   D   G^maj7   D

fal-le-ra-la- la, der Hel-ler ward zu Was - ser, der Bat-zen ward zu Wein.

2 Die Mädel und die Wirtsleut, die rufen beid':
   "O weh!" Die Wirtsleut, wenn ich komme, die
   Mädel, wenn ich geh. Ja, juppi ...

3 Mein' Stiefel sind zerrissen, mein Schuh', die
   sind entzwei, und draussen auf der Heide, da
   singt der Vogel frei. Ja, juppi ...

4 Und gäb's kein' Landstrass' nirgends, so blieb
   ich still zu Haus, und gäb's kein Loch im Fasse,
   so tränk ich gar nicht draus. Ja, juppi ...

5 War das 'ne grosse Freude, als mich der Herr-
   gott schuf, 'nen Kerl wie Samt und Seide - nur
   schade, dass er suff! Ja, juppi ...

6 Die Liesel sass am Bache, die wunderschöne
   Maid, sie wusch sich ihre Füsse, 's war aller-
   höchste Zeit. Ja, juppi ...

7 Und als sie sie gewaschen, die wunderhüb-
   sche Maid, da sprach sie ganz gelassen: "Jetzt
   tut's für lange Zeit!" Ja, juppi ...

Ein Huhn

Kanon zu 16 Stimmen

C⁷   F

1. 2. 3. 4. 5. 6. 7. 8. 9.

Ein Huhn, das frass, man glaubt es kaum, die Blät-ter von dem Gum-mi-baum, dann

10. 11. 12. 13. 14. 15. 16.

ging es in den Hüh-ner-stall und leg-te ei-nen Gum-mi-ball.

Kanonsatz: Martin Peier, CH-St. Gallen

116

Ein kleines, graues Eselchen

Kanon zu 3 Stimmen

Ein kleines graues Esel- chen trampelt durch die Welt. Es wackelt mit dem

Hinter-teil, gleich wie es ihm ge - fällt. I - a l - a, gleich wie es ihm ge - fällt.

aus: Schwalbacher Spielkartei, herausgegeben von Magda Kelber © Matthias-Grünewald-Verlag, Mainz, 1990 16, Textbearbeitung, Kanonsatz: Martin Peier, CH-St. Gallen

117

Ein Loch ist im Eimer

Ein Loch ist im Ei - mer, Karl - Ot - to, Karl - Ot - to, ein

Loch ist im Ei - mer, Karl - Ot - to, ein Loch.

2 Verstopf es, o Henri, o Henri, o Henri, verstopf es, o Henri, o Henri, - mach's dicht!!

3 Womit denn, Karl-Otto ..., womit?

4 Mit Stroh, o Henri ..., mit Stroh!

5 Das Stroh ist zu lang, Karl-Otto ... das Stroh!

6 Dann kürz es, o Henri ... hack's ab!

7 Womit denn, Karl-Otto ... womit?

8 Mit 'ner Axt, oh Henri ... mit 'ner Axt!

9 Die Axt ist zu stumpf, Karl-Otto ... stumpf!

10 Dann schärf sie, o Henri ... mach sie scharf!

11 Womit denn, Karl-Otto ... womit?

12 Mit 'm Stein, o Henri ... mit 'm Stein!

13 Der Stein ist zu trocken, Karl-Otto ... der Stein!

14 Hol Wasser, o Henri ... na los!

15 Worin denn, Karl-Otto ... worin?

16 Im Eimer, o Henri ... greif zu!

17 Ein Loch ist im Eimer, Karl-Otto ... ein Loch!

Ein Mann, der sich Kolumbus nannt

Ein Mann, der sich Ko-lum-bus nannt', wi-de-wi-de-witt-bum- bum. war
in der Schiff-fahrt wohl-be- kannt,

-bum. Es drück- ten ihn die Sor-gen schwer, er such- te neu-es Land im Meer.

Glo-ri- a, Vik- to-ri- a, wi-de-wi-de-witt-ju- hei-ras- sa. wi-de-wi-de-witt-bum- bum.

2 Als er den Morgenkaffee trank, ... da rief er plötzlich: Gott sei Dank! ... Denn schnell kam mit dem ersten Tram, der span'sche König bei ihm an.

3 Kolumbus, sprach der, lieber Mann, ... du hast schon manche Tat getan, ... eins fehlt noch unsrer Gloria: Entdecke mir Amerika!

4 Gesagt, getan - ein Mann, ein Wort, ... am selben Tag fuhr er noch fort, ... und eines Morgens rief er: Land! Wie deucht mich alles so bekannt!

5 Das Volk am Strand stand stumm und zag, ... da rief Kolumbus: Guten Tag, ... ist hier vielleicht Amerika? Da schrien alle Wilden: Ja!

6 Die Leute waren sehr erschreckt ... und riefen all: Wir sind entdeckt! ... Der Häuptling rief ihm: Lieber Mann, also bist du Kolumbus dann!

Ein Schiff, das sich Gemeinde nennt

Ein Schiff, das sich Ge-mein-de nennt, fährt durch das Meer der Zeit. Das
Ziel, das ihm die Rich-tung weist, heisst Got-tes E-wig-keit. Das

Schiff, es fährt vom Strum be-droht durch Angst, Not und Ge-fahr; Ver-zweif-lung,Hoff-nung, Kampf und Sieg, so fährt es Jahr für Jahr. Und im-mer wie-der fragt man sich: Wird denn das Schiff be-stehn? Er-reicht es wohl das gros-se Ziel? Wird es nicht un-ter-gehn?

Refr.

Blei-be bei uns, Herr! Blei-be bei uns, Herr! Denn sonst sind wir al-lein auf der Fahrt durch das Meer, o blei-be bei uns, Herr!

2 Das Schiff, das sich Gemeinde nennt, liegt oft im Hafen fest, weil sich's in Sicherheit und Ruh bequemer leben lässt. Man sonnt sich gern im alten Glanz vergangner Herrlichkeit und ist doch heute für den Ruf zur Ausfahrt nicht bereit. Doch wer Gefahr und Leiden scheut, erlebt von Gott nicht viel. Nur wer das Wagnis auf sich nimmt, erreicht das grosse Ziel.

3 Im Schiff, das sich Gemeinde nennt, muss eine Mannschaft sein, sonst ist man auf der weiten Fahrt verloren und allein. Ein jeder stehe, wo er steht, und tue seine Pflicht; wenn er sein Teil nicht treu erfüllt, gelingt das ganze nicht. Und was die Mannschaft auf dem Schiff ganz fest zusammenschweisst, ist Glaube, Hoffnung, Zuversicht, ist Gottes guter Geist.

4 Im Schiff, das sich Gemeinde nennt, fragt man sich hin und her: Wie finden wir den rechten Kurs zur Fahrt im weiten Meer? Der rät wohl dies, der andre das, man redet lang und viel und kurzsichtig wie man ist - nur wei-ter weg vom Ziel. Doch da, wo man das Laute flieht und lieber horcht und schweigt, bekommt von Gott man ganz gewiss den rechten Weg gezeigt.

5 Ein Schiff, das sich Gemeinde nennt, fährt durch das Meer der Zeit. Das Ziel, das ihm die Richtung weist, heisst Gottes Ewigkeit. Und wenn uns Einsamkeit bedroht, wenn Angst uns überfällt: Viel Freunde sind mit unterwegs, auf gleichen Kurs gestellt. Das gibt uns wieder neuen Mut, wir sind nicht mehr allein. So läuft das Schiff nach langer Fahrt in Gottes Hafen ein.

T/M: Martin G. Schneider © Bosse-Verlag, aus "Neue geistliche Lieder"

El Condor pasa

I'd ra - ther be a spar - row than a snail.	Yes I would, if I
ra - ther be a for - est than a street.	Yes I would, if I

could, I sure-ly would. Hm.	I'd ra -ther be a ham-mer than a
could, I sure-ly would. Hm.	I'd ra -ther feel the earth be- neath my

nail. Yes I would, if I on - ly could,	I sure - ly
feet. Yes I would, if I on - ly could,	I sure - ly

would. Hm.	A - way, I'd ra - ther sail a - way, like a
would.	man gets tied up to the ground, he gives the

swan that's here and gone. A	
world its sad - est sound, its sad - est sound. I'd	

T/M: Simon, Paul/Robles, Daniel/Milchberg, Jorge © 1933/1963/1970 by Edward B. Marks Music Co., N. Y. engl. Lyrics by © 1970 Charing Cross Music, Inc. / Rolf Budde GmbH & Co. Musikverlag KG, D-Berlin

El-Shaddai

El-Shad-dai, El-Shad-dai, El-El-yon na A-do-nai, age to
El-Shad-dai, Er-kam-ka na A-do-nai, we will

age, you're still the same by the po-wer of his name. El-Shad-dai,
praise and lift you high,

Through your love and through the ram, you saved the
El-Shad-dai. Through the years you made it clear, that the

son of Ab-ra-ham. Through the po-wer of your hand turned the
time of Christ was near. Through the peo-ple could n't see what Mes-

sea in-to dry land. To the out-cast on her knees,
si-ah ought to be. Through your word con-tained the plan,

you were God who real-ly sees. And by your might, you
they just could not un-der-stand.

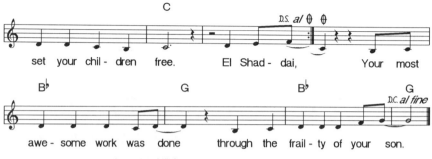

set your chil - dren free. El Shad - dai, Your most

awe - some work was done through the frail - ty of your son.

T/M: Michael Card/John Thompson © Siebenpunkt Verlags GmbH, D-München

El-Shaddai (deutsch)

(gleiche Melodie wie oben)

El-Shaddai, El-Shaddai, El-El-yon na Adonai. Du bleibst Gott in Ewigkeit, auch im Wandel dieser Zeit. El-Shaddai, El-Shaddai. Erkam-ka na Adonai, deine Liebe macht uns frei, El-Shaddai.

1 Du hast dich geoffenbart, Abraham in Not bewahrt, seinen langersehnten Sohn durch des Widders Blut verschont. Und durch Meer und Wüstensand führtest du mit starker Hand dein Israel in das verheissne Land!

2 Du hast dich geoffenbart, als die Zeit erfüllet ward und nach deinem grossen Plan Jesus Christus zu uns kam. Doch sie nahmen ihn nicht auf, nahmen Barabas in Kauf, lehnten den Messias ab, der für ihre Rettung starb!

/:El-Shaddai, El-Shaddai, El-El-yon na Adonai, du hast Israel befreit, aus Aegyptens Sklaverei. El-Shaddai, El-Shaddai, Er-kam-ka na Adonai, dir sei Dank in Ewigkeit, El-Shaddai.:/

T/M: J. Thompson/B. Werner

Em Pfarrer sini Chue

Am A - bend war sie fett und prall, fett und prall, fett und prall, am

Mor - gen lag sie tot im Stall, em Pfar - rer si - ni Chue. Hei,

sing mer e - mol, sing mer e - mol, sing mer e - mol es Lied - li, sing mer e - mol, sing mer e - mol vom Pfar - rer sin - re Chue.

2 Und der Küster Langeweil, /:Langeweil:/ erhält ein neues Glockenseil vom Pfarrer sinre Chue.

3 Die St. Galler Feuerwehr /:Feuerwehr:/ stellte neue Schläuche her vom Pfarrer sinre Chue.

4 Und die alte Schwiegermutter /:Schwiegermutter:/ erhält ein neues Brillenfutter vom Pfarrer sinre Chue.

5 Und die tolle Englisch-Miss /:Englisch-Miss:/ kriegt ein neues Rossgebiss vom Pfarrer sinre Chue.

6 Was macht man mit dem Darm im Bauch? /:Darm im Bauch:/ Das gibt 'nen neuen Veloschlauch vom Pfarrer sinre Chue.

7 Und die Zürcher PdA, /:PdA:/ het e tummi Schnöre gha, wägem Pfarrer sinre Chue.

8 De Hans, de tapfer Trainsoldat, /:Trainsoldat:/ de isst de Ochsemuulsalat vom Pfarrer sinre Chue.

9 Und de Heiri rennt jetzt gschwind, /:rennt jetzt gschwind:/ macht sechs Paar Schue för sini Chind vom Pfarrer sinre Chue.

10 Die Seele fliegt dem Himmel zu, /:dem Himmel zu:/ es war halt eines Pfarrers Kuh, em Pfarrer sini Chue.

11 Und nun kommt das allerbest, /:das allerbest:/ die Kuh die war ein Ochs gewest, em Pfarrer sini Chue.

124 En Funke isch scho gnueg

En Fun - ke isch scho gnueg, zum e böi - migs Füür a -
bald isch es so gross, dass es warm git Herz und

zün - de, und Hän - de. Glich goht's der, wenn du d'Lie - bi vo Gott er -

fah - re häsch. Sie git der Freud, du strahlsch si us, si isch för a - li do.

2 Im Früelig git üs d'Sonn mit ihrer Chraft neus Läbe, und alles wachsd und sprüüst, wo de Winter dur hät gschlofe. Glich goht's der, wenn du d'Liebi vo Gott erfahre häsch. Sie git der Freud, du strahlsch si us, si isch för ali do.

3 Die meischte wössed nöd, dass Gott si wörkli gärn hät, und dass er, went en frogsch, sini Liebi dir is Herz git. Mer wönd, dass ali Mensche vo Gott erfahre chönd: Er hät di gern, er nimmt di a, er isch för ali do.

T/M: Hans Ruedi Pfister/Kurt Kaiser © by Bud John Songs / Rudolf Slezak Musikverlag GmbH, D-Hamburg

En Funke zündet

En Fun - ke zün - det, s'Für chunnt a, loot Flam - me tan - ze und steckt a. Neus Lä - be, Uuf - bruch, fri - sche Muet.

2 En Funke zündet, s'git en Brand. Griift um sich, gfördet Güeter, Land. Enttüüschig - Abbruch - Ohnmacht - Wuet.

3 De Funke lösche, alles lo? Sich schütze? Zum Vertraute schtoo? De gwonti Tramp? De feschti Schtand?

4 Heb Sorg zum Für und sigs en Räscht! Bliib wach zum Uufbruch! Hock nöd fescht! Halt d'Schpannig us, wo Hoffnig heisst!

T/M/©: Jakob Bösch, Walter Ritter

En guete

Kanon zu 3 Stimmen

En guete, en guete, zum Aesse mite - nand. Mer nämed, mer nämed die Spys us Gottes Hand. O Va - ter im Him - mel, gib Brot i je - des Land.

T/M/©: Mica Romano/Walter Ritter, CH-Wängi

*(Er hät di ganzi Welt i sin're Hand siehe unter **He's got the whole world in his hands**)*

127

Er ist mein, und ich bin sein

Er ist mein, und ich bin sein, und Lie - be hüllt mich ein. Er ist mein, und

ich bin sein, und Lie - be hüllt mich ein. Er ist mein, und ich bin sein, und

Lie - be hüllt mich ein, und Lie - be al - lein hüllt mich ein.

2 Er ruft mich ins Vaterhaus, und Liebe ...

3 Er speist mich mit Lebensbrot, und Liebe ...

4 Er führt mich zum frischen Quell, und Liebe ...

5 Er salbt mich mit Freudenöl, und Liebe ...

128

Erwacht, ihr Schläfer drinnen

Kanon zu 3 Stimmen

Er - wacht, ihr Schlä - fer drin - nen, der Kuck - uck hat ge - schrien! Hoch
auf des Ber - ges Zin - nen, seht ihr die Sonn' er -

glühn. Er - wa - chet, er - wa - chet, der Kuck - uck hat ge - schrien! Er -

schrien! Kuck - uck,   Kuck - uck,   Kuck - uck,   Kuck - uck.   Kuck - uck.

Es Burebüebli mahni nid

Es Bu-re-büeb- li mah-ni nid, das gseht me mer wohl a, ju-he! Es
ri, fide- ra, fide- ral- la-la- a, fide- ral- la-la- a, fide- ral-la- la. Es

Bu-re-bü-eb- li mah-ni nid, das gseht me mer wohl a! Fide-
Bu-re-bü-eb- li mah-ni nid, das gseht me mer wohl a!

2. Version für Refrain:

/:Und ufe und abe und links und rechts und före und hindre und links und rechts.:/

2 'S mues eine sii gar hübsch und fii, dörf keini Fähler ha, juhe! ...

3 Und Herrebüebli git's gar nöd, wo keini Fehler hend, juhe! ...

4 Drum gohn i uf Amerika und suech mer döt än andre Maa ...

5 Und wenn i eine gfunde ha, so bind en amene Stuelbei aa! ...

6 Drum blieb i ledig bis i Hochzig ha, so hätt die Lieb es End, juhe! ...

7 Do fallt mer no de Jakob ii, dä chönnt am End no ledig sii! ...

Es gibt jemand

Es gibt je-mand, der dei-ne La-sten kennt, je-mand, der dich sein Kind nennt, ja,

je-mand, der nie dich lässt al - lein, denn er trug am Kreu-ze dei-ne Last,

die du selbst ver-schul-det hast, und er wird im-mer bei dir sein.

2 Es ist Jesus, der deine Lasten kennt, Jesus,
der dich sein Kind nennt, ja, Jesus, der nie dich
lässt allein, denn er trug am Kreuze deine Last,
die du selbst verschuldet hast, und er wird
immer bei dir sein.

131 Es tönen die Lieder

Kanon zu 3 Stimmen

Es tö-nen die Lie-der, der Früh-ling kehrt wie-der, es spie-let der

Hir-te auf sei-ner Schal - mei. Tra-la-lala-lala-la la-la, tra-la la-lala-lala-la la.

132 Es wollt ein steinalt Jümpferlein

Es wollt ein stein- alt Jümp- fer- lein wohl
stand der Pe- trus vor der Tür und

in den Him- mel ein. Da liess es nicht hin- ein.

2 Warum lässt du mich nicht hinein, mich stein-
alt Jümpferlein? Weil du auf dieser ganzen
Welt noch keinen Mann geküsst.

3 Da fiel das steinalt Jümpferlein dem Petrus um
den Hals. Da lachten alle Engelein: Haha haha
haha.

4 Da lachten alle Teufelein: hihi hihi hihi. Da
lacht' der Petrus selber noch: hoho hoho hoho.

5 Da lacht das ganze Himmelreich: Haha hihi
hoho. Da lacht das steinalt Jümpferlein: hähä
hähä hähä.

Es wott es Fraueli z'Märit gah

Es wott es Frau-e-li z'Mä -rit gah, z'Mä -rit gah, wott de Ma de-
hei- me lah, tra la la la la, tra la la la la, tra la la la la la la.

2 Hans, du muesch deheime sii, ... wenn's Obig
isch, tue d'Hüener ii, ...

3 Im Ofe sind sechs grossi Chüeche, ... muesch
mer au zu dene luege,...

4 Am Obed wo s'isch sechsi gsi, ... sind die
Chüeche gfrässe gsi, ...

5 Und wo das Fraueli hei isch cho, ... "Ma, wo
hesch mer d'Chüeche loh? ..."

6 "Und hend d'Hüener ali gleit?" ... "Dä Güggel
hät sis Ei verleit", ...

7 Do nimmt si de Hans bim Bärtli, ... und rüert
en use is Gärtli, . ..

8 De Hans, dä springt is Nochbers Hus, ... de
Chasper luegt zum Fenschter us, ...

9 Chasper, mer mönd zäme ha, ... d'Frau wött
mer de Grind verschlah, ...

10 Hans, du muesch di nöd beklage, ... mini hät
mi scho verschlage!...

© Trüb AG, CH-Aarau

Ev'ry time I feel the spirit

Ev' -ry time I feel the spir-it mov -ing in my heart, I will pray, ev' -ry

pray. Upon the mountain, when my Lord spoke, out of his mouth came fire and

smoke; Looked all around me it looked so fine 'till I asked my Lord if all were mine.

2 Oh, I have sorrow and I have woe and I have
heartache here below; but while God leads
me, I'll never fear for I am sheltered by his care.

(Faith, hope and love siehe unter Shinkoo to Kiboo)

135 Father, I adore you

Kanon zu 3 Stimmen

Fa-ther, I a - dore you, lay my life be - fore you. How I love you.

2 Jesus, I adore you...

3 Spirit, I adore you...

T/M: Terrye Coelho / © Maranatha Music, Kir Verlag, CH-Uster

136 Vater unser im Himmel

Kanon zu 3 Stimmen

(gleiche Melodie wie Father, I adore you)

1 Vater unser im Himmel, / dir gehört unser
Leben, / wir loben dich!

2 Jesus Christus, unser Retter, ...

3 Heil'ger Geist, unser Tröster, ...

T/M: Gerhard Röckle, Terrye Coelho © Maranatha Music / Kir Verlag, CH-Uster

(Fiired euse Herr siehe unter Jubilate Deo omnis terra)
(Flowers of the field siehe unter Ye ti ti hua)

For justice and peace

For just-ice and for peace, o Lord, we've gath-ered in your name. We
work for just-ice and for peace, we'll of - fer all we have. We'll

seek your love, we seek your peace, your king-dom is our dream. Where
work for just-ice and for peace, we'll of - fer all we have.

life has lost its dig - ni -ty, and peo-ple are in fear, where
peace is not a re -al -i - ty, and peo-ple do not care: We'll

T/M: Bart Shaha, I-to Loh, Bangladesh © Asia YMCA, Hongkong

För Spys und Trank

Kanon zu 4 Stimmen

För Spys und Trank, förs täg-lich Brot, mer dan -ked dir, oh Gott.

Freedom is coming

Oh free - - dom, oh free - dom, oh free - - dom. Free - dom is

co - ming. Oh yes. | Oh yes I know, oh yes I know, oh

yes I know, oh yes I know, oh yes. | Oh yes I know.

2 /:Oh Jesus, oh Jesus, oh Jesus, Jesus is
coming. Oh yes I :/ know, ...

140

Frère Jacques

Kanon zu 4 Stimmen

Frè- re Jac-ques, dor-mez vous? Son-nez les ma-ti-nes: Ding dang dong.

141

Freuet euch in dem Herren allerwege

Kanon zu 4 Stimmen

Freu- et euch in dem Her - ren al - - - - ler - we - - ge.

A -ber -mals sa - ge ich, freu -et euch. Freu - et euch in dem Her - ren!

Freut euch in dem Herren allezeit

Kanon zu 2 Stimmen

Freut euch in dem Herren alle-zeit, aber-mals sag ich, freut euch. Freut

euch. Freut euch, freut euch, aber-mals sag ich, freut euch. Freut euch.

(Fride wünsch ich dir siehe unter Friede sei mit Dir)

Frieden hinterlass ich euch

Frieden hinterlass ich euch. Meinen Frieden geb' ich euch. Nicht wie die

Welt gibt, nicht wie die Welt liebt - meinen Frie-den geb' ich euch.

2 Leben hinterlass ich euch. Ja, mein Leben geb' ich euch. Nicht wie die Welt gibt, nicht wie die Welt liebt - ja, mein Leben geb' ich euch.

3 Segen hinterlass ich euch, meinen Segen geb' ich euch. Nicht wie die Welt gibt, nicht wie die Welt liebt - meine Segen geb' ich euch.

T/M/©: Martin Peier, CH-St. Gallen

144

Friede sei mit dir

d	A	d A	d	C	F

Frie - de sei mit dir und Frie - de sei mit mir,

d	C	d	A	g⁷	A	d

Frie - de mit uns al - len und mit der gan - zen Welt!

145

Fride wünsch ich dir

(gleiche Melodie wie Friede sei mit dir)

Fride wünsch ich dir und Fride wünsch ich mir,
Fride mit öis allne und mit de ganze Wält!

146

Fröhlich, fröhlich ist das Volk

d	g	d A⁷	d

Fröh - lich, fröh - lich ist das Volk, des - sen Gott ist der Herr.

A⁷	d	A⁷	d

Früh such ich sein An - ge - sicht, dien' ihm, bis sein Tag an - bricht.

g	A⁷	d

Ich ver - trau auf Gott, den Va - ter, er weist mir den Weg.

T/M: Merla Watson © Catacombs Productions Ltd./Thankyou Music / Hänssler-Verlag, D-Neuhausen-Stuttgart

Froh zu sein bedarf es wenig

Kanon zu 4 Stimmen

Froh zu sein be - darf es we -nig, und wer froh ist, ist ein Kö - nig.

Früh am Morgen

Kanon zu 4 Stimmen

Früh am Mor-gen, drun-ten auf dem Bahn-hof, ste-hen die Buf-fer-Bil-lys

all in ei - ner Reih'. Kom - men die Füh - rer,

zie -hen an den He -beln, püü, püü, tsch, tsch, schon sind sie vor -bei.

Gang im Fride

Gang im Fri - de, dien Gott mit Fröi - de, Herr bis Du öis nöch.

Herr gib Du öis Chraft, bruch Du öi - ses Lä -be, Herr bis Du öis nöch.

Gang, rüef de Brune

C   F   C

Strophe

Gang, rüef de Bru - ne, gang rüef de Gä - le, si sö - let

G   C   G   C

all -sam, si sö -let all -sam, gang rüef de all -sam in Stall i -ne - cho.

G

Refr.

Sen -ne - le ho - ja ho - ja, sen -ne - le ho - ja ho, sen -ne - le ho - ja ho - ja,

C   G   C

sen - ne - le ho - ja ho, sen - ne - le ho - ja ho - ja ho.

2 Gang, rüef em Scharbueb, gang rüef em Beth-
li, si sölet allsam ...

3 Gang rüef em Hansli, gang rüef em Vreneli, si
sölet allsam ...

(Ganz z'usserscht usse und äne am Rhy siehe Blos e chlini Stadt)

Gaudeamus igitur

E   A   B[7]   E   B[7]

Gau-de-a-mus i - gi-tur, ju -ve-nes dum su - mus.   Post ju -cun - dam
post mo - le - stam

ju - ven - tu - tem,   nos ha - be - bit   hu - mus,   hu - mus.
se -nec - tu - tem

2 /:Ubi sunt, qui ante nos in mundo fuere?:/ Vadi-
te ad superos, transite ad inferos, /:ubi jam
fuere.:/

3 /:Vita nostra brevis est, brevi finietur.:/ Venit
mors velociter, rapit nos atrociter, /:nemini par-
cetur.:/

4 /:Vivat academia, vivant professores.:/ Vivat
membrum quodlibet, vivant membrae quaeli-
bet, /:semper sint in flore.:/

5 /:Vivant omnes virgines, faciles, formosae.:/
Vivant et mulieres, tenerae, amabiles,
/:bonae, laboriosae.:/

6 /:Vivat et res publica et qui illam regit.:/ Vivat
nostra civitas, maecenatum caritas, /:quae
nos hic protegit.:/

7 /:Pereat tristitia. Pereant osores.:/ Pereat dia-
bolus, quivis antiburschius /:atque irrisores.:/

(Geh hin, Moses siehe unter Go down, Moses)

152

Gepriesen sei der Herr

Gepriesen sei der Herr,   denn Seine Liebe ist gross.   Gepriesen sei der

Herr   für Sei-ne Macht.   Mit of-fe-nem Her- zen   ste-hen wir vor

Dir.   Wir geben uns hin,   so wie wir sind.   hin, Herr,   so wie wir sind.

Arr.: M. Warrington © Jugend mit einer Mission e. V. Get on board, little children / Aquila Verlag GmbH, D-Frankfurt

153

Get on board, little children

The Gos-pel train's a-com-in', I hear it just at han', I hear the car wheels

mov - in', a rum - blin' through the lan'. Get on board, lit - tle

chil - dren, get on board, chil - dren, get on board, lit - tle

chil - dren, for there's room for ma - ny a more. Get on more.

2 I hear the train a-comin', a-comin' round the curve. She's loosen'd all her steam an'brakes, she's strainin' ev'ry nerve.

3 The fare is cheap and all can go, the rich and poor are there. No second class on board this train, no diff'rence in the fare.

(Gib mir Liebe ins Herz siehe unter Give me oil in my lamp)

154

Gib uns Frieden jeden Tag

Gib uns Frie -den je -den Tag, lass uns nicht al -lein, du hast uns dein

Wort ge-ge-ben, stets bei uns zu sein. Denn nur du, un-ser Gott, denn nur

du, un-ser Gott, hast die Men-schen in der Hand. Lass uns nicht al - lein.

2 Gib uns Freiheit jeden Tag. Lass uns nicht allein. Für den Frieden und die Freiheit lass uns tätig sein. Denn durch dich, unser Gott, denn durch dich, unser Gott, sind wir frei in jedem Land. Lass uns nicht allein.

3 Gib uns Freude jeden Tag. Lass uns nicht allein. Für die kleinsten Freundlichkeiten lass uns dankbar sein. Denn nur du, unser Gott, denn nur du, unser Gott, hast uns alle in der Hand. Lass uns nicht allein.

T/M: Rommel, Kurt/Lüders Rüdeger © Bosse-Verlag, aus "Neue Kinderlieder"

155

Gimme hope, Jo'anna

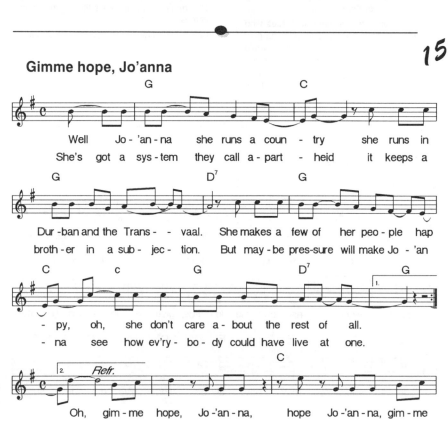

Well Jo - 'an - na she runs a coun - try she runs in
She's got a sys - tem they call a - part - heid it keeps a

Dur -ban and the Trans - - vaal. She makes a few of her peo - ple hap
broth -er in a sub - jec - tion. But may - be pres-sure will make Jo - 'an

- py, oh, she don't care a - bout the rest of all.
- na see how ev'ry - bo - dy could have live at one.

Oh, gim - me hope, Jo -'an - na, hope Jo -'an - na, gim - me

hope, Jo -'an - na 'fore the mourn - ing comes. Gim - me hope, Jo -'an -na,

hope Jo -'an - na, hope be - fore the mourn - ing comes.

2 I hear she make all the golden money to buy new weapons, any shape of guns, while every mother in a black Soweto fears the killing of another son. Sneakin' across all the neighbours borders now and again having little fun, she doesn't care if the fun and games she play is dang'rous to ev'ryone.

3 She's got supporters in high up places who turn their heads to the city sun, Jo'anna give them fancy money, oh to tempt anyone who'd come. She even knows how to swing opinion in every magazine and the journals. For every bad move that this Jo'anna make they got a good explanation.

4 Even the preacher who works for Jesus the Archbishop who's a peaceful man, together say that the freedom fighters will overcome the very strong. I wanna know if you're blind, Jo'anna, if you wanna hear the sound of drums, can't you see that the tide is turning. Oh, don't make me wait till the mourning comes.

T/M: Eddy Grant © 1988 by Greenheart Music Ltd. / Intersong Musikverlag GmbH

156 Give me Jesus

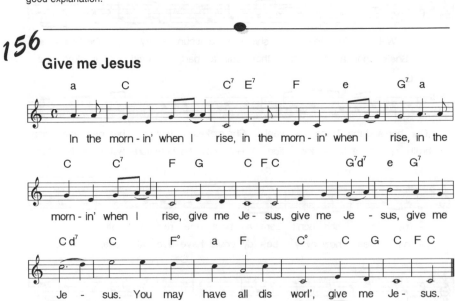

In the morn - in' when I rise, in the morn - in' when I rise, in the

morn - in' when I rise, give me Je - sus, give me Je - sus, give me

Je - sus. You may have all dis worl', give me Je - sus.

2 Just about the break of day, /:just about the break of day,:/ give me Jesus, give me Jesus, give me Jesus. You may have all dis worl', give me Jesus.

3 Oh, when I come to die, /:oh when I come to die,:/ give me Jesus, give me Jesus, give me Jesus. You may have all dis worl', give me Jesus.

T/M. Jester Hairston, Harry Robert Wilson

157

Give me oil in my lamp

Give me oil in my lamp, keep me burn-ing, give me oil in my lamp, I

pray; give me oil in my lamp, keep me burn-ing, keep me burning to the break of

days. Sing Hosi-anna, sing Hosi-anna, sing Hosi-anna to the king of kings; king.

2 Give me joy in my heart, keep me praising, give me joy in my heart, I pray; give me joy in my heart,...

3 Give me peace in my heart, keep me resting, ...

4 Give me love in my heart, keep me serving, ...

T/M: A. Sevison © Singspiration Music, Rudolf Slezak Musikverlag GmbH, D-Hamburg

158

Gib mir Liebe ins Herz

(gleiche Melodie wie Give me oil in my lamp)

1 Gib mir Liebe ins Herz, lass mich leuchten, gib mir Liebe ins Herz, bet' ich. Du selbst bist das Licht, das erleuchtet, darum scheine du nun selbst durch mich.

Sing Hosianna, sing Hosianna, sing Hosianna zu dem Herrn der Welt! Sing Hosianna, sing Hosianna, sing Hosianna zu dem Herrn!

2 Lass mich sein wie lebendiges Wasser, das durch Trockenheit fliesst, bet' ich. Herr, du selbst bist das lebende Wasser, darum fliesse du nun selbst durch mich.

3 Lass mich sein für die Welt wie ein Hirte, der für andere lebt, bet' ich. Herr, du selbst bist der allertreuste Hirte, darum sei du nun auch das durch mich.

T/M: H.-J. Eckstein © Hänssler -Verlag, D-Neuhausen-Stuttgart

159

Give me that old time religion

Give me that old time re - li - gion, give me that old time re -

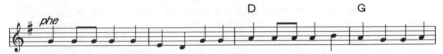

li -gion, give me that old time re - li -gion, it's good en -ough for me. It was

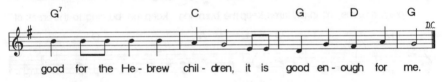

good for the He- brew chil- dren, it was good for the He- brew chil- dren, it was

good for the He - brew chil - dren, it is good en - ough for me.

2 It was good for Paul and Silas,...

3 It was good for my dear father,...

4 It was good for my dear mother, ...

5 It will do, when the world's on fire, ...

160

Immer auf Gott zu vertrauen

(gleiche Melodie wie Give me that old time religion)

/::Immer auf Gott zu vertrauen,::/ das ist
der rechte Weg.

1 Du weisst oft gar nicht viel von Morgen, bist
ganz ratlos und ganz voll Sorgen, jeder Aus-
weg scheint dir verborgen, doch du weisst ja:
Gott hilft dir.

2 Du bist manchmal so ganz verlassen, irrst ver-
loren durch alle Strassen, meinst oft, dass die
Leute dich hassen, doch du weisst, dass Gott
dich liebt.

3 Du bist ruhelos bis zum Abend, immer eilig und
immer jagend, oft ganz mutlos und ganz ver-
zagend, findest Frieden nur bei ihm.

4 Du hörst, wie sie den Guten loben, doch der
Böse ist immer oben, hat sich wieder nach
vorne geschoben, aber Gott selbst ist dein
Lohn.

5 Du siehst, wie sie nach allem gaffen, wie sie
gieren und wie sie schaffen, bist versucht,
auch wie sie zu raffen, doch dein Reichtum ist
der Herr.

T/M: H. Masuch/trad.

Go down, Moses

When Is - rael was in E - gypt's land, let my peo - ple

pressed so hard, they could not stand, let my peo - ple

go, op - Go down, Mo - ses, way down in E -gypt's land

go!

tell old Pha - ra - oh, to let my peo - ple go!

2 Thus said the Lord, bold Moses said: Let my people go! If not I'll smite your first-born dead, let my people go.

3 No more shall they in bondage toil. Let my people go! Let them come out with Egypt's spoil! Let my people go!

4 Oh let us all from bondage flee, let my people go, and let us all in Christ be free, let my people go!

Geh hin, Moses

(gleiche Melodie wie Go down, Moses)

1 Als Israel in Aegypten war, lass es ziehn mein Volk; die Last nicht zu ertragen war, lass es ziehn mein Volk,

Geh hin, Moses, ins Aegyptenland. Sag dem alten Pharao: lass es ziehn mein Volk.

2 "Gott will's", sprach Moses vor dem Thron - lass mein Volk doch ziehn - "sonst töt ich deinen ersten Sohn." Lass mein Volk doch ziehn.

3 Genug der Knechtschaft, Last und Fron: - Lass mein Volk doch ziehn! Lass ziehn es mit Aegyptens Lohn. Lass mein Volk doch ziehn.

4 Und Gott wies Mose Weg und Zeit - lass mein Volk doch ziehn -, dass er sein Volk zur Freiheit leit'. Lass mein Volk doch ziehn.

163

Herr erbarme dich

(gleiche Melodie wie Go down, Moses)

1 In Sorgen schau ich auf zu dir. Herr erbarme
dich! Wer hält in Not noch treu zu mir? Herr
erbarme dich!

   Gib uns Hilfe, schwer nimmt die Sünde
   uns. Schenk uns Gnade. Herr, erbarme
   dich!

2 Das Kind spielt in Geborgenheit. Herr erbar-
me dich! Doch wer ist, der uns Schutz verleiht?
Herr erbarme dich!

3 Dem Lehrling gibt der Meister Rat. Herr erbar-
me dich! Doch wer weist uns den rechten
Pfad? Herr erbarme dich!

4 Wir meinen, du wärst nicht das Glück. Herr
erbarme dich! O, zwing uns doch zu dir zurück.
Herr erbarme dich!

T/M: L. Hoffmann/trad. © Vikar A. Bessire, CH-Zürich

(Goin' to lay down my burden siehe Down by the riverside)

(Goodbye, Norma Jean siehe Candle in the wind)

164

Good news

Good news the char-i-ot's coming, good news the char-i-ot's coming, good news the char-i-ot's com-ing and I don't want it to leave me be-hind. There's a long white robe in the hea-ven I know, there's a long white robe in the hea-ven I know, there's a long white robe in the

hea - ven I know, and I don't want her to leave me be - hind.

2 ... pair of wings ...
4 ... starry crown ...
3 ... pair of shoes ...
5 ... golden harp ...

("Good-night", I said to my little son siehe What colour is God's skin)

165

Goodnight, Ladies

Good -night, La - dies, good -night, La - dies, good -night, La - dies, we're

go -in' to leave you now. Mer -ri -ly we roll a -long, roll a -long, roll a -long,

mer - ri - ly we roll a - long, o - ver the deep blue sea.

2 Fare well, Ladies, ...
3 Sweet dreams, Ladies, ...

166

Go, tell it on the mountains

Go, tell it on the moun -tains, o - ver the hills and ev' -ry -whe - re,

go, tell it on the moun - tains that Je - sus Christ is born.

Strophe

When I was a sin - ner, I prayed both night and day, I

asked my Lord to help me, and he showed me the way.

2 When I was a seeker, I sought both night and day, I asked my Lord to help me, and he taught me to pray.

3 He made me a watchman upon the city wall, and if I am a Christian, I am the least of all.

Komm, sag es allen weiter

(gleiche Melodie wie Go, tell it on the mountains)

Komm, sag es allen weiter, ruf es in jedes Haus hinein! Komm, sag es allen weiter, Gott selber lädt uns ein.

1 Wir haben sein Versprechen, er nimmt sich für uns Zeit, wird selbst das Brot uns brechen. Kommt, alles ist bereit .

2 Sein Haus hat offne Türen, er ruft uns in Geduld, will alle zu sich führen, auch die mit Not und Schuld.

3 Herr, deinen Ruf verachten, das wäre unser Tod. Drum hilf, dass wir beachten dein grosses Angebot.

4 Zu jedem will er kommen, der Herr in Brot und Wein. Doch wer ihn aufgenommen, soll selber Bote sein.

T/M: Walz, Friedrich/Spiritual © Bosse-Verlag, aus "Neue Kinderlieder"

Gott, du bist die Liebe

- Von dir spre-chen vie-le Din-ge. - Tau- send Schwei-gen, tau- send

Ein Was- ser- fall mit sei - nem Sprü- hen, des Feu- ers Flam- me und ihr

b D E A E A
Refr.

Stim-men er-zäh-len uns von dei-ner Lie-be. Gott, du bist die
Glü-hen,

E G D F C E^sus4 E A
fine

Lie-be. Du liebst uns gren-zen-los. All's Le-ben kommt von dir.

2 Die Noten einer Melodie, ein Abbild deiner Harmonie, spricht zu uns von deiner Liebe. Ein Funken Freude neu entzündet, in einem Herz, das Hoffnung findet, spricht zu uns von deiner Liebe.

3 Trotz unserer Mittelmässigkeit und uns'rer abgewognen Liebe, immer wartest du auf uns. Trotz uns'rer Undankbarkeit und unserer leeren Einsamkeit, immer wartest du auf uns.

T/M/©: Mancuso / Cipri, I-Firenze

Gottes Liebe ist wie die Sonne

a E^7 a E F G

Got-tes Lie-be ist wie die Son-ne, sie ist im-mer und ü-ber-all

a E^7 a F G C E^7 F G C
1. 2. fine D.C.

da. da. Streck dich ihr ent-ge-gen, nimm sie in dich auf.

2 Sie kann dich verändern, macht das Leben neu.

3 Mag auch manche Wolke zwischen dir und Gottes Liebe stehn:

4 Gib die Liebe weiter, auch an den, der dich nicht lieben will.

T/M: Frankfurt (Main) 1970 © Verlag Singende Gemeinde, D-Wuppertal

Gott hat verheissen

Gott hat ver-heissen, dass er wird aus-giessen den Geist seiner Freude ü-ber

uns. Freu - de in - mit - ten der Not und der Schmer - zen und
Freu - de im Dienst, der ver - bun - den mit Trä - nen, ja

Freu - de, die sie - get in Dun - kel - heit.
Freu - de, die uns macht be - reit.

2 /:Gott hat verheissen, dass er wird ausgiessen den Geist des Gebetes über uns.:/ Lasst uns anbeten im Geist und in Wahrheit den Vater, den Sohn und den Heil'gen Geist, denn er, der Heil'ge, sucht die Anbeter, die ihm allein geben die Ehr'.

3 /:Gott hat verheissen, dass er wird ausgiessen den Geist seiner Liebe über uns.:/ Liebe, die hindrängt zum Bruder, zur Schwester, sie achtet und ihnen in Stille dient. Liebe, die mutig zum Hoffen und Leiden, die schnell und von Herzen vergibt.

4 /:Lasset uns warten und glaubensvoll hoffen, dass Gott sein Versprechen selbst erfüllt.:/ /:Ihn nicht durch Kleinglauben hindern und schmähen, denn was er verheissen, geschieht.:/

T/M: Kommunität Gnadenthal; aus: Mosaik 1-4/5 © Präsenz-Verlag. Gnadenthal, D-Hünfelden

Gott ist gegenwärtig

Gott ist ge - gen - wär - tig. Las - set uns an - be - ten
Gott ist in der Mit - te. Al - les in uns schwei - ge

und in Ehr - furcht vor ihn tre - ten. Wer ihn kennt,
und sich in - nigst vor ihm beu - ge.

wer ihn nennt, schlag die Au - gen nie - der; gebt das Herz ihm wie - der.

2 Luft, die alles füllet, drin wir immer schweben, aller Dinge Grund und Leben. Meer ohn' Grund und Ende, Wunder aller Wunder, ich senk' mich in dich hinunter. Ich in dir, du in mir; lass mich ganz verschwinden, dich nur sehn und finden.

3 Du durchdringest alles; lass dein schönstes Lichte, Herr, berühren mein Gesichte. Wie die zarten Blumen willig sich entfalten und der Sonne stille halten, lass mich so, still und froh, deine Strahlen fassen und dich wirken lassen.

4 Mache mich einfältig, innig, abgeschieden, sanft und still in deinem Frieden; mach mich reinen Herzens, dass ich deine Klarheit schauen mag in Geist und Wahrheit. Lass mein Herz überwärts wie ein Adler schweben und in dir nur leben.

5 Herr, komm in mir wohnen; lass mein Herz auf Erden dir ein Heiligtum noch werden. Komm, du nahes Wesen; dich in mir verkläre, dass ich dich stets lieb und ehre. Wo ich geh, wo ich steh, lass mich dein gedenken, mich in dich versenken.

Gott ist stärker, Gott ist grösser

Gott ist stär - ker, Gott ist grös - ser, Gott ist Herr-scher ü - ber die Welt.

ü - ber die Welt. Was kön - nen uns Men - schen tun, wenn sie mei - nen, sie

hät - ten die Macht; wenn doch Gott, der viel stär - ker ist, in uns lebt.

2 Was können denn Schuld und Sünde uns hindern, zu Jesus zu gehn, wenn doch Gott, der viel stärker ist, in uns lebt.

T/M: Kommunität Gnadenthal; aus: Mosaik 1-4/5 © Präsenz-Verlag, Gnadenthal, D-Hünfelden

173

Gott kennt keine Lügen

Refr.

E   c♯   A   B   E

Gott kennt kei - ne Lü-gen, er kann uns nicht be - trü-gen. Er hat sich ge-
hat sein Wort ge - ge -ben zu ei - nem neu - en Le-ben.

B   E   B   E   E

fine   Strophe

bunden an sein Wort.   Er   Gott   lügt   nicht!   Es ist oft schwer, als

A   f♯

Christ in die - ser Welt zu stehn, in der die Men- schen, die man ruft, vor-

B⁷   E   A

über - gehn. Sie glau-ben uns-rem Zeug-nis nicht und su-chen nach dem

f♯   B⁷   D.C.

Glück. Doch Gott hat es ge - sagt, die Bot-schaft kehrt nicht leer zu - rück!

2 In krisenreichen Zeiten hat es oft den Schein,
als liesse unser Gott uns in der Not allein. Und
wenn dann noch der Teufel sagt:"Verlassen du
nun bist", so bleibt doch Gottes Wort, dass
Jesus immer bei uns ist.

3 Wir haben oft nur Augen für die Welt umher.
Wir hören Kriegsgeschrei und fürchten uns
dann sehr, vergessen, dass die ganze Welt in
Gottes Händen liegt, dass Jesus hat gesagt:
Ich hab die Welt doch schon besiegt.

4 So stehen wir zusammen und bekennen klar,
wir nehmen Gottes Wort, die Bibel, noch für
wahr. Wir glauben alle fest daran und warten
auf die Zeit, da Jesus wiederkommt mit Macht
und grosser Herrlichkeit!

T/M: Erika Meinhard © Born-Verlag, D-Kassel

(Gott lädt uns ein siehe Leben im Schatten)
(Gott mein Herr siehe unter Michael row the boat ashore)

Gott meint es gut mit dir

Gott meint es gut mit dir, was auch im-mer ge-schieht,

was das Le-ben auch brin-gen mag: Sing ihm dein Lied.

2 Gott meint es gut mit dir, jeder Morgen zeigt neu durch das Wunder der Schöpfung an, wie gross er sei.

3 Gott meint es gut mit dir, spürst du nicht jeden Tag, wie er dich, oft so unverdient, beschenken mag?

4 Gott meint es gut mit dir, denn auch Kummer und Leid sind für dich, weil Gott zu dir spricht, heilsame Zeit.

5 Gott meint es gut mit dir, weil sein Sohn zu uns kam und auch deine Verzweiflung und Schuld still auf sich nahm.

6 Gott meint es gut mit dir, was auch immer geschieht, er bleibt treu dir im Leben, im Tod. Sing ihm dein Lied.

T/M: Martin G. Schneider © Bosse-Verlag, aus "Weil du Ja zu mir sagst"

Greensleeves

A - las my love you do me wrong to cast my off dis-cour-teous ly; and

I have lo - ved you so long; de - light - ing in your com-pan - y.

Green - sleeves was all my joy, Green - sleeves was my de-light,

Green-sleeves was my heart of gold, and who but you has Greensleeves.

2 If you intend thus to disdain, it does the more enrapture me, and even so, I still remain a lover in captivity.

3 Ah Greensleeves now farewell, adieu to God I pray to prosper thee, for I am still thy lover true, come once again and love me.

176

Grosser Gott, wir loben dich

Grosser Gott, wir lo - ben dich, Herr, wir prei - sen dei - ne Stär-ke.
Vor dir beugt der Erd - kreis sich und be - wun- dert dei - ne Wer-ke.

Wie du warst vor al - ler Zeit, so bleibst du in E - wig- keit.

2 Unser Land mit seiner Pracht, seine Berge, seine Fluren, sind die Zeugen deiner Macht, deiner Vatergüte Spuren. Alles in uns betet an. Grosses hast du uns getan.

3 Zieh uns in dein Liebesreich. Mach aus Sündern Gotteskinder. Mach uns dir, o Heiland, gleich; Helfer, Kämpfer, Ueberwinder, im Geringsten wahr und treu. Grosser Gott, mach du uns frei!

177

Gross und wunderbar

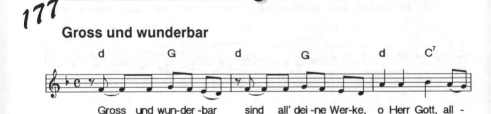

Gross und wun-der -bar sind all' dei -ne Wer-ke, o Herr Gott, all -

T/M: Stuart Dauermann © 1972, 1975 und dt. T. © 1985 Lillenas Publishing Co. / Rudolf Slezak Musikverlag, D-Hamburg

178

Guantanamera

Guan-ta-na-me- ra, gua-ji-ra guan-ta-na-me- ra, guan-ta-na-me-

ra, gua-ij-ra guan-ta-na-me- ra. Yo soi un hom-bre sin-ce-ro

de don-de cre-ce la pal-ma. Yo soi un hom-bre sin-ce-ro

de don-de cre- ce la pal-ma. Y an-tes de

mo-rir me quie-ro e-char me ver-sos del al-ma.

2 /:Mi verso es de un verde claro y de un carmin
encendido.:/ Mi verso es de un cierro herido
que buscaen el monte amparo.

3 /:Con los pobres de la tierra quiero yo mi suer-
te echar.:/ El arroyo de la sierra me cimplace
mas que el mar.

T/M: Jose Marti/Hector Angulo/Pete Seeger © by Fall River Music, Inc./ Essex Musikvertrieb GmbH, D-Bergisch Gladbach

179

Guten Abend, gut' Nacht

Gu-ten A-bend, gut' Nacht, mit Ro-sen be-dacht, mit Näg-lein be-

steckt, schlüpf un - ter die Deck! Mor - gen früh, wenn Gott will, wirst du

wie-der ge - weckt, mor-gen früh, wenn Gott will, wirst du wie-der ge - weckt.

180

Hab' oft im Kreise der Lieben

Hab' oft im Krei - se der Lie - ben im duf - ti - gen Gra - se ge -

ruht und mir ein Lied - lein ge - sun - gen, und mir ein Lied - lein ge -

sun - gen, und al - les, al - les war wie - der gut. Und gut.

2 Hab einsam auch mich gehärmt in bangem, düsterem Mut, /:und habe wieder gesungen, und habe wieder gesungen, und alles, alles war wieder gut.:/

3 Sollst uns nicht lange klagen, was alles dir wehe tut, /:nur frisch, nur frisch gesungen, nur frisch, nur frisch gesungen, und alles, alles wird wieder gut.:/

181

Hagios ho Theos

Ha - gi - os ho The - os. Ha - gi - os Is - chi - ros,

ha - gi- os A - tha- na - tos. E- le- i- son hi- mas.

griechisch-orthodoxe Lithurgie

182

Heilig bist du

(gleiche Melodie wie Hagios ho Theos)

Heilig bist du, unser Gott. Stark bist du, unser
Gott. Gott in aller Ewigkeit. Erbarm dich über
uns!

183

Haleluya! Pelo tsa rona

Ha - le - lu - ya! Pe - lo tsa ro - na, di tha - bi - le ka - o - fe -
la. Ha - le - lu - ya! Pe - lo tsa ro - na, di tha - bi - le ka - o - fe - la. Ha - le -
la. Ke mo - re - na Je - so, ya re du - - me - let - seng, ya re
du - me - let - seng, ho tsa - mai - sa e - van - ge - di. Ke mo - di. Ha - le -

Hallelu, hallelu

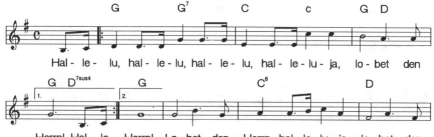

Hal - le - lu, hal - le - lu, hal - le - lu, hal - le - lu - ja, lo - bet den

Herrn! Hal - le - Herrn! Lo - bet den Herrn, hal - le - lu - ja, lo - bet den

Herrn, hal - le - lu - ja, lo - bet den Herrn, hal - le - lu - ja, lo - bet den Herrn!

2 ... Gloire au Seigneur ... (französisch)
3 ... Gloria Senhor ... (portugiesisch)
4 ... Praise ye the Lord ... (englisch)
5 ... Oxa theo... (griechisch)
6 ... Gloria Deo ... (lateinisch)

7 ... Chwali Christa ... (russisch)
8 ... Tumsifuni ... (Suaheli)
9 ... Alla bôa ... (Douala)
10... Halleluja ... (hebräisch)

Halleluja, hallelu

Kanon zu 2 Stimmen (vgl. Nr. 386)

Trach - te zu - erst nach dem Rei - che des Herrn und nach sei - nem Plan;
und, was du brauchst, wird dir dann zu eigen sein. Halle lu - ja, Hal - le -

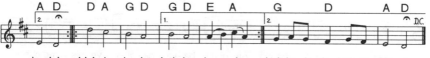

lu - ja! Hal - le - lu - ja, hal - le - lu - ja, hal - le - lu - ja, hal - le - lu - ja.

T/M: Barbara Werner nach Mt 6

*(Halleluja! Lobet Gott siehe **Alles, was Odem hat**)*
*(Hang down your head siehe **Tom Dooly**)*

186 Hans Spielmann

Hans Spielmann, stim-me dei - ne Fie - del, es geht im Schritt und Tritt. Zum
Ab-schied noch ein muntres Lie - del, wer Lust hat, sin - ge

mit. Wir zie hen in die wei te, ja wei - te, wun der schö-ne Welt hin aus. Frisch

auf zum frohen Wan - dern, wer Lust hat, bleibt zu- haus. Wir Lust hat, bleibt zu- haus.

2 Ist heut' der Himmel klar und heiter und mor-
gen grau und trüb, wir ziehen unsre Strasse
weiter, und singen noch ein Lied. /:Was soll
denn weiter werden, als wie zum Bauern in ein
warmes Nest? Das macht uns kein' Beschwer-
den, ist besser als Arrest.:/

3 Und kommen auch mal schwere Zeiten, der
Hunger plagt uns sehr. Der Wirt will uns kein
Mahl bereiten, dieweil der Beutel leer. /:Das
macht uns keine Sorgen, sagt an, ihr Herrn,
was kostet eure Welt? Mit Fidel und mit Bogen
ist auch ein Fest bestellt.:/

187 Hava nagila

Ha -va na - gi -la, ha -va na - gi -la, ha-va na - gi -la ve -nis - me-cha.

ve - nis - me-cha. Ha - va ne ra- ne-na, ha - va ne ra- ne-na, ha -va ne ra- ne- na

venis - mecha. venis - mecha. Uru, uru achim, uru achim belev sameach,

u ru a chim be lev sa me ach, uru achim, uru a chim be - lev sa me - ach.

T/M: Abraham Zwi Idelsohn © 1919, 1922 by Abraham Zwi Idelsohn; all rights assigned to Illan Melody Press, Tel Aviv / Musikverlag Oktave, D-Hamburg

(Have you seen the old man siehe Streets of London)

Heaven is a wonderful place

Kanon zu 2 Wechselstimmen

Hea - ven is a won - der - ful pla - ce, filled with glo - ry and gra - ce.

I want to see my sav - iour's face. Hea - ven is a won - der - ful

place. I wan- na go to Hea-ven is a wonder-ful place, filled with glo- ry and grace.

I want to see my sav - iour's face. Hea - ven is a won - der - ful place

T/M: O. A. Lambert © by Word Music / Rudolf Slezak Musikverlag GbmH, D-Hamburg

(Heilig bist Du siehe unter Hagios ho Theos)

189

Hejo, spannt den Wagen an

Kanon zu 3 Stimmen

He -jo, spannt den Wa -gen an, seht, der Wind treibt Re -gen ü -ber's Land.

Holt die goldnen Garben, holt die goldnen Gar - ben. holt die goldnen Garben.

190

Hemmige

S'git Lüt die wür - den al - let - wä - ge nie, es

Lied vor-sin -ge, so win ig jitz hie, els sin -ge um kei Prys nei bhüet -is

nei, wil si Hem - mi - ge hei. Hem - mi - ge hei.

2 Si wäre vilicht gärn im grund gno fräch, und dänke das syg ires grosse Päch, und s'laschtet uf ne win e schwäre Stei, dass si Hemmige hei.

3 I weis das macht eim heiss, verschlat eim d'Stimm, doch dünkts eim mängisch o s'syg nüt so schlimm, s'isch glych es Glück o we mirs gar nid wei, das mir Hemmige hei.

4 Was unterscheidet d'Mönsche vom Schimpans? S'isch nid die glatti Hut d'Intelligänz, nid dass mir schlächter d'Böim ufchöme nei, dass mir Hemmige hei.

5 Me stell sech d'Manne vor wenns anders wär, und s'chäm es hübsches Meiteli derhär, jitz luege mir doch höchschtens chly uf d'Bei, wil mir Hemmige hei.

6 Und wenn me gseht was hütt dr Mönschheit
   droht, so gseht me würklech schwarz nid
   nume rot, und was me no cha hoffe isch alei,
   dass si Hemmige hei.

T/M: Mani Matter © 1972 by Benziger Verlag AG, CH-Zürich

Herr, bleibe bei uns

Kanon zu 3 Stimmen

Herr, blei - be bei uns, denn es will A - bend

wer - den, und der Tag hat sich ge - nei - get.

T/M: Psalm/Thate, Albert © Bärenreiter Verlag, D-Kassel

Herr, deine Liebe ist wie Gras und Ufer

Herr, dei -ne Lie - be ist wie Gras und U - fer, wie Wind und Wei - te

und wie ein Zu -haus. Frei sind wir, da zu woh -nen und zu ge -hen.

Frei sind wir, ja zu sa - gen o - der nein. Herr, dei - ne Lie - be

ist wie Gras und U-fer, wie Wind und Wei-te und wie ein Zu-haus.

2 Wir wollen Freiheit, um uns selbst zu finden,
Freiheit, aus der man etwas machen kann.
Freiheit, die auch noch offen ist für Träume, wo
Baum und Blume Wurzeln schlagen kann.

3 Und dennoch sind da Mauern zwischen Men-
schen, und nur durch Gitter sehen wir uns an.
Unser versklavtes Ich ist ein Gefängnis und ist
gebaut aus Steinen unsrer Angst .

4 Herr, du bist Richter! Du nur kannst befreien,
wenn du uns freisprichst, dann ist Freiheit da.
Freiheit, sie gilt für Menschen, Völker, Rassen,
so weit wie deine Liebe uns ergreift.

T/M: E. Hansen/L. A. Lundberg © Strube Verlag GmbH, D-München

Herr, du mein Gott

Herr, du mein Gott, du bist gut! Herr, du mein Gott, du bist

gut! Herr, ich weiss kei-nen, kei-nen aus-ser dir,

der die-ses Wor-tes wür-dig wär: du bist gut!

2 ... reich ...
3 ... weit ...
4 ... gross ...

5 ... schön ...
6 ... wahr ...
7 ... gut ...

T/M: Helga Poppe, Kreuzbruderschaft © Präsenz-Verlag. Gnadenthal, D-Hünfelden

(Herr erbarme dich siehe unter Go down, Moses)

Herr, füll mich neu

C   a   d   G⁷   C

Herr, füll mich neu, füll mich neu mit dei - nem Gei - ste,

e   a   D   G   e

Refr.

der mich be - lebt und zu dir, mein Gott, hin - zie - het. Hier bin ich vor

a   D   G   C   G   C

dir. Leer sind mei - ne Hän - de. Herr, füll mich ganz mit dir.

2 Herr, füll mich neu, füll mich neu mit deiner Liebe, die bei dir bleibt und mit Freuden Lasten träget.

3 Herr, füll, mich neu, füll mich neu mit deinem Glauben, der auf dich schaut und in andern Glauben wecket.

4 Herr, füll mich neu, füll mich neu mit deiner Freude, die überströmt und in Lob und Preis dich rühmet.

T/M: Kommunität Gnadenthal; aus: Mosaik 1-4/5 © Präsenz-Verlag. Gnadenthal, D-Hünfelden

Herr, hilf üs fescht vertraue

E   A   f♯   B⁷   E   A⁶   B⁷

Herr, hilf üs fescht ver - trau - e, dass du eus nöd ver -

E   A   f♯   B⁷   E c♯ f♯ B⁷   E

losch. Mer dan - ket dir, dass du so zu üs stosch.

T/M/©: Mica Romano/Walter Ritter

196 Herr, hilf üs uf dich lose

(gleiche Melodie wie Herr, hilf üs fescht vertraue)

1 Herr, hilf üs uf dich lose, mer wönd dis Wort verstoh. Mer danket der: Du losch üs gar nie goh.

2 Herr, hilf üs stile wärde und vor dir ruhig sii. Mer danket der: All Sorg isch denn verbii.

3 Herr, hilf üs nöd verzwiifle, wenn alles dunkel isch. Mer danket der: Will du denn bi üs bisch.

4 Herr, hilf üs bi de Arbet, döt wommer schaffe mönd. Mer danket der: Geb, dass mer's fröhlich tönd.

5 Herr, hilf üs, dass mer hälfed, au wenn's üs gar nöd liit. Mer danket der: Du gisch üs Muet und Ziit.

6 Herr, hilf üs witter glaube a dich und dini Macht. Mer danket der: Du gisch üs all Tag Chraft.

T/M/©: Mica Romano/Walter R. Ritter

197 Herr ich danke dir

Herr ich dan-ke dir, denn du bisch so guet zu mir; di-ni Gnad, di-ni Lie-bi hät keis Aend. Drum nimm mich ganz für dich und bruch mich für dis Rich. Las d'Män-sche gsee: Du bisch na de Glich.

T/M/©: Jean-Daniel von Lerber, CH-Richterswil

(Herr mol du hüt mit mir siehe De Pinsel)

Herr, unser Leben

Herr, un - ser Le - ben und die Welt sind in Ge - fahr ge -
ha - ben die Na - tur ent - stellt durch un - be - dach - te

ra - ten. Wir be -te - ten den Fort - schritt an; zum Zei - chen, was er
Ta - ten. Wir

ko - sten kann, wächst Gift aus un - sern Saa - ten.

2 Du gabst uns Forschergeist und Macht, den Lebensraum zu pflegen. Wir gaben wenig drauf acht und wirkten nicht zum Segen. Wir werden wach und merken nun: Wir dürfen, Herr, nicht alles tun, was wir zu tun vermögen.

3 Wir Christen wollen nicht zurück in die vergangnen Zeiten. Doch jeder soll an seinem Stück die Lebensform bereiten, die unsren Anspruch unbedingt in Einklang mit der Schöpfung bringt und ihren Wirklichkeiten.

4 Gib, dass uns Wirtschaft und Gewinn nicht in die Irre treiben, dass wir uns nicht dem Sog darin gedankenlos verschreiben. Das Wohl des Menschenlebens nur und die Gesundheit der Natur muss letzter Massstab bleiben.

5 Wir stossen heute so wie nie an unsres Wachstums Grenzen. Herr, gib uns Mut und Fantasie, die Technik zu ergänzen durch eine neue Lebensart, die Güter teilt und Kräfte spart mit allen Konsequenzen.

6 Du hast die Welt uns anvertraut, sie menschlich zu gestalten. Wer für die Zukunft plant und baut, muss dein Gebot entfalten. Wir stehen auf aus Schlaf und Traum und sind gewillt, des Lebens Raum der Nachwelt zu erhalten.

T/M/©: D. Bock/W. Ritter

199

Herr, wir bitten: Komm und segne uns

Herr, wir bit-ten: Komm und seg-ne uns; le-ge auf uns dei-nen

Frie-den. Seg-nend hal-te Hän-de ü-ber uns. Rühr uns an mit dei-ner

Kraft. In die Nacht der Welt hast du uns ge-stellt, dei-ne Freu-de aus-zu-

brei-ten. In der Traurig-keit, mit-ten in dem Leid, lass uns deine Bo-ten sein.

2 In die Schuld der Welt hast du uns gestellt, um vergebend zu ertragen, dass man uns verlacht, uns zu Feinden macht, dich und deine Kraft verneint.

3 In den Streit der Welt hast du uns gestellt, deinen Frieden zu verkünden, der nur dort beginnt, wo man, wie ein Kind, deinem Wort Vertrauen schenkt.

4 In das Leid der Welt hast du uns gestellt, deine Liebe zu bezeugen. Lass uns Gutes tun und nicht eher ruh'n, bis wir dich im Lichte sehn.

5 Nach der Not der Welt, die uns heute quält, willst du deine Erde gründen, wo Gerechtigkeit und nicht mehr das Leid deine Jünger prägen wird.

T/M: Peter Strauch © Hänssler-Verlag, Neuhausen-Stuttgart

(He's a real nowhere man siehe Nowhere man)
(He's five feet two siehe The universal soldier)

He's got the whole world in his hands

He's got the whole world in his hands. He's got the whole world in his hands. He's got the whole world in his hands. He's got the whole world in his hands.

2 /::He's got the big round world in his hands.::/
He's got the whole world in his hands.

3 He's got the sun and the moon in his hands ...

4 He's got the wind and the rain in his hands ...

5 He's got the tiny little baby in his hands ...

6 He's got you and me, brother, in his hands ...

7 He's got everybody in his hands ...

8 He's got the whole world in his hands ...

Er hät di ganzi Welt i sin're Hand

(gleiche Melodie wie He's got the whole world in his hand)

1 Er hät di ganzi Welt i sin're Hand. (4 mal)

2 /::Er hät di Grosse und di Chlini i sin're Hand.::/
Er hät di ganzi Welt i sin're Hand.

3 Er hät di Schwarze und die Wisse i sin're Hand
...

4 Er hät au d'Sone und de Räge i sin're Hand ...

5 Er hät de Blitz und de Tonner i sin're Hand ...

6 Er hät au di und mi i sin're Hand ...

7 Er hät di ganzi Welt i sin're Hand ...

202 Heute hier, morgen dort

Heu-te hier, mor-gen dort, bin kaum da, muss ich fort, hab mich nie-mals des-

we-gen be-klagt, hab es selbst so ge-wählt, nie die Jah-re ge-zählt, nie nach

gestern und mor-gen ge-fragt. Manchmal träume ich schwer, und dann denk ich, es

wär Zeit zu blei - ben und nun was ganz an-dres zu tun. So ver-geht Jahr um

Jahr, und es ist mir längst klar, dass nichts bleibt, dass nichts bleibt, wie es war.

2 Dass man mich kaum vermisst, schon nach Tagen vergisst, wenn ich längst wieder anderswo bin, stört und kümmert mich nicht, vielleicht bleibt mein Gesicht doch dem ein' oder andr'en im Sinn.

3 Fragt mich einer, warum ich so bin, bleib' ich stumm, denn die Antwort darauf fällt mir schwer. Denn was neu ist, wird alt, und was gestern noch galt, stimmt schon heut' oder morgen nicht mehr.

T/M: Hannes Wader/Gary Bolstad © Aktive Musik Verlags-GmbH, D-Dortmund

203 Hewenu schalom alechem

He-we-nu scha-lom a-le-chem, he-we-nu scha-lom a-le-chem, he-we-nu

scha - lom a- le- chem, he-we-nu scha-lom, scha-lom, scha-lom a-le-chem.

Himmel, Erde, Luft und Meer

Him - mel, Er - de, Luft und Meer zeu -gen von des Schöp -fers Ehr.

Mei - ne See - le, sin - ge du und bring auch dein Lob her - zu.

2 Seht das grosse Sonnenlicht, wie es durch die Wolken bricht. Auch der Mond, der Sterne Pracht jauchzen Gott bei stiller Nacht.

3 Seht, wie Gott der Erde Ball hat gezieret überall. Wälder, Felder, jedes Tier zeigen Gottes Finger hier.

4 Seht, wie fliegt der Vögel Schar in den Lüften Paar bei Paar. Blitz und Donner, Sturm und Wind seines Willens Diener sind.

5 Seht der Wasserwellen Lauf, wie sie steigen ab und auf. Von der Quelle bis zum Meer rauschen sie des Schöpfers Ehr.

6 Ach, mein Gott, wie wunderbar nimmt dich meine Seele wahr. Drücke stets in meinen Sinn, was du bist und was ich bin.

Bi der Taufi

(gleiche Melodie wie Himmel, Erde, Luft und Meer)

1 Bi der Taufi chömed mir, Herr, mit eusem Chind zu dir. Doch du bisch scho lengschtens da: Dini Liebi goht vora.

2 Bi der Taufi säged mir: Ales isch es Gschänk vo dir. Mir verfüeged über nüt. Mir sind nur Verwalterslüt.

3 Bi der Taufi ghöred mir: Du häsch eus versöhnt mir dir. Christus hät sys Läbe gä - euses Läbe söller nä.

4 Bi der Taufi lueged mir, was aleige gilt vor dir: Eifach cho, grad wie mer sind, chli und hilflos wie'n es Chind.

5 Bi der Taufi glaubed mir: Ewig ghöred mir zu dir. Ueber euses Läbesänd blybed mer i dine Händ.

6 Bi der Taufi wüssed mir: Jetzt simer verpflichtet dir. Mir gönd eusne Chind vora. Los au si im Glaube sta.

T/© Mica Romano

206

Hinderem Münster

(immer schneller!)

Hin-de-rem Mün-ster hät es Anke-wegge-mait li Butter-weggli feil, feil,

fine

Anke- wegge-mait li Butter-weg gli feil, Butter-wegge-mait li Anke-weg gli feil,

207

Hinneh mah tov umah naim

Kanon zu 2 Stimmen

Hin-neh mah tov u-mah na-im sche-wet a-chim gam ja-chad. Hin-neh

mah tov, sche-wet a-chim gam ja-chad. sche-wet a-chim gam ja-chad.

208

Hoch auf dem gelben Wagen

Hoch auf dem gelben Wa-gen, sitz ich beim Kutscher vorn, vorn, vorn, vorn,

hurtig die Rosse tra-ben, lustig schmettert das Horn, Wiesen, Wälder und Auen,

leuch-ten-der Aeh-ren Gold. Ich möch-te ja so ger-ne ruhn und

schau - - en, aber der Wagen, der rollt. Ich a-ber der Wagen, der rollt.

2 Flöten hör' ich und Geigen, lustiges Bassge-
brumm, brumm, brumm, brumm, junges Volk
im Reigen, tanzt um die Linde herum. Röcke
fliegen im Winde, alles jauchzt und tollt. /:Ich
bleibe ja so gerne bei der Linde, aber der
Wagen, der rollt.:/

3 Postillon vor der Schenke, füttert drei Rosse
im Flug, Flug, Flug, Flug, schäumendes
Gertengetränke, reicht ihm Frau Wirtin im
Krug. Hinter den Fensertscheiben lacht ein
Gesicht so hold. /:Ich möchte ja so gerne bei
ihr bleiben, aber der Wagen, der rollt.:/

4 Sitzt einmal ein Gerippe hoch bei dem Kut-
scher vorn, vorn, vorn, vorn, trägt statt der
Peitsche die Hippe, das Stundenglas statt
das Horn. Dann ade nun, ihr Lieben, die ihr
nicht mitfahren wollt, /:Ich wäre ja so gerne
noch geblieben, aber der Wagen, der rollt.:/

T/M: Baumbach/Höhne © 1923 Richard Birnbach / Richard Birnbach Musikverlag, D-Lochham

209

Hol' dir grosse Zedern

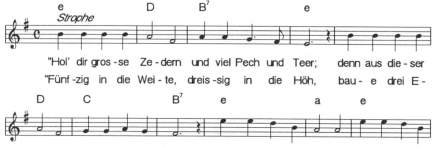

"Hol' dir gros-se Ze-dern und viel Pech und Teer; denn aus die-ser
"Fünf-zig in die Wei-te, drei-ssig in die Höh, bau-e drei E-

Er-de wird ein gros-ses Meer", sprach der Herr zu No-ah, die-sem Got-tes-
ta-gen, ei-ne für das Vieh. O-ben sei ein Fen-ster, seit-lich ei-ne

| a | e | D | B⁷ | e |

mann. "Drei - mal hun - dert El - len sei die Ar - che lang!"
Tür! Ich will dich er - ret - ten, denn nur du glaubst mir."

| G | D | C | B⁷ |

Refr.

Schwim - me nicht als to - ter Fisch mit dem trü - ben Strom.

| G | D | C | B⁷ | e |

No - ah glaub - te Jah - we einst. Glaub du sei - nem Sohn!

2 Noah baute eifrig auf Geheiss des Herrn. Sem und Ham und Japhet schwitzten mit ihm gern. Alle Nachbarn lachten, dachten: "Ist er blöd, der baut eine Arche, die nie Wasser sieht." Darauf sagte Noah: "Es kommt eine Flut." Doch die Nachbarn höhnten: "Macht's die Mittagsglut?" Sie konnten nur spotten, hören aber nicht. Noah dachte bei sich: "Bald kommt ihr Gericht."

3 Als die Arche fertig, zogen alle ein. Vorweg Noahs Sippe, Tiere hintendrein. Ach, war das ein Blöken, Zwitschern und Gemuh. Als dann alles drin war, machte Noah zu. Drinnen gab es alles, von der Laus zum Pferd. Immer nur ein Pärchen, dass es sich vermehrt. Draussen konnt' man schreien: "Noah, melk die Laus!" Doch der dachte bei sich: "Mit euch ist's bald aus!"

4 Und dann kam der Regen aus des Herren Hand. Oh, gab das ein Schreien in jeglichem Land. Jetzt half auch kein Beten; denn wer nur in Not, doch Glück nicht betet, stirbt der Sünde Tod. Noah war gerettet, denn er glaubte fest. Glaube ist Gehorsam, der Gott walten lässt. Dreihundertfünfzig Jahre lebte noch Noah, weil er - wie gehört jetzt - Gott gehorsam war.

T/M: J. Jaworski © Hänssler-Verlag, D-Neuhausen-Stuttgart

(Hörst du das Lied der Berge siehe Das Lied der Berge)
(Hört, wen Jesus glücklich preist siehe unter Michael row the boat ashore)
(How many roads siehe Blowin' in the wind)

Hüaho, alter Schimmel

A

Hü - a - ho, al - ter Schim - mel, hü - a - ho, geht's berg -

E **A** **A⁷**

ab sind wir al - le bei - de froh, ü - ber Stock und ü - ber Stein, a - ber

D **B⁷** **E⁷** **A**

brich dir nicht das Bein; hü - a - ho, al - ter Schim - mel, hü - a - ho.

2 Hüaho, alter Schimmel, hüaho, unser Weg ist der gleiche sowieso; hier und dort und überall findet jeder seinen Stall, hüaho, alter Schimmel, hüaho.

3 Hüaho, alter Schimmel, hüaho, geht's bergab sind wir alle beide froh, aber geht es dann bergauf, hört die alte Liebe auf; hüaho alter Schimmel, hüaho.

4 Hüaho, alter Schimmel, hüaho, einmal butzt's dich und mich ja sowieso, bald bergab und bald bergauf, ja das ist des Lebens Lauf, hüaho, alter Schimmel, hüaho.

T/M: J. Kennedy

Hulda

D **A** **D**

Nun so hö - ret die Ge- schich-te, die schaurig ich euch be -rich -te, von dem

A **D** *Refr.*

Herrn, der zu Bern ei - ne Magd hat um ge - bracht, in der Nacht. Ja die

A

Hul- da, Hul- da, Hul- da, Hul- da, Hul - da; das war die wun - der -schö - ne

D **A** **D**

Hul -da. Von dem Herrn der zu Bern ei -ne Magd hat umge- bracht, in der Nacht.

2 Fritze war ein Forstélève, ass gerne Butterbrot
mit Käse. Als er Hulda auf dem Ball sah, war
er gleich verliebt in sie, dieses Vieh.

3 Er gesteht ihr seine Liebe, doch sie erwidert
nicht die Triebe. Mit dem Dolch, mit Erfolg, traf
er tief ins Herze sie, dass sie schrie.

4 Polizei war gleich zur Stelle und verhaftete ihn
schnelle. Mit dem Strick ums Genick hängte
ihn der Henkersknecht, das war recht.

5 Hulda wurde nun verbunden und der Arzt kam
alle vollen Stunden, doch die Kunscht war
umsunscht. Hulda starb im Hospital an der
Qual.

6 Hulda wurde nun begraben, auf einem Klein-
kinderwagen. Eine Feier war zu teuer, Hulda
hatt' nur eine Mark, das war stark.

7 Und nun tanzt die tote Hulda nachts auf dem
Grabsteine Polka. Mitternächtlich, nieder-
trächtig, in 'nem weissen Nachtgewand, s'isch
ne Schand.

8 Und die Moral von der Geschichte, die schau-
rig ich euch berichte: Willst du Ruh, schau nur
zu, dass du dich beherrschen kannst, wenn du
tanzst.

(I am just a poor boy siehe The boxer)
(I am sailing siehe Sailing)
(I am the way, the truth and the life siehe unter Koi au na sala na dina na bula)
(I asked my love siehe Banks of the Ohio)

212

I bin en Italiano

D **A⁷**

I bin en I-ta- li- a-no und spie-le gern Pi-a-no. I gan-ge i d'Fab-ric und

D *Refr.* **A⁷** **D**

mache Stugg für Stugg. O mia bella cara Mar gherita, wohne dir ge-ra de vis-à-via,

G A D

brin-ge dir e klines Stan de- li-o, o kum e bis- se-li a-be, o-der söll i u-fe-ko?

2 Du bisch e kaibe netti, häsch goldigi Uhrechetti, häsch vili Gäld im Sac und aigeni Barac.

3 Du muesch mi nöd uslacce mit minere Murerjacce, mit miner Murersurz, er isch un poco kurz.

4 Du bisch min liebe Stern, drum han i di so gern, ei kum e bisseli here und gimmer Guss uf d'Snörre.

5 Mer ghöne gli hürote, d'Maroni sind hür grote, i han en frohe Muet, und d'Fige sind au guet.

6 Aber am halbi Zwölfi muesch hei min liebe Dölfli, sösch kunnt min liebe Vatter und haut der eis ufs Gatter.

7 Und duesch mi nöd erhöhre, so tuen i mi verswöre, i stürz mi in di Fluet und mache mi caputt.

(*I came from Alabama* siehe **Oh, Susanna**)

Ich bin bei euch jeden Tag

213

D A G D G A D D

Nicht durch Zu - fall steh' ich hier, Gott hat mich ge - macht. macht.

G A f# b

Refr.

Ich bin bei euch je -den Tag, ich bin bei euch je -den Tag, ich bin bei

e A D D[7] D

euch je - den Tag, spricht Je - sus Christ. Ich bin bei Christ.

2 /:Seine Kraft ist wirklich da, immer wieder neu.:/

3 /:Klare Führung zeigt er mir, wenn ich gar nichts spühr.:/

4 /:Er bestätigt jeden Tag meine Existenz.:/

5 /:Er vertraut mir immer noch, denn er liebt mich sehr.:/

T/M: Hans-Peter Schlatter © Hänssler-Verlag. D-Neuhausen-Stuttgart

(Ich fang den Tag im Liede an siehe Zum Beginn)
(Ich ging allein durch diese Stadt siehe Oh Champs-Elysées)
(Ich habe Freude siehe unter I have joy)

214

Ich habe gesungen hinein in die Nacht

Ich ha-be ge-sun-gen hin-ein in die Nacht. Mein Lied ist ver-klun-gen, da

hab ich ge-dacht: Hast du mich ver-standen, weisst du, wer ich bin? Ich komm' aus der

Fer-ne und will zu dir hin. Ich komm' aus der Fer-ne und will zu dir hin.

2 Im Dunkel des Lebens da suchte ich Licht. Ich suchte vergebens und wusste auch nicht:

3 Ich geh' über die Strassen und Brücken und Steg' und suche noch immer den richtigen Weg.

T/M: Alfred Flury © by Capriccio Musikverlag GmbH, D-Hamburg

215

Ich hatte von dir nur vom Hörensagen

Ich hat-te von dir nur vom Hören-sa-gen ver-nommen, a-ber nun hat mein

Au-ge dich ge-sehn, nun hat mein Au-ge dich ge-sehn, hat mein Au-ge dich ge-

g C⁷ F C⁷ F

⌢ fine D.S.

sehn, o Herr! Ich will deinen Namen er-heben al - le-zeit, denn nun hat mein

T/M: Tapu Moala © Jugend mit einer Mission e. V. / Aquila Verlag GmbH, D-Frankfurt

*(Ich lobe meinen Gott siehe unter **Je louerai l'eternel**)*

Ich möcht, dass einer mit mir geht

e B⁷ e D G D G

Ich möcht, dass einer mit mir geht, der's Le ben kennt, der mich versteht, der

b⁷ C b C a B⁷ e B⁷ e

mich zu al -len Zei - ten kann ge lei -ten. Ich möcht, dass ei-ner mit mir geht.

2 Ich wart, dass einer mit mir geht, der auch im Schweren zu mir steht, der in den dunklen Stunden mir verbunden. Ich wart, dass einer mit mir geht.

3 Es heisst, dass einer mit mir geht, der's Leben kennt, der mich versteht, der mich zu allen Zei-ten kann geleiten. Es heisst, dass einer mit mir geht.

4 Sie nennen ihn den Herren Christ, der durch den Tod gegangen ist, er will durch Leid und Freuden mich geleiten. Ich möcht, dass er auch mit mir geht.

T/M: Köbler, Hanns © Bosse-Verlag, aus "Neue geistliche Lieder"

Ich möchte gerne Brücken bauen

d B♭⁷ d g d A

Ich möch- te ger-ne Brük- ken bau-en, wo tie- fe Grä-ben nur zu sehn,

ich möch- te hin-ter Zäu-ne schau- en   und ü- ber ho-he Mau-ern gehn.

2 Ich möchte gerne Hände reichen, wo harte
Fäuste sich geballt, /:ich suche unablässig
Zeichen des Friedens zwischen jung und alt.:/

3 Ich möchte nicht zum Mond gelangen, jedoch
zu meines Feindes Tür, /:ich möchte keinen
Streit anfangen, ob Friede wird, das liegt bei
mir.:/

4 Herr, gib mir Mut zum Brückenbauen, gib mir
den Mut zum ersten Schritt, /:lass mich auf
deine Brücke trauen, und wenn ich gehe, geh
du mit.:/

T/M: Rommel, Kurt/Bischoff, Paul © Bosse-Verlag, aus "Herr, wir bitten"

218 Ich sage dir

Ich sa-ge dir, was du tun sollst   und zei-ge dir den rich-ti-gen

Weg. Ich las -se dich   nicht aus den Au -gen, ich ver -las - se dich nie.

(Ich sah ein schönes Fräulein siehe *Rote Lippen soll man küssen)*

219 Ich singe dein Lob in den Tag hinein

Refr.

Ich sin-ge dein Lob in den Tag hin-ein, ich sin-ge dein Lob,   Gott,

Strophe

Va - ter mein.   Dich will ich prei - sen   mit mei - nem Lie - de.
Dir will ich schen - ken   all mei - ne Lie - be.

2 Dich will ich anschaun und still anbeten, niemals aus deiner Gegenwart treten.

3 Dich will ich rühmen in dunklen Zeiten und froh zu dir die Hände ausbreiten.

4 Will mit dir tu'n die kleinen Dinge, dass daraus stündlich dein Name klinge.

T/M: Kommunität Gnadenthal, aus: Mosaik 1-4/5 © Präsenz-Verlag, Gnadenthal, D-Hünfelden

220

Ich sitze oder stehe

Ich sit-ze o-der ste-he, ich lie-ge o-der ge-he, du hältst stets dei-ne Hand ü-ber mir. Du siehst all mei-ne We-ge, du kennst all mei-ne Re-de, denn ich kann nichts ver-ber-gen vor dir. Von al-len Sei-ten um-gibst du mich, o Herr. Du bist nicht zu be-grei-fen, dir sei Lob, Preis und Ehr.

2 Bin ich in Schwierigkeiten, so willst du mich begleiten, dein Auge, das ruht immer auf mir. Ich kann dir nie entrinnen, denn was ich auch beginne, in allen Lagen bist du bei mir.

3 Du kennst mein ganzes Leben, das du, Herr mir gegeben, und weisst, dass ich dich sehr oft betrübt. Hilf, dass ich deinen Willen zu jeder Zeit erfülle, dir folge, weil du mich so geliebt.

T/M: Karl-Heinz Willenberg © Onken Verlag, D-Wuppertal

221

Ich trau auf dich, o Herr

Ich trau auf dich, o Herr. Ich sa-ge: Du bist mein Gott. In dei - - ner
Hand steht mei - ne Zeit. In dei - ner Hand steht mei - ne Zeit.

2 Gelobet sei der Herr, denn er hat wunderbar
seine Liebe mir erwiesen und Güte mir
gezeigt.

T/M: Marion Warrington © Jugend mit einer Mission e. V. / Aquila Verlag GmbH, D-Frankfurt

222

Ich zieh meine dunkle Strasse

Ich zieh mei - ne dunk - le Stras - se und schla - ge die Trom-mel da-
fra - ge sie heut' und mor-gen, und die Trom - mel, die trom-melt den

zu, ich fra - ge die dunk - le Stras - se, ich fra - ge sie im - mer-
Schritt, ich schla - ge sie heut' und mor - gen: Mein

zu. Ich Halt an, mein Bru - der, mach
Bru - der, mein Bru - der, komm mit!

E · A · E · B⁷ · E · B⁷

kehrt, mein Bru der, und ge-he die Stras se zu- rück. Ich weiss ei nen Weg, der

E · A · E · B⁷ · E · A

führt dich, mein Bruder, der führt dich ins grosse Glück. Komm mit, fass an und ver-

E · B⁷ · E · B⁷ · E · A

lier' keine Zeit, so lang du auf Erden bist. Der Herr ist Gott, und er gibt dir Geleit, weil er

E · B⁷ · E · A · E · B⁷ · E

Bru -der uns wor -den, Bru -der uns wor -den im Na -men Je - su Christ.

2 Ach Bruder, die Strasse ist dunkel, und dunkel
ist mein Gesicht. Ach Bruder, du kennst nicht
die Strasse, und den Dreck und die Tränen
kennst du nicht. Du hörst nicht den Schlag der
Trommel, und die Trommel, die trommelt den
Schritt. Mein Weg ist die dunkle Strasse: Ach
Bruder - und keiner geht mit.

T/M: Kleinau, Klaus © Bosse-Verlag, aus "Weil du Ja zu mir sagst"

_____ ● _____

(I danced in the morning siehe Lord of dance)
(I'd rather be a sparrow siehe El Condor pasa)

_____ ● _____

223

If I had a hammer

C · a

If I had a ham - mer, I'd ham-mer in the mor - ning, I'd ham-mer in the

eve - ning, all o - ver this land. I'd ham - mer out dan - ger

I'd ham - mer out war - ning, I'd ham - mer out love be - tween my

broth - ers and my sis - ters, all o - ver this land.

2 If I had a bell, I'd ring it in the morning, ...

3 If I had a song, I'd sing it in the morning, ...

4 If I got a hammer and I got a bell and I got a song to sing all over this land, it's a hammer of justice, it's a bell of freedom, it's a song about love between my brothers and my sisters, all over this land.

T/M: Lee Hays/Pete Seeger © by Ludlow Music Inc./ Essex Musikvertrieb GmbH, D-Bergisch Gladbach

If you're happy

If you're hap - py and you know it, clap your hands. If you're

hap-py and you know it, clap your hands. If you're hap-py and you know it and you

real -ly want to show it, if you're hap -py and you know it, clap your hands.

2 ... snap your fingers ...

3 ... slap your legs ...

4 ... stamp your feet ...

5 ... say: "o.k." ...

6 ... do all five ...

Wenn's di fascht verjagt for Freud

(gleiche Melodie wie If you're happy)

1 /:Wenn's di fascht verjagt for Freud, denn klatsch i d'Hend.:/ Wenn's di fascht verjagt vor Freud,und d'Freud wötsch useloh, wenn's die fascht verjagt vor Freud, denn klatsch i d'Hend!

2 ... schnipp mit em Finger ...

3 ... stampf mit dä Füess ...

4 ... denn stand rasch uf ...

5 ... denn rüef "Juhu" ...

*(I han es Zündhölzli azündt siehe **Ds Zündhölzli**)*

I have joy

I have a joy, joy, joy, joy, down in my heart, down in my heart, down in my heart. I have a joy, joy, joy, joy, down in my heart. Glo-ry to his name. I am so hap-py, so ve ry hap-py, I have the love of Je sus in my heart. I am so happy, so very happy, I have the love of Jesus in my heart.

2 I know the devil doesn't like it, but it's down in my heart...

3 I've got the Nicodemus-new-born-feeling down in my heart...

4 I have the peace that passes understanding down in my heart...

5 I have the faith that forces foundest friendship down in my heart...

6 I have the wonderful love of my blessed redeemer way down in the death of my heart...

227 Ich habe Freude

(gleiche Melodie wie I have joy)

1 Ich habe Freude, Freude, Freude, Freude in meinem Herzen, in meinem Herzen, in meinem Herzen. Ich habe Freude, Freude, Freude, Freude in meinem Herzen. Ehre sei dem Herrn.

/:Ich bin so glücklich, ja so sehr glücklich, denn Jesus Liebe macht das Herz so froh.:/

2 Ich habe Friede ...

3 Ich habe Ruhe ...

4 Ich habe Liebe ...

5 Ich habe Freude, Friede, Ruhe, Liebe in meinem Herzen, ...

228 Ihr seid das Salz der Erde

Ihr seid das Salz der Er-de, ihr seid das Licht der Welt.

Welt. Ei-ne Stadt, die auf ei-nem Ber-ge liegt, kann nicht ver-bor-gen

blei - ben. Ei - ne kann nicht ver - bor - gen blei - ben.

2 /:Nehmt euch einander an, wie ich euch angenommen.:/

3 /:Liebet euch von Herzen, wie ich euch alle liebe.:/

4 /:Einer vergebe dem anderen, so wie ich euch vergebe.:/

5 /:Bleibet in meiner Liebe, so wie ich in euch bleibe.:/

6 /:Betet ohne Unterlass, bittet Gott stets mit Danken.:/

7 /:Gehet hin in alle Welt und sammelt meine Jünger.:/

T/M: Kommunität Gnadenthal; aus: Mosaik 1-4/5 © Präsenz-Verlag, Gnadenthal, D-Hünfelden

I like the flowers

Kanon zu 4 Stimmen

I like the flow-ers, I like the daf-fo-diles, I like the moun-tains,

I like the rol-ling hills, I like the fi-re-side when the light is low.

Dam da dam, dam da dam, dam da dam, dam da dam.

Image of a new world

Lai lai lai lai lai ...

So clear and so
We all have a

sim-ple is the sto-ry of our lives. A book rea-dy o-pen,
dream. could it be too much to hope to see a world that is free,

turn the page and read   the words   that   chime   like bells   that chime.

where men can live as one.   This is not just a fan- ta- sy   for we have

seen.   The im- age of a new world.   The im- age of a new world.

Peop- le who live and be- lieve   in a life that rea- lly   sets you free.

T/M: Mancuso / Cipri, I-Firenze

231

Imagine

Imagine there's no hea - ven.   It's easy if you try.   No hell below

us.   A- bove us on- ly sky.   Im- ag- ine all the peop-   le

living for today. A-ha,   you may say I'm a dreamer.   But I'm not the only one.

I hope some day   you'll join us.   And the world   will be as one.

2 Imagine there's no countries, it isn't hard to do.
Nothing to kill and die for, and no religion too.
Imagine all the people, living life in peace.

3 Imagine no possessions, I wonder if you can.
No need for greed or hunger a brotherhood of man. Imagine all the people, sharing all the world.

T/M: John Lennon © 1971 LenOno Music / Nordton Musikverlag GmbH, Berlin

(I met her on an Monday siehe Da doo ron ron)

232

Im Frühtau zu Berge

Im Früh-tau zu Ber-ge, wir gehn, fal-le-ra, es grü-nen die Wäl - der und

Höh'n, fal-le-ra. Wir wan- dern oh-ne Sor-gen sin- gend in den Mor-gen, noch

e- he im Ta - le die Häh - ne krähn.   Wir   Häh - ne krähn.

2 Ihr alten und hochweisen Leut, fallera, ihr denkt wohl, wir sind nicht gescheit, fallera. /:Wer wollte aber singen, wenn wir schon Grillen fingen in dieser herrlichen Frühlingszeit?:/

3 Werft ab alle Sorgen und Qual, fallera, und wandert mit uns aus dem Tal, fallera, /:Wir sind hinausgegangen, den Sonnenschein zu fangen, kommt mit und versucht es auch selbst einmal.:/

Fass.: Hensel, Walther © Bärenreiter-Verlag, D-Kassel

233

I'm gonna sing

I'm gon - na sing when the spi - rit says "sing", I'm gon - na

sing when the spi -rit says "sing", I'm gon -na sing when the spi -rit says

"sing", and o - bey the spi - rit of the Lord.

2 ... shout ...   4 ... pray ...
3 ... preach ...   5 ... sing ...

*(Immer auf Gott zu vertrauen siehe unter **Give me that old time religion**)*

234

Immerfort will ich singen

Im - mer - fort will ich sin-gen, immer- fort will ich singen, immer - fort will ich

singen, dass der Herr hier un-ter uns lebt. Fremd sind wir herge- kommen, viel -

leicht in Hass entzweit. Doch er macht uns zu Brüdern, er selbst schafft Ei- nigkeit.

2 Wir sind oft in Bedrängnis, und oft sind wir in Not. Doch er bringt uns den Frieden, lebt Liebe bis zum Tod.

3 Wir sind schon oft geflohen, wir liessen ihn allein. Doch immer wieder tritt er in unsre Mitte ein.

4 Wir sind in ihm erstanden aus seinem dunkeln Grab, weil er mit seinem Tode uns neues Leben gab.

5 Lasst uns ein Festmahl halten, weil Christus auferstand. Beim Brote, das er austeilt, wird er von uns erkannt.

6 Er braucht kein Haus aus Steinen, kein Tempel schliesst ihn ein. Wenn wir einander lieben, dann werden wir Tempel sein.

7 Lasst eure Pauken klingen, singt laut: Halleluja! Schlagt jauchzend in die Hände, frohlockt, der Herr ist da!

T/M: Hoffmann/Mausberg/Norres/Schuhen

Immer nur Gras

Und es ge-schah zu Zei-ten, als man noch in Höh-len hocken tat, da mach-te

grad der Höhlenmann der Höhlenfrau den Znacht parat, darauf verzog die Höhlen-

frau ihr ein ge -öltes An-ge-sicht: Nein, nein, dreimal nein, dieser Frass gefällt mir

nicht! Immer nur Gras, immer nur Gras, immer nur Gras! Dieses grü-ne Blät-ter-

Grä- ser- Kraut- Ge- misch, das kommt mir heut' zum letz- ten

G   E^7

Mal hier auf den Tisch.   Ich pfei-fe auf die Vi-ta-mi-ne,   Ster-ne

a   D^7 G   e   a   D^7 G

cheib,   wenn das nicht än-dert, such ein neu-es Höh-len-weib!

2 Der Höhlenmann war überaus verdutzt und, das ist völlig klar, in jener Zeit, da waren neue Höhlenweiber ziemlich rar, er zwickt sein Weib versöhnlich in ihr linkes Höhlenweiberbein: Weib, Weib, teures Weib, was darf's denn heute sein?

So guck dich doch, so sprach das Weib, mal kräftig um, da hüpft doch kiloweise rohes Fleisch herum! Denn was da in der Schöpfung springt und keucht und fleucht, enthält bestimmt viel Protein, so wie mich deucht.

3 Zu Höhlenzeiten war das Jagen allerdings noch ziemlich schwer, man kannte nicht ein- mal das Messer von dem Schweizer Militär, so blieb dem Höhlenmann nichts übrig, als dass er sich kurzerhand noch am selben Tag Pfeil und Bogen neu erfand.

Da machte sich der Höhlenmann wohl auf die Pirsch und jagte kurzentschlossen Fleisch mit Namen Hirsch, ein ganzes Rudel stand am Bach, und er sprach: Ei, das ist bestimmt so eine Art von Metzgerei.

4 Da nahm der Höhlenmann den neuerfundnen Bogen in die Hand, wobei beim Saitenspan- nen just ein wunderschöner Ton entstand! Er zupfte wieder - hörte - zupfte - und sogleich entstand dabei: tum, tum, tum, tum, tum, die erste Höhlenmelodei!

Und währenddem das Fleisch auch weiter draussen hupft, kommt nun ein Höhlengatte heim, der nur noch zupft. So kommt es, dass ein Musikant, wenn er beweibt, von seiner Frau noch heut stets unverstanden bleibt.

T/M/©: Dieter Wiesmann

236

I'm on my way

E   B   E

I'm on my way and I won't turn back. I'm on my way and I won't turn back.

E^7 A   a^6 E   B^7 E

Refr.

I'm on my way and I won't turn back. I'm on my way, great God, I'm on my way.

2 /::Gonna ask my brother: Won't you come with me?::/

3 /::Gonna ask my captain: Won't you let me go?::/

4 /::If he says no, I will go anyhow.::/

5 /::I'm on my way and I won't turn back.::/

Im schönsten Wiesengrunde

Im schön - sten Wie - sen - grun - de ist mei - ner Hei - mat Haus; da zog ich man - che Stun - de ins Tal hin - aus. Dich, mein stil - les Tal, grüss ich tau - send - mal, da zog ich man - che Stun - de ins Tal hin - aus.

2 Muss aus dem Tal jetzt scheiden, wo alles Lust und Klang, das ist mein herbstes Leiden, mein letzter Gang. Dich, mein stilles Tal, grüss ich tausendmal, das ist mein herbstes Leiden, mein letzter Gang.

3 Sterb ich, im Talesgrunde will ich begraben sein; singt mir zur letzten Stunde, beim Abendschein: Dir, o stilles Tal, Gruss zum letzten Mal. Singt mir zur letzten Stunde beim Abendschein.

I'm still standin'

You could never know what it's like your blood like win-ter free-zes just like ice and there's a cold lonely light that shines from you, you'll wind

A   **E**   **A**   **E**   **f♯**   **E**   *Refr.*

up like the wreck you hide be-hind that mask you use. Don't you know

e^7 e b^7 a^7

I'm still stand - in' bet-ter than I ev-er did look-in' like a true survi- vor,

C^{maj7} **D** e^7 e b^7

feelin' like a lit-tle kid. And I'm still stand - in' af - ter all this time

a^7 B^7

pick in' up the piec-es of my life with - out you on my mind.

B^7 e a^7 B^7 **C D**

I'm still stand - in', yeah, yeah, yeah.

2 Did you think this fool could never win? Well, look at me I'm comin' back again I got a taste of love in a simple way and if you need to know while I'm still standin', you just face away.

3 Once I never could hope to win, you starting down the road leavin' me again, the threats you made were meant to cut me down and if your love was just a circus you'd be a clown by now.

T/M: Bernie Taupin/Elton John © 1981 by Big Pig Music Ltd./ Musikverlag Intersong GmbH

239 Im Urwald, Forschern unbekannt

G   **C**   **D**   **G**   **C**   **D**

Im Urwald, Forschern unbe -kannt, lebt fröhlich der Kamele-fant. Durch Wüsten-

sand trabt mit Gewackel ein selt'nes Tier, der Dromedackel. Durch Wüsten -dackel.

2 Im bunten Federkleid ganz leis meckert im Stall die Papageis. /:Es piekt im Bett mal dort, mal da gestreift und platt das Wanzebra.:/

3 Man zählt erstaunt die Beine sechse (trotz Schwanz!) bei jeder Ameidechse. /:Besonders schmerzreiche Bisse verursacht uns die Nashornisse.:/

4 Ein Tier mit Haus, das kriecht, nennst du, wenn's plötzlich hüpft: Schneckänguruh. /:Mit Hörnern krabbeln durch die Tropen die Feuersalamantilopen.:/

5 Im Vogelkäfig riesengross singt das Kanarhinozeros. /:Durchs Wasser schwimmt mit buntem Fittich laut zwitschernd der Forellensittich.:/

6 Wohl weil er nackt ist, braucht er solch ein Flügelpaar, der Fledermolch. Es wiehert süss mit offnem Maul bei Mondenschein der Nachtigaul.

7 Sehr scheu, und ganz und gar kein Krieger, lebt im Gebirg der Murmeltiger. Mit viel Gequiek und viel Gewerkel fliegt auf den Baum das Maikäferkel.

8 Zum Kämmen brauchst du einen Striegel und Heldenmut beim Krokodigel. Es schlängelt sich, im Maul ein Körnchen, den Baum hinauf das Blindschleichörnchen.

T/M: Michael Ende/Katharina Kemming © Thienemann Verlag, D-Stuttgart

In den Schatten dieser Welt

240

In den Schat -ten die -ser Welt bist du, Herr, das Licht. Da -rum ru -fe ich zu dir: Herr, ver -lass mich nicht. Hilf du mir, Herr, dann ist mir ge - hol -fen. Hei - le mich, Herr, dann bin ich ge - heilt. bin ich ge - heilt.

2 Im Vergehen unsrer Zeit bist du unser Halt. Darum rufe ich zu dir: Herr, ach komm doch bald.

3 In der Not, die mich bedrängt, hoffe ich auf dich. Darum rufe ich zu dir: Herr errette mich.

4 Aus der Angst, die auf mir lag, hast du mich befreit. Dafür danke ich dir, Herr, bis in Ewigkeit.

/:Lob sei dir, Herr, du hast mir geholfen.
Lob sei dir, Herr, du hast mich geheilt.:/

T/M: Johannes Jourdan/Siegfried Fietz © ABAKUS Schallplatten & Ulmtal Musikverlag, D- Greifenstein

In einen Harung jung und schlank

In ei - nem Ha - rung jung und schlank,
Mee - res - grun - de schwamm,
zwo, drei, vier, ss -ta -ta, ti -

ra - la-lal, der auf dem ra -la -lal, ver - lieb - te sich, o Wun - der, 'ne ol - le

Flun - der, 'ne ol -le Flun-der, ver-lieb-te sich, o Wun-der, 'ne ol -le Flun - der.

2 Der Harung sprach: "Du bist verrückt,..., du bist mir viel zu plattgedrückt,..., Rutsch mir den Buckel runter, du olle Flunder, du olle Flunder, rutsch mir den Buckel runter, du olle Flunder!"

3 Da stiess die Flunder auf Grund,..., wo sie ein grosses Goldstück fund,..., ein Goldstück von zehn Rubel, o Jubel, o Jubel, ein Goldstück von zehn Rubel, o Jubel!

4 Da war die olle Schrulle reich,..., da nahm der Harung sie sogleich,..., denn so ein alter Harung, der hat Erfahrung, der hat Erfahrung, denn so ein alter Harung, der hat Erfahrung.

5 Und die Moral von der Geschicht'?... Verlieb' dich in 'nen Harung nicht. ... Denn so ein alter Harung, der hat Erfahrung, der hat Erfahrung, denn so ein alter Harung, der hat Erfahrung.

(In einer Welt siehe unter Oh when the saints go marching in)

(In Presse, Radio siehe Wer sagt hier die Wahrheit)

(In Sorgen schau ich auf zu dir siehe Herr erbarme dich)

(In the town, where I was born siehe Yellow Submarine)

Ipharadisi

I - pha -ra -di - si, i - kha -ya la -ba -fi - le. I - pha -ra -di - si, i - kha -ya la -ba -fi - le. I - pha -ra -di - si, i - kha -ya la -ba -fi - le. Ku - la - pho so - phum - la kho - na, I -pha -ra -di - si! I - na.

Irgendwo auf deinem Wege

Ir - gend -wo auf dei - nem We - ge bleibst du plötz - lich stehn,
musst du um dich Leid und Hun -ger, Blut und Trä - nen sehn.

Die - se Welt ist vol - ler Aeng - ste, vol - ler Hass und Streit,

kei - ner ist zu gan - zer Lie - be und zum Dienst be - reit.

2 Mancher ist dabei nicht glücklich, "Hilfe!" schreit die Not. Doch man schafft das nicht alleine: Rettung vor dem Tod. Laut ist der Protest zu hören. "Packt nur alle an! Denn statt Krieg wird Friede werden, Brot für jedermann."

3 Irgendwo auf deinem Wege bleibst du plötzlich stehn: Friede fehlt im eigenen Herzen, Liebe nicht zu sehn. Du hast dich nur selber gerne, hast nur dich gemeint! Du rufst: "Friede für die Völker", doch dein Nachbar weint.

4 Einer nur kann Hilfe bringen für die Welt und dich: Jesus Christus, der Sohn Gottes, "Heiland" nennt er sich. Du magst viele Wege gehen, doch vergiss das nie: /:Einmal wirst du Jesus sehen, beugst vor ihm die Knie!:/

T/M: Martin Gresing © Hänssler-Verlag, Neuhausen-Stuttgart

(I see a red door siehe Paint it black)
(I see trees of green siehe What a wonderful world)

244 It's me, it's me, it's me, oh Lord

It's me, it's me, it's me, oh Lord, stand-ing in the need of prayer. It's prayer. Not my bro-ther, nor my si-ster, but it's me, oh Lord, stand-ing in the need of prayer. Not my prayer. It's

2 /:Not the pastor, nor the deacon, but it's me, oh Lord,.. :/

3 /:Not the father, nor the mother, but it's me, oh Lord, ... :/

4 /:Not the stranger, nor the neighbour, but it's me, oh Lord, ... :/

Du Herr gabst uns

(gleiche Melodie wie It's me, it's me, it's me, oh Lord)

Du Herr gabst uns dein festes Wort, gib uns allen deinen Geist. Du gehst nicht wieder von uns fort, gib uns allen deinen Geist.

1 Bleibe bei uns alle Tage bis ans Ziel der Welt. Gib uns allen deinen Geist. Gib das Leben, das im Glauben deine Brüder hält. Gib uns allen deinen Geist.

2 Deinen Atem gabst du uns jetzt schon als Unterpfand. Gib uns allen deinen Geist. Denn als Kinder deines Vaters sind wir anerkannt. Gib uns allen deinen Geist.

3 Immer wieder will ich singen: Gib uns deinen Geist. Gib uns allen deinen Geist. Der die Herzen, auch die trägen mit der Freude speist. Gib uns allen deinen Geist.

T/M: L. Hoffmann/trad. © Vikar A. Bessire, CH-Zürich

(Ja, wenn der Herr einst wiederkommt siehe unter Oh when the saints go marching in)

Je louerai l'Eternel

Je loue - rai l'E - ter - nel de tout mon coeur, je ra-con-te-rai les
fe - rai de toi

tou - tes tes mer - veilles, je chan - te-rai ton nom.
su - jet de ma joie, al - le - lu - ja, je

T/M: A. Bergèse/C. Fraysse

247

Ich lobe meinen Gott

(gleiche Melodie wie Je louerai l'Eternel)

1 Ich lobe meinen Gott von ganzem Herzen, und
ich will erzählen von all seinen Wundern und
singen seinen Namen.

2 Ich lobe meinen Gott von ganzem Herzen.
/:Ich freue mich und bin fröhlich, Herr, in dir!
Halleluja.:/

T/M: C. Fraysse / Jugend mit einer Mission © 1976 by Alain Bergese, Hänssler-Verlag, D-Neuhausen-Stuttgart

(Je m'baladais sur l'Avenue siehe Les Champs-Elysées)

248

Jesus, Jesus

Je - sus, Je - sus, Je - sus in the morn - ing, Je - sus at the noon - time:
Je - sus, Je - sus, Je - sus when the sun goes down.

2 Love him, love him, love him in the morning,
love him at the noontime: love him, love him,
love him when the sun goes down.

3 Praise him ...

4 Serve him ...

5 Trust him ...

(Jesus will uns bau'n zu einem Tempel siehe Der Tempel)

249

John Brown's body

John Brown's bo-dy lies a-mould-ring in the grave, John Brown's bo-dy lies a-

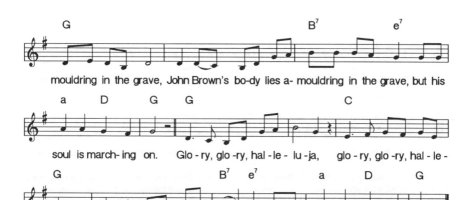

G   **B⁷**   **e⁷**

mouldring in the grave, John Brown's bo-dy lies a- mouldring in the grave, but his

a   **D**   **G**   **G**   **C**

soul is march-ing on.   Glo - ry, glo -ry, hal -le - lu -ja,   glo - ry, glo -ry, hal - le -

G   **B⁷**   **e⁷**   **a**   **D**   **G**

lu - ja, glo - ry, glo -ry, hal - le - lu - ja, but his   soul is march -ing   on.

2 /::The stars of heaven are locking kindly down,::/ on the grave of old John Brown.

3 /::He's gone to be a soldier in the army of the Lord,::/ and his soul is marching on.

4 /::John Brown's knapsack is strapp'd upon his back,::/ and his soul is marching on.

250

De Töff vom Polizischt

(gleiche Melodie wie John Brown's body)

1 /::De Töff vom Polizischt, dä hät es Loch im hindre Pneu,::/ und mir flecket's met eme Schigg.

2 /::Alpha, Romeo, Fiat, Lancia,::/ und mir flecket's met eme Schigg.

(Beim zweitenmal: "Töff" durch Zeichen ersetzen, usf.)

251

Joshua fought the battle of Jericho

d   **g**   **A⁷**

Refr.

Jo-shua fought the bat - tle of Je-ri - cho, Je-ri cho, Je-ri - cho.

d   **g⁷⁽⁹⁾**   **A⁷**

Jo -shua fought the bat - tle of Je -ri - cho,   and the   walls came tumb -ling

down. Up, up to the walls of Je-ri-cho, he marched with a spear in hand. Blow,

blow them ram-horns, Jo-shua cried, 'cause the bat-tle is in my hands.

2 You can talk about your men of Gideon, you can talk about your men of Saul. But there's no man like Joshua at the battle of Jericho.

3 Then the lamb-, ram- and sheephorns began to blow, and the trumpets began to sound, and Joshua commanded the children to shout, and the walls came tumbling down.

252

Brüder, ruft in Freude: Ja der Herr ist nah

(gleiche Melodie wie Joshua fought the battle of Jericho)

Brüder, ruft in Freude: Ja der Herr ist nah, Herr ist nah, Herr ist nah! Brüder, ruft in Freude: ja der Herr ist nah, ja er ist uns jetzt schon nah.

1 Um gar nichts macht euch Sorgen, denn nie seid ihr allein. Im Bittgebete sagt es Gott und dankt ihm schon dabei.

2 In Güte lebt zusammen, auch wo man euch bedrängt. Die Nähe Gottes macht euch stark - und Gott ist's der euch lenkt.

3 Die Freundschaft Gottes trägt euch ja, gibt Frieden eurem Herz. Sein Friede macht euch froh und frei, lässt froh sein auch im Schmerz.

253

Jubilate Deo omnis terra

Ju-bi-la-te De-o om-nis ter-ra. Ser-vi-te Do-mi-no in lae-ti-ti-a.

Al-le-lu-ja, al-le-lu-ja in lae-ti-ti-a! Al-le-lu-ja, al-le-lu-ja in lae-ti-ti-a.

Fiired euse Herr

(gleiche Melodie wie Jubilate Deo omnis terra)

Fiired euse Herr uf de ganze Wält, diened ihm,
eurem Herr, i der Eifachheit. /:Alleluja, alleluja
i der Eifachheit.:/

Jublilate Deo

Just couldn't be contented

- til I found the Lord. - til I found the Lord. un -

til I found the Lord. Un - til I found the Lord.

2 Lord, I prayed and I prayed, prayed all night long. Prayed and I prayed until I found the Lord.

3 Lord, I moaned and I moaned, mm.... Moaned and I moaned until I found the Lord.

257

Just like a tree

On my way to hea-ven I shall not be moved. On my way to hea-ven

I shall not be moved. Just like a tree that's planted by the wa-ter, Lord, I shall not be

moved. I shall not be, I shall not be moved. I shall not be, I shall not be moved. Just like a

tree that's plan-ted by the wa - ter, I shall not be moved.

2 Jesus is my Saviour, I shall not be moved, trusting in my Saviour I shall not be moved.

3 In his love abiding, I shall not be moved, trusting in my Saviour I shall not be moved.

4 Trusting him forever, I shall not be moved. He will leave me never, I shall not be moved.

Kai Muetter weiss

Kai Muet - ter weiss, was ih - rem Chind wird gscheh, kai Muet - ter

chan i d'Zue - kunft gseh. Ob ih - res Chind mues lii - de o - der ob mer's gar

wird be - ni - de? Kai Muet - ter weiss, was ih - rem Chind wird gscheh.

2 Kai Muetter weiss, ... Wird ihres Chind rich
erbe oder als arme Bettler sterbe? Kai Muet-
ter weiss, was ihrem Chind wird gscheh.

3 Kai Muetter weiss, ... Dient er emol em Böse,
oder chan er üs all erlöse? Kai Muetter weiss,
was ihrem Chind wird gscheh.

T/M: Paul Burkhard © Musikverlag und Bühnenvertrieb Zürich A.G., CH-Zürich

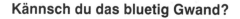

Kännsch du das bluetig Gwand?

Kännsch du das blue - tig Gwand? Das häm - mer gfun - de im Wüesch - te -

sand, das schön Chleid, vom Bluet jetz rot. Jo - seph, din Jo - seph isch

tot. Din Chum - mer isch ver - gä - be, du bringsch en nöd zum Lä - be. No

schwä - rer wird dis Leid, gsehsch du dem Bueb sis Chleid. Und

d'Au - ge sind vo Trä - ne blind. Jo - seph, din Sohn isch tot.

2 Din Joseph, spat gebore, häsch du so früeh verlore, verrisse hät en dir, es wilds, es böses Tier. Und uf de Weid, das bluetig Chleid, Joseph, din Joseph isch tot.

3 En Vater treit im Herze, die allergrösste Schmerze. Wo isch min Joseph, wo? Ich werde nieme froh. Wett au durab is eigne Grab. Joseph, min Joseph isch tot.

Kein schöner Land in dieser Zeit

Kein schö - ner Land in die - ser Zeit als hier das uns - re weit und

breit, wo wir uns fin - den, wohl un - ter Lin - den zur A -bend-

zeit, wo wir uns fin - den wohl un -ter Lin - den zur A -bend- zeit.

2 Da haben wir so manche Stund gesessen da in froher Rund /:und taten singen, die Lieder klingen im Talesgrund.:/

3 Dass wir uns hier in diesem Tal noch treffen so viel hundertmal, /:Gott mag es schenken, Gott mag es lenken, er hat die Wahl.:/

4 Ihr Brüder wisst, was uns vereint: Ein' andre Sonne hell uns scheint. /:In ihr wir leben, zu ihr wir streben als die Gemeind.:/

5 Nun, Brüder, eine gute Nacht. Der Herr im hohen Himmel wacht, /:in seiner Güte uns zu behüten, ist er bedacht.:/

*(Kennet dir das Gschichtli scho siehe **Dr Eskimo**)*

Kennt ihr schon den Bericht von Petrus

Kennt ihr schon den Be- richt von Pet-rus, der nicht nur Fi - sche
Er ver- trau - te vor al - len Din-gen auf sei - ne ei-ge- ne

fing, der erst laut und trot-zig war, bis er mit Je - sus ging?
Kraft - doch er merk - te nur zu bald,

dass man so nichts schafft. Er lern- te: Be- ten ist Re - den mit

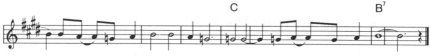

Gott und Hö- ren, Be- ten kann Sor - ge in Freu-de keh-ren. Gott hat

ver-spro - chen,Ge-bete zu hö-ren. Be- te, und nimm ihn beim Wort!

2 Einmal fuhr er zum Fischen aus, doch die Netze blieben leer. Mutlos gab Petrus auf, da traf ihn am Ufer der Herr. "Folge mir!" sagte Jesus, "und gewinne Menschen für mich. Deine Kraft ist zu klein, ich bitte beim Vater für dich."

3 Eines Tages war er im Garten; es war um Mitternacht. Plötzlich war Judas da, er hat Soldaten gebracht. Petrus rast und greift zum Schwert und schlägt hinein, dass es kracht! Jesus spricht: "Tu es nicht, du hast eine andere Macht, du weisst doch..."

4 Doch dann kam die dunkle Stunde, als all sein Mut zerrann. Eine Magd sagte ihm: "Ich sah dich doch mit diesem Mann." Er verleugnete seinen Herrn und log sie dreimal an; doch schon bald weinte er: "Herr, was hab ich getan?" Er wusste:

5 Petrus lernte viele Dinge, als er mit Jesus ging: Still zu sein, sich zu freun, dass er nun Menschen fing. Doch er lernte vor allen Dingen, nicht sich allein zu vertraun, er sagt Gott seine Not und konnte Wunder schaun, er lernte:

T/M: Carmichael © Rudolf Slezak Musikverlag, D-München

262 King of kings

He is king of kings. He is lord of lords. Je-sus Christ the first and last, no

man works like him. I know that my redeemer lives, no man works like him, and

by his love sweet bless- ing gives, no man works like him.

2 He builds a platform in the air,... and calls the saints from everywhere,...

3 Oh sinner, if you will believe, ... grace of the Lord you will receive,...

263 King of kings and lord of lords

Kanon zu 2 Stimmen

King of kings and lord of lord, is glo-ry, hal-le-lu-jah!

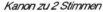

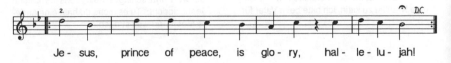

Je-sus, prince of peace, is glo-ry, hal-le-lu-jah!

T/M: Sophie Conty / Naomi Batya © Maranatha Music, Kir Verlag, CH-Uster

Koi au na sala na dina na bula

Koi au na sala na dina na bu-la, ka-ya ko Ji - su. Koi au na su. Sega na

sa la eda na sese, sega na di na eda na we-le, se-ga na bu-la e da na ru-sa.

T/M: I-to Loh © Asia YMCA, Hongkong

I am the way, the truth and the life

(gleiche Melodie wie Koi au na sala na dina na bula)

/:I am the way, the truth and the life, that's what
Jesus said.:/ Without the way, there is no
going, without the truth there is no knowing,
without the life there is no living. /:I am the way,
the truth and the life, that's what Jesus said.:/

T/M: I-to Loh © Asia YMCA, Hongkong

*(**Komm, Herr** siehe unter **Swing low, sweet chariot**)*

Komm in unsre Mitte, o Herr

Komm in unsre Mitte, o Herr, o Herr, o Herr! Komm in unsre Mitte, o Herr, o

Herr, o Herr! Lass uns spüren, dass du bei uns bist, o Herr, wir danken

dir. Lass uns spüren, dass du bei uns bist, o Herr, wir dan-ken dir.

2 /:Fülle uns mit deinem Heil'gen Geist, o Herr, wir danken dir.:/

3 /:Deine Gnade gibst du täglich neu, o Herr, wir danken dir.:/

267 Komm, lieber Mai

Komm, lieber Mai, und ma che die Bäu me wie- der grün und lass mir an dem

Ba -che die klei-nen Veil - chen blühn! Wie möcht' ich doch so ger -ne ein

Blümchen wie-der-sehn, ach lieber Mai, wie gerne einmal spa - zie - ren gehn.

2 Zwar Wintertage haben wohl auch der Freuden viel, man kann im Schnee eins traben und treibt manch Abendspiel, baut Häuserchen von Karten, spielt Blindekuh und Pfand, auch gibt's wohl Schlittenfahrten auf's liebe freie Land.

3 Doch wenn die Vögel singen, und wir dann froh und flink auf grünem Rasen springen, das ist ein ander Ding! Drum komm und bring vor allem uns viele Veilchen mit, bring auch viel Nachtigallen und schöne Kuckucks mit.

(Komm, sag es allen weiter siehe unter Go tell it on the mountains)

Kommt und lasst uns zieh'n

Kommt und lasst uns zieh'n hin-auf zum Ber-ge uns' res Herrn, zum Hau-se Got-tes lasst uns geh'n. geh'n. Und er wird uns sei-ne Wahr-heit

lehr'n, und wir wer-den sei-ne We-ge geh'n, und Wei-sung wird

aus-gehn von Zi - on und das Wort uns' res Herrn von Je-ru-sa-lem.

T/M: JmeM/Bill und Mary Anne Quigley: "Come and let us go"© 1976 Scripture in Song / Thankyou Music, Hänssler-Verlag, D-Neuhausen-Stuttgart

Kookaburra

Kanon zu 4 Stimmen

Kooka-bur-ra sits on a old gum tree, mer-ry mer-ry king of the bush is he,

laugh koo-ka-bur-ra, laugh koo-ka-bur-ra gay your life must be.

Kriminal-Tango

Und sie tan-zen ei-nen Tan-go, Jak-ky Brown und Ba-by Mil-ler.

Und er sagt ihr lei-se: "Ba-by, wenn ich aus-trink, machst du dicht."

Dann be-stellt er zwei Man-hat-ten, und dann kommt ein Herr mit Knei-fer.

Jack trinkt aus und Ba-by zit-tert, doch dann löscht sie schnell das Licht.

Refr. Kri-mi-nal- Tan - go in der Ta - ver - ne. Dunk - le Ge - stal - ten,

ro - te La - ter - ne. A - bend für A - bend lo - dert die Lun - te,

sprü hende Span-nung liegt in der Luft. Tan - go geht nie vor - bei.

2 Und sie tanzen einen Tango, alle, die davon nichts ahnen. Und sie fragen die Kapelle: "Hab'n Sie nicht was Heisses da?" Denn sie können ja nicht wissen, was da zwischen Tag und Morgen in der nächtlichen Taverne bei dem Tango schon geschah.

Kriminal-Tango in der Taverne. Dunkle Gestalten, rote Laterne. Glühende Blicke, steigende Spannung. Und in der Spannung, da fällt ein Schuss.

3 Und sie tanzen einen Tango, Jacky Brown und Baby Miller. Und die Kripo kann nichts finden, was daran verdächtig wär'. Nur der Herr da mit dem Kneifer, dem der Schuss im Dunkel galt, könnt' vielleicht noch etwas sagen, doch der Herr, der sagt nichts mehr.

Kriminal-Tango in der Taverne. Dunkle Gestalten, rote Laterne. Abend für Abend immer das gleiche, denn dieser Tango geht nie vorbei.

T/M: Kurt Feltz/Piero Trombetta © 1959 by Fortissimo S.a.r.l., Milano / Edition Rialto Hans Gerig KG, D-Bergisch Gladbach

271

Kuckuck ruft's aus dem Wald

Kuk-kuck, Kuk-kuck, ruft's aus dem Wald. Las-set uns sin-gen, tan-zen und sprin-gen! Früh-ling, Früh-ling, wird es nun bald.

2 Kuckuck, Kuckuck, lässt nicht sein Schrei'n: "Komm in die Felder, Wiesen und Wälder! Frühling, Frühling, stelle dich ein!"

3 Kuckuck, Kuckuck, trefflicher Held! Was du gesungen, ist dir gelungen: Winter, Winter, räumet das Feld.

272

Kum ba ya

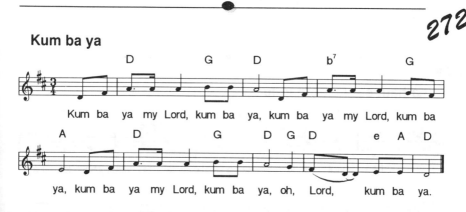

Kum ba ya my Lord, kum ba ya, kum ba ya my Lord, kum ba ya, kum ba ya my Lord, kum ba ya, oh, Lord, kum ba ya.

2 Someone's crying, Lord, kum ba ya, ...
3 Someone's singing, Lord, kum ba ya, ...

4 Someone's praying, Lord, kum ba ya, ...

273

La cucaracha

La cu-ca - ra-cha, la cu-ca -ra-cha, ya no quie-re ca-mi - nar, por-que no

tie -ne por-que le fal-ta di-ne-ro pa-ra-ga - star. La cu-ca - star.

U-na cuca-ra -cha pin-ta! Le dijo a u-na colo- ra-da: va-mo -nos pa-ra mi

tier-ra, a pas -sar la tam-po- ra-da. ra-da. O - lé! La cu-ca-

2 /:Todas las muchachas tienen en los ojos dos
  estrellas, pero las mejicanitas de seguro son
  mas bellas.:/ Olé!

274

Là-haut sur la montagne

Là - haut sur la mon - ta -gne, l'é - tait un vieux cha - let. Là

-let. Murs blancs, toit de bar - deaux, de -vant la porte, un vieux bou-

leau. Là - haut sur la mon - ta - gne, l'é - tait un vieux cha - let.

2 /:Là-haut sur la montagne, croula le vieux cha-let.:/ La neige et les rochers s'étaient unis pour l'arracher. Là-haut sur la montagne, croula le vieux chalet.

3 /:Là-haut sur la montagne, quand Jean vint au chalet,:/ pleura de tout son coeur sur les débris de son bonheur. Là-haut sur la montagne, Jean vint au chalet.

4 /:Là-haut sur la montagne, l'est un nouveau chalet.:/ Car Jean d'un coeur vaillant l'a recon-struit plus beau qu'avant. Là-haut sur la mon-tagne est un nouveau chalet.

T/M: L'Abbé Joseph Bovet © Edition Foetisch co Hug Musique SA

275

La montanara

Las -sù per le mon - ta -gne, fra bo -schi e val - li d'or, tra l'as- preru -pi e-

cheg-gia un can- ti-co d'a - mor. Las -sù per le mon - ta -gne, fra bo -schi e

valli d'or, tra l'as-pre ru- pi e-cheggia un can-ti-co d'a - mor. "La monta-na-ra

ohe!" Si sen -te can- ta - re, "Can-tiam la mon- ta -na -ra, e chi non la

sa?" "La mon-ta-na - ra, ohe!" Si sen -te can -ta -re, "Can -tiam la mon -ta -

na-ra, e chi non la sa...?" La su sui mon-ti, dai ri-vi d'ar-gen-to,
u-na ca-pan-na co-spar-sa di fior er-ra la pic-co-la, dol-ce di-
mo-ra di So-re ghi-na, la fi-glia del Sol, la fi-glia del Sol!

T/M: Toni Ortelli © by Foto Fratelli Pedrotti, Trento / Bosworth & Co., Musik-Verlag, D-Köln

276 Das Lied der Berge

(gleiche Melodie wie La montanara)

Hörst du das Lied der Berge, die Berge, sie grüssen dich. Hörst du mein Echo schallen und leise verhallen? Dort, wo in blauen Fernen die Welten entschwinden, möcht' ich dich wiederfinden, mein unvergess'nes Glück.

Blau strahlt das Firmament, von fern rauscht der Wasserfall, und durch die grünen Tannen bricht silbern das Licht. Doch meine Sehnsucht brennt im Klang alter Lieder, laut hallt mein Echo wider, nur hörst du es nicht.

Weit sind die Schwalben 'gen Süden geflogen über die ewigen Berge und Täler, und eine Wolke kam einsam gezogen, doch wart' ich immer vergeblich auf dich, vergeblich auf dich.

T/M: Ralph Maria Siegel/Toni Ortelli © by Foto Fratelli Pedrotti, Trento / Bosworth & Co., Musik-Verlag, D-Köln

277 Lang, lang ist's her

Sag mir das Wort, das der-einst mich hat be-tört,   lang, lang ist's her,
Sing mir das Lied, das ich einst so gern ge-hört,

lang,   lang   ist's   her.

lang,   lang   ist's   her,   lang   ist's   her.

Dich und mein Glück, all du   wie- der mir gibst,   weiss ja nur noch, dass du
weiss ja nicht mehr, wie   lang du ausbliebst,

einst   mich   ge - liebt.   Lang   ist   es   her,   lang   ist's   her.

2 Denk an dein Leid, das du scheidend mir
geklagt, /:lang, lang ist's her.:/ Weisst du das
Wort, das ich weinend dir gesagt? /:Lang, lang
ist's her.:/ Kehre, o kehre zu mir bald zurück,
bei dir allein, ach bei dir ist mein Glück. Weisst
du ja noch, dass du dereinst mich hast geliebt!
Lang ist es her, lang ist's her.

Lass dir an meiner Gnade genügen

Lass   dir   an mei - ner   Gna - de ge - nü - gen,   denn mei - ne
Lass   dir   an mei - ner   Gna - de ge - nü - gen,   denn mei - ne

Kraft, die ist im Schwa -chen mäch - tig.   Ich selbst, der Va - ter,
Kraft ist in   dir.

gab dir das Le - ben, um mei - ne Lie - be stets zu ver - kün - den.

2 Ich selbst, der Sohn, ich hab' dich berufen, auf meinem Kreuzweg mutig zu streiten.

3 Ich selbst, der Heil'ge Geist, werd' dich leiten in alle Wahrheit, mich zu erkennen.

T/M: Kommunität Gnadenthal; aus: Mosaik 1-4/5 © Präsenz-Verlag, Gnadenthal, D-Hünfelden

Lass du dein Licht nur scheinen

Kanon zu 2 Stimmen

Lass du dein Licht nur schei - nen, bei al - lem was du tust,

so dass die Menschen sa gen, Gott ist gut. Gott ist Liebe, Gott ist, Gott ist gut.

T/M: Elly und Rikkert © Martin Zwicky, CH-Herisau

Lasset uns eins sein

Refr.

Las-set uns eins sein, da-mit die Welt glau ben kann. Las-set uns

eins sein, da - mit die Welt glau - ben kann. Komm, gib dem

Strophe

Bruder deine Hand. Komm, gib der Schwester deine Hand zum Zeichen der

Freundschaft, der Ver - söh - nung. Komm, gib dem Bru-der dei-ne Hand. Ge-

mein - sam woll'n wir le - ben als ei - ne Fa - mi - lie Got - tes.

2 /:Kommt, lasst uns Brüder, Schwestern sein.:/
vergeben und beieinander bleiben. Kommt,
lasst uns Brüder, Schwestern sein, die Frieden
weitertragen, wohin sie gesendet werden.

3 /:Kommt, lasst uns Jesu Jünger sein,:/ und
lasst uns dem Meister freudig folgen! Kommt,
lasst uns Jesu Jünger sein und willig dem
Sohn Gottes das Leben zum Opfer geben.

4 /:Kommt, lasst uns Christi Zeugen sein,:/ ver-
bunden durch unsre Lieb' zu Jesus! Kommt,
lasst uns Christi Zeugen sein, das Wort der
Liebe sagen den Menschen auf dieser Erde.

T/M: Kommunität Gnadenthal; aus: Mosaik 1-4/5 © Präsenz-Verlag, Gnadenthal,
D-Hünfelden

Lasst uns miteinander

Kanon zu 4 Stimmen

Lasst uns miteinander, lasst uns mit- einander, singen, beten, loben den Herrn.

Lasst uns das ge - mein - sam tun: sin - gen, be - ten, lo - ben den Herrn.

Sin -gen, be -ten, lo - ben den Herrn! Sin -gen, be -ten, lo - ben den Herrn!

Sin -gen, be-ten, lo - ben den Herrn! Sin - gen, be -ten, lo - ben den Herrn!

(Lassù per le montagne siehe La montanara)

282

Laudate omnes gentes

M: J. Berthier "Gesänge aus Taizé" © Les Presses de Taizé / Christophorus-Verlag, D-Freiburg

283

Laudato si

Teil 1. und 2. sind parallel singbar

Ster - ne. Sei ge - prie - sen für Meer und Kon - ti - nen - te. Sei ge-

prie - sen - denn du bist wun - der - bar, Herr! Lau - da - to si!

2 Sei gepriesen für Licht und Dunkelheiten. Sei gepriesen für Nächte und für Tage. Sei gepriesen für Jahre und Sekunden. Sei gepriesen - denn du bist wunderbar, Herr!

3 Sei gepriesen für Wolken, Wind und Regen. Sei gepriesen - du lässt die Quellen springen. Sei gepriesen, du lässt die Felder reifen. Sei gepriesen - denn du bist wunderbar, Herr!

4 Sei gepriesen für deine hohen Berge. Sei gepriesen für Fels und Wald und Täler. Sei gepriesen für deiner Bäume Schatten. Sei gepriesen - denn du bist wunderbar, Herr!

5 Sei gepriesen - du lässt die Vögel kreisen. Sei gepriesen, wenn sie am Morgen singen. Sei gepriesen für alle deine Tiere. Sei gepriesen - denn du bist wunderbar, Herr!

6 Sei gepriesen, denn du, Herr, schufst den Menschen. Sei gepriesen, er ist dein Bild der Liebe. Sei gepriesen für jedes Volk der Erde. Sei gepriesen - denn du bist wunderbar, Herr!

7 Sei gepriesen, du selbst bist Mensch geworden. Sei gepriesen für Jesus, unsern Bruder. Sei gepriesen, wir tragen seinen Namen. Sei gepriesen - denn du bist wunderbar, Herr!

8 Sei gepriesen, er hat zu uns gesprochen. Sei gepriesen, er ist für uns gestorben. Sei gepriesen, er ist vom Tod erstanden. Sei gepriesen - denn du bist wunderbar, Herr!

9 Sei gepriesen, o Herr, für Tod und Leben. Sei gepriesen, du öffnest uns die Zukunft. Sei gepriesen, in Ewigkeit gepriesen. Sei gepriesen - denn du bist wunderbar, Herr!

284

Lean on me

Some - times in our lives we all have pain, we all have sor - row.

But if we are wise we know that there's al - ways to - mor - row. Lean on me

when you're not strong, I'll be your friend, I'll help you car - ry on.

G C G D G
Bridge

For it won't be long 'till I'm gonna need some-body to lean on. You just

C^maj7 G

call on me bro-ther when you need a hand, we all need some-bo dy to lean

D G C^maj7

on I just might have a pro-blem that you'll un-der-stand we all

G B e D G a G a G G a7 G
Schluss

need some bo-dy to lean on. Call me. Call me, lean on me.

2 Please swallow your pride, if I have things you need to borrow. For no one can fill those of your needs that you won't let show.

3 If there is a load you have to bear that you can't carry: I'm right up the road, I'll share your load if you just call me.

Lean on me ... Call me, call me, lean on me.

T/M: Bill Withers © Interior Music, Inc., USA / EMI Music Publishing Germany GmbH, Hamburg

285

Leben im Schatten

D G e A
Refr. 1.

Gott lädt uns ein zu sei-nem Fest, lasst uns gehn und es al-len
Gott lädt uns ein! Das hal-tet fest, wenn wir gehn.

A7 D A7 D A7
2.

sagen, die wir auf dem Wege sehn.

Worauf noch warten, warum nicht starten?

Lasst al - les and'-re stehn. Le - ben im Schat-ten, Ster- ben auf Ra-ten,
Wäh- rend die Fra - gen noch an uns na-gen,

ha - ben wir was da - von? Hass und Em - pö - rung,
kommt ei - ner her und ruft: Lasst doch das Kla - gen,

Leid und Ent - beh - rung; ist das die End - sta - tion?
lasst es euch sa - gen: Freu - de liegt in der Luft.

2 In den Fabriken, in den Boutiquen steht noch
so mancher Gast; in unsern Klassen, auf
unsern Strassen trägt mancher seine Last.
Denen, die schaffen, denen, die hasten, sagt:
Alles ist bereit! Denen, die schlafen, denen,
die rasten, sagt: "Es ist an der Zeit".

3 Wollen die alten Freunde uns halten und uns
zur Seite ziehn, sagen wir ihnen, wem wir jetzt
dienen, weisen sie hin auf ihn. Und wenn sie
höhnen, uns übertönen, wenn sie uns nieder-
schrei'n, laden wir eben, durch unser Leben
still zum Feste ein.

4 Werden sich Weg und Mühen denn lohnen, bis
Gottes Fest beginnt? Ja, denn es hat für die
schon begonnen, die auf dem Wege sind.
Können wir jetzt schon singen und feiern? Hat
sich schon was getan? Ja, denn Gott will die
Erde erneuern und fängt bei uns schon an.

T/M: Manfred Siebald © Hänssler Verlag, D-Neuhausen-Stuttgart

286

Leis der Wind im Abend weht

Leis der Wind im A - bend weht, Son - ne will schon sin - ken,
blas - ser Mond am Him - mel steht, bald die Ster - ne blin - ken.

| F | C | B♭ | C | d | C | F | d | g | A | D.C. |

Aus dem Wald kommt still die Nacht, Gott im Him-mel wacht!
Mensch und Tier ent - schla -fen sacht:

2 Birg die Welt, o guter Gott, stark in deinen Hän-
den. Gib den Hungernden ihr Brot, lass die
Schmerzen enden. Tröste alle, die in Not, hilf
den Sterbenden im Tod, gib uns Frieden, Gott!

T/M/©: aus Ungarn, übersetzt v. M. L. Thurmair/ Walter Ritter

Lemon tree

When I was just a litt - le boy, my fa -ther said to me: "Come here and learn a

les-son, from the love-ly le-mon tree. My son, it's most im- por - tant", my

father said to me, "to put your faith in what you feel and not in what you see." Lemon

tree, ve-ry pret- ty and the le-mon flo-wer is sweet, but the fruit of the poor

le-mon is a thing you can not eat. Lemon tree, very pret- ty and the le-mon flower is

F · **d** · **G** · **C A⁷**

sweet, but the fruit of the poor le -mon is a thing you can not eat.

2 One day beneath that lemon tree my love and I did lie. A girl so sweet that when she smiled, the sun rose in the sky. We past a summer lost in love beneath that lemon tree. The music of her laughter hid my fathers words to me.

3 One day she left without a word and took away the sun, and in the dark she left behind I know, what she had done. She left me for another. It's a common take, but true, as a sadder man, but wiser now, I sing these words to you.

T/M:Will Holt © Boulder Music Corp. / Lemon Tree Music Inc. / Essex Musivertrieb GmbH, D-Bergisch Gladbach

*(**Les bons amis du temps passé** siehe unter **Should auld acquaintane be forgot**)*

288

Les Champs-Elysées

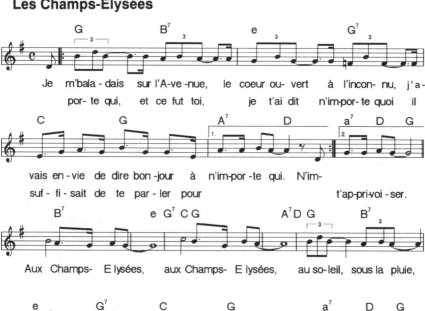

Je m'bala - dais sur l'A-ve -nue, le coeur ou- vert à l'incon- nu, j'a-
por- te qui, et ce fut toi, je t'ai dit n'im-por- te quoi il

vais en - vie de dire bon -jour à n'im-por -te qui. N'im-
suf - fi - sait de te par - ler pour t'ap-pri-voi - ser.

Aux Champs- E lysées, aux Champs- E lysées, au so-leil, sous la pluie,

à mi di ou à mi-nuit il y a tout c'que vous voulez, aux Champs- E lysées.

2 Tu m'as dit, "j'ai rendez-vous dans un soussol avec des fous, qui vivent la guitare à la main du soir au matin." Alors je t'ai accompagnée, on a chanté, on a dansé, et l'on n'a même pas pensé à s'embrasser.

3 Hier soir deux inconnus, et ce matin sur l'Avenue deux amoureux tout étourdits par la longe nuit. Et de l'Etoile à la Concorde, un orchestre à mille cordes, tous les oiseaux du point du jour, chantent l'amour.

T/M: Wilsh/Deighan/Delanoe © 1969 by Intersong Music Ltd, London / Hanseatic Musikvelag GmbH, D-Hamburg

---

Oh Champs-Elysées

(gleiche Melodie wie Les Champs-Elysées)

1 Ich ging allein durch diese Stadt, die allerhand zu bieten hat, da sah ich dich vorübergehn und sagte: "Bonjour!". Ich ging mit dir in ein Café, wo ich erfuhr, du heisst Renée. Wenn ich an diese Stunden denke, singe ich nur:

/:Oh Champs-Elysées,:/ Sonne scheint, Regen rinnt, ganz egal, wir beide sind so froh; wenn wir uns wiedersehn! Oh, Champs-Elysées!

2 Wie wunderschön der Abend war da drüben in der kleinen Bar; wo Joe auf der Gitarre spielt nur für uns zwei! Da habe ich die ganze Nacht mit dir getanzt, mit dir gelacht. Und als wir wieder gingen, war es zehn nach drei!

3 Wir kennen uns seit gestern erst, doch wenn du nun nach Hause fährst, dann sagen zwei Verliebte leise "Au revoir!" Von La Concorde bis Etoile erklingt Musik von überall. Ja, das ist eine Liebe, die hält hundert Jahr.

T/M: Wilsh/Deighan/Delanoe © 1969 by Intersong Music Ltd, London / Hanseatic Musikverlag GmbH, D-Hamburg

---

Let it be

Whis pered words of wis- dom, let it be. Let it be, be.

2 And when the broken hearted people living in the world agree, there will be an answer, let it be. For though they may be parted, there is still a chance that they will see, there will be an answer, let it be. /:Let it be, let it be, let it be, let it be. There will be an answer, let it be.:/

T/M: Lennon/McCartney © Northern Songs Ltd., GB-London

3 And when the night is cloudy, there is still a light that shines on me, shine until tomorrow, let it be. I wake up to the sound of music - Mother Mary comes to me, speaking words of wisdom, let it be. /:Let it be, let it be, let it be, let it be. Whispered words of wisdom, let it be.:/

Let the sunshine

We starve, look at one an-oth-er short of breath, walk-

ing proud-ly in our win-ter-coats, wear- ing smells from lab-ra-tor-ies,

fac- ing a dy- ing na- tion of mov-ing pa- per fan- ta- sy,

listen -ing for the new told lies with su- preme vi-sions of lone -ly tunes.

Refr.

Let the sun - shine, let the sun - shine in, the sun - - shine in!

2 And somewhere inside something, there is a rush of greatness. Who knows what stands in front of your lives; I fashion my future on films in space. And the silence tells me secretly: Ev'rything, ev'rything.

/:Let the sunshine, let the sunshine in, the sunshine in!:/

We starve, look at one another...

Let the sunshine...

T/M: J. Rado / G. Ragni / G. MacDermot, © 1968 EMI Catalogue Partnership / EMI United Partnership, CCP Belwin Europe, GB-Surrey

292 Let us break bread together

Let us break bread to-ge-ther on our knees. Let us break bread to-ge-ther on our knees. When I fall down on my knees, with my face to the ri-sing sun, o Lord, have mer-cy on me.

2 /:Let us drink wine together on our knees.:/...   3 /:Let us praise God together on our knees.:/...

293 L'inverno è passato

L'in-ver-no è pas-sa-to, l'a-pri-le non c'e più, è ri-tor-na-to il mag-gio al can-to del cu-cù. Cu-cù, cu-cù, l'a-

pri - le non c'e più, è ri -tor -na -to il mag - gio al can - to del cu - cù.

2 Lassù per le montagne, la neve non c'è più, cominci' a far il nido, il povero cucù.

3 La bell' alla finestra la guarda in su e in giù, aspetta il fidanzato al canto del cucù.

4 Te l'ho pur sempre detto, che maggio ha la virtù, di far' sentir l'amore al canto del cucù.

294

Live is life

Nananana na, Live, Nananana na, live is life, Nananana na, Nanana nana,

live, Na na na nana, live. Na na nana na. When we Live is life.

all give the pow - er, we all give the best. Ev - ery
min - ute of an ho - ur, don't think a -bout the rest. Then you
all get the pow - er, you all get the best. When

every- one gives every-thing and ev-ery song every- bo-dy sings. Then it's

2 And you call, when it's over, you call it should last. Every minute of the future is a memory of the past. 'Cause we all gave the power, we all gave the best. And everyone gave everything and every song everybody sings.

Then it's live, live is life, live is life, live.
Live is life, when we all feel the power.
Live is life, come on, stand up and dance.
Live is life, when the feeling of people,
live is life is the feeling of the band.

T/M. Ewald Pfleger/Opus-Music, A-Judendorf

295

Lob, Anbetung, Ruhm und Ehre

Lob, An-be-tung, Ruhm und Eh - re sei dir in E-wig-keit! Mäch-tig bist
Preis und Ju - bel dei-nem Na - men, Kö-nig der Herrlich-keit! Vor dir er -

du, der du das All re - gierst, mit star-ker Hand Völ-ker - ge schicke führst.
bebt Himmel und Er-de und Meer. Al-les, was lebt, muss sagen: Du bist Herr.

2 Heilig bist du, der in der Höhe thront, unter dem Lob der Engelheere wohnt. Wer masst sich an, bei ew'ger Glut zu stehn? Wer kann den Herrn in seiner Schöne sehn?

3 Liebe bist du, die stark und ewig liebt und überfliesst auf den, der dich betrübt. Göttliche Lieb', die in den Tod sich gibt, die um uns wirbt und uns nach Hause liebt.

T/M: Kommunität Gnadenthal; aus: Mosaik 1-4/5 © Präsenz-Verlag, Gnadenthal, D-Hünfelden

296

Lobe den Herren, den mächtigen König

Lo- be den Her-ren, den mäch- ti- gen Kö- nig der Eh - ren. Kom-met zu
Lob ihn, o See- le, ver- eint mit den him-mli-schen Chö- ren.

Hauf, Psal-ter und Har- fe, wacht auf, las-set den Lob- ge-sang hö- ren.

2 Lobe den Herren, der alles so herrlich regieret, der wie auf Flügeln des Adlers dich sicher geführet, der dich erhält, wie es dir selber gefällt. Hast du nicht dieses verspüret?

3 Lobe den Herren, der künstlich und fein dich bereitet, der dir Gesundheit verliehen, dich freundlich geleitet. In wieviel Not hat nicht der gnädige Gott über dir Flügel gebreitet.

4 Lobe den Herren, der sichtbar dein Leben gesegnet, der aus dem Himmel mit Strömen der Liebe geregnet. Denke daran, was der Allmächtige kann, der dir mit Liebe begegnet.

5 Lobe den Herren, was in mir ist, lobe den Namen. Lob ihn mit allen, die seine Verheissung bekamen. Er ist dein Licht; Seele, vergiss es ja nicht. Lob ihn in Ewigkeit. Amen.

Lobe den Herren, du meine Seele

Lo-be den Her - ren, du mei-ne See-le, der dir all dei-ne Schuld ver gibt und

all dei-ne Ge- bre- chen heilt. Lo- be den Her- ren, du mei- ne See- le.

2 Lobe den Herren, du meine Seele, der dir dein Leben hat bewahrt, mit Gutem dein Verlangen stillt. Lobe den Herrn, du meine Seele.

3 Lobe den Herren, du meine Seele, er krönet dich mit seiner Gnad', umhüllt dich mit Barmherzigkeit. Lobe den Herren, du meine Seele.

4 Lobe den Herren, du meine Seele, denn ewig währet seine Treu', und seine Güt' ist täglich neu. Lobe den Herren, du meine Seele.

T/M: Kommunität Gnadenthal, aus Mosaik 4 © Präsenz-Verlag, Gnadenthal, D-Hünfelden

Lobe tüe mer dich

Lo-be tüe mer dich, prii-se tüe mer dich, mir dan-ked für dis Rich. Eh-re tüe mer dich,

rüe- me tüe mer dich, bisch im- mer na de Gliich. Lo- be tüe mer dich,

prii- se tüe mer dich, mir dan- ked für dis Rich. Eh- re tüe mer dich,

rüe- me tüe mer dich, bisch im- mer na de Gliich   im- mer na de Gliich

T/M/©: Jean-Daniel von Lerber, CH-Richterswil

299

Lobet und preiset ihr Völker den Herrn

Kanon zu 3 Stimmen

Lo - bet und prei - set ihr Völ - ker den Herrn. Freu - et euch

sei - ner und die - net ihm gern. All ihr Völ - ker, lo - bet den Herrn.

300

Lobpreiset unsern Gott

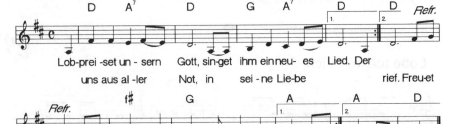

Lob-prei -set un - sern Gott, sin-get ihm ein neu- es Lied. Der
uns aus al -ler Not, in sei - ne Lie-be rief. Freu-et

euch, ich komm' mit Macht und Herr - lich - keit. Blicket
auf und glaubt, mein Tag ist nicht mehr weit. Ich komm'.

2 Er hat uns selbst gesagt, der Vater hat euch lieb. Darum seid unverzagt, stellt euch auf seinen Sieg.

3 Wer meiner Kraft vertraut, wird meine Wunder sehn, und meine Herrlichkeit wird allzeit mit ihm gehn.

4 In der Welt, da habt ihr Angst, doch ich habe sie besiegt. Wer meinem Namen traut, der ist es, der mich liebt.

5 Meine Freude sei mit euch, auch in Dunkelheit und Streit. Und meine Siegesmacht führt euch in Herrlichkeit.

T/M: Kommunität Gnadenthal; aus: Mosaik 1-4/5 © Präsenz-Verlag, Gnadenthal, D-Hünfelden

L'on dit que la plus belle

L'on dit que la plus belle c'est toi, c'est toi, toi pauvre jardi - nière du roi, du roi, et

quand le roi re- gar de, crois-moi, crois-moi, ja- mais il ne prend gar-de qu'à toi.

2 Le matin quand j'arrose chez moi, chez moi,
je cause avec les fleurs de toi, de toi, et de mes
fleurs nouvelles, crois-moi, crois-moi, je cueil-
le la plus belle pour toi .

3 Le soir lorsque je rentre chez moi, chez moi,
j'entre de préférence chez toi, chez toi, c'est
pour te dire ma chère, crois-moi, crois-moi, je
n'aime sur la terre que toi.

4 Aux fêtes de la reine, crois-moi, crois-moi, j'irai
conter mes peines au roi, au roi, et nous
serons, j'espère, toi et moi, toi et moi, jardinier
et jardinière du roi.

*(Lord, I cried siehe **Just couldn't be contented**)*

Lord, Lord, Lord

Lord, Lord, Lord, you've sure been good to me. (I'm sing ing) Lord, Lord,

Lord, you've sure been good to me. (Well it's) Lord, Lord, Lord, you've

sure been good to me; For you've done what the world could not do. O you

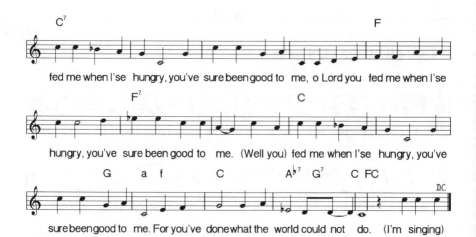

fed me when I'se hungry, you've sure been good to me, o Lord you fed me when I'se

hungry, you've sure been good to me. (Well you) fed me when I'se hungry, you've

sure been good to me. For you've done what the world could not do. (I'm singing)

Lord of dance

I danced in the mor - ning when the world was young, I

danced in the moon and the stars and the sun. I came down from hea-ven and I

danced on earth at Beth-le-hem I had my birth. Dance, dance, where -

ev-er you may be, I am the Lord of the dance, said he. I'll lead you all, where-

ev - er you may be, and I'll lead you all in the dance, said he.

2 I danced for the scribas and the pharisees they wouldn't dance and they wouldn't follow me. I danced for the fishermen James and John, they followed me and the dance went on.

3 I danced on the Sabbath, I cured the lame, the holy people said it was a shame. They whipped me, stripped me, and hung me high and left me there on the cross to die.

4 I danced on Friday when sky turned black. It's hard to dance with the Devil on your back. They burried my body and they thought I've gone but I am the life and the dance goes on.

5 They took me down and I leapt up high, I am the life that will never die. I live in you, if you live in me, I am the Lord of the dance, said he.

T/M: Sydney Carter

Love me tender

Love me ten - der, love me sweet; ne - ver let me go. Love me ten-der,
You have made my life com-plete, and I love you so.

love me true; all my dreams ful- fill. For, my dar-lin', I love you, and I al-ways will.

2 Love me tender, love me long; take me to your heart. For it's there that I belong, and we'll never part.

3 Love me tender, love me dear; tell me you are mine. I'll be yours through all the years till the end of time.

4 When at last my dreams come true, darling, this I know; Happiness will follow you everywhere you go.

T/M: Elvis Presley, Vera Matson

305

Lucky lips

When I was just a lit-tle ba-by, did-n't have ma-ny toys but my Mom-ma used to say, son, you got more than o-ther boys. Now you may not be good look-ing and you may not be too rich but you'll nev-er ev-er be a-lone 'cause you've got luck-y lips. Luck-y lips are al-ways kiss-ing, luck-y lips are nev-er blue. Luck-y lips will al-ways find a pair of lips so true. Don't need a four leaf clov-er, rab-bit's foot or good luck charm. With luck-y lips you al-ways have a ba-by in your arms. Luck-y ba-by in your arms.

T/M: Jerry Leiber/Mike Stoller © by Tiger Music Inc./ Essex Musikvertrieb GmbH, Bergisch Gladbach

Rote Lippen soll man küssen

(gleiche Melodie wie Lucky lips)

1 Ich sah ein schönes Fräulein im letzten Autobus. Sie hat mir so gefallen, drum gab ich ihr 'nen Kuss. Doch es blieb nicht bei dem einen, denn das viel mir gar nicht ein. Und hinterher hab' ich gesagt, sie soll nicht böse sein.

Rote Lippen soll man küssen, denn zum Küssen sind sie da! Rote Lippen sind dem sieb'ten Himmel ja so nah! Ich habe dich gesehen und ich habe mir gedacht: So rote, rote Lippen soll man küssen Tag und Nacht!

2 Heut' ist das schöne Fräulein schon lange meine Braut. Und wenn die Eltern das erlauben, werden wir getraut. Jeden Abend will sie wissen, ob das auch so bleibt bei mir, dass ich sie küsse Tag und Nacht. Dann sage ich zu Ihr:

T/M: Hans Bradtke/Jerry Leiber/Mike Stoller © by Tiger Music Inc./ Essex Musikvertrieb GmbH, Bergisch Gladbach

Lueget, vo Bärg und Tal

Lue-get, vo Bärg und Tal flieht scho de Sun- ne strahl, lue-get, uf Au-e und Mat - te wach - se die dun - kle Schat - te; d'Sunn uf de Bär - ge no stoht, o, wie sind d'Gle -tscher so rot. O, wie sind d'Gle -tscher so rot.

2 Lueget, do obe am See, heimezue wendet sich s'Veh, losed wie d'Glocke, die schöne, fründli im Moos üs ertöne! Chüejerglüt üseri Lust, /:tuet is so wohl i der Brust.:/

3 Still a de Bärge wird's Nacht, aber der Herrgott, dä wacht. Gsehnder säb Sternli dört schine? Sternli, wie bisch du so fryne. Gsehnder, am Näbel dört stoht's. /:Sternli, Gott grüess di, wie goht's?:/

4 Loset, es seit is: Gar guet! Hät mi nid Gott i dr Huet? Fryli, der Vatter vo alle loht mi gwüss währli nid falle, Vatter im Himmel, dä wacht, /:Sternli, liebs Sternli, guet Nacht.:/

308

Lustig ist das Zigeunerleben

Lu - stig ist das Zi- geu-ner-le - ben, fa-ri-a, fa-ri-a ho,
brau-chen dem Kai- ser kein Geld zu ge - ben, fa-ri-a, fa-ri-a

ho. Lu-stig ist's im grü-nen Wald, wo des Zi-geu - ners Auf-ent-halt.

Fa - ri- a, fa -ri - a, fa - ri - a, fa -ri - a, fa- ri - a.   a.

2 Sollt uns einmal der Hunger plagen, ... gehn wir uns ein Hirschlein jagen, ... /:Hirschlein, nimm dich wohl in acht, wenn des Zigeuners Büchse kracht....:/

3 Sollt uns einmal der Durst sehr quälen, ... gehn wir zu den Wasserquellen, ... /:trinken das Wasser vom moos' gen Stein, meinen, es müsse Champagner sein, ...:/

4 Wenn uns tut der Beutel hexen, ... lassen wir unsre Taler wechseln, ... /:treiben wir Zigeunerkunst, kommen die Taler all' wieder zu uns, ...:/

5 Und geht dann die Sonne nieder, ... brennt das Lagerfeuer wieder, ... /:reich mir schnell die Fiedel zu, schwarzbraun Mädel tanz dazu, ...:/

309

Mache dich auf und werde Licht

Kanon zu 4 Stimmen

Ma -che dich auf und wer -de Licht. Ma -che dich auf und wer -de Licht.

Ma - che dich auf und wer - de Licht, denn dein Licht kommt.

2 /:Mache dich auf und such das Licht.:/ Es durchbricht die Finsternis und leuchtet dir.

3 /:Mache dich auf und folge dem Stern.:/ Er zeigt dir den sichern Weg und bringt dich ans Ziel.

4 /:Mache dich auf, das Licht ist da.:/ Gott schenkt dir diese grosse Freud. Gott schenkt sich dir.

5 /:Mache dich auf, werd selber Licht.:/ Wer sich verschenkt hat das Ziel erreicht und er wird froh.

T/M: Kommunität Gnadenthal; aus: Mosaik 1-4/5 © Präsenz-Verlag, Gnadenthal, D-Hünfelden

310

Ma come bali bela bimba

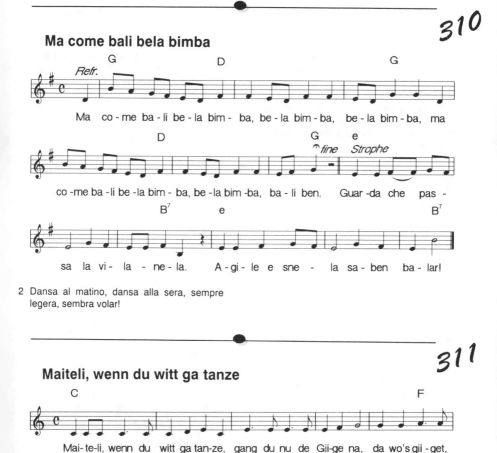

Ma co - me ba - li be - la bim - ba, be - la bim - ba, be - la bim - ba, ma co - me ba - li be - la bim - ba, be - la bim - ba, ba - li ben. Guar - da che pas - sa la vi - la - ne - la. A - gi - le e sne - la sa - ben ba - lar!

2 Dansa al matino, dansa alla sera, sempre legera, sembra volar!

311

Maiteli, wenn du witt ga tanze

Mai - te - li, wenn du witt ga tan - ze, gang du nu de Gii - ge na, da wo's gii - get, da wo's org - let, hät's na im - mer Bue - be, Bue - be; Bue - be ka. Zo - gä, zo - gä,

zo-gä-n-am Bo-gä, Sonn-tig isch scho men-gisch gsi und uf drü-mol

hundert Wärchtig darf's scho ei mol Chilbi sii, jo, jo, jo, jo, darf's scho Chilbi sii.

2 Geschter hät de Vater dängelet und mer Buebe hend em's gmait, und bim Zobig hend's ä grusig grossi Giigä, Giigä, Giigä; Geschter ... Giigä ometrait.

3 D'Maitli träppelet scho bim Chüechle, d'Muetter singt und tröllt dä Teig, und es isch, als ob's dä Vater au scho i dä Beine, Beine; D'Maiteli ... Beine heig.

4 Und im Himmel obe losed d'Engeli und Cäcilia, und de heilig Jakob süfzet, chönnt i doch au zuene abe; und im Himmel ... chönnt i doch au z'Chilbi goh.

312

Mañana por

Ma-ña-na por la ma-ña-na te e-spe-ro Jua-na en- el ca-fé, te

ju-ro Jua-na que ten-go ga-nas de ver-te la pun-ta del pié, te pié.

2 La punta del pié la rodilla, la pantorilla yel-peroné, te juro...

Marmor, Stein und Eisen bricht

Wei-ne nicht, wenn der Re gen fällt,
Es gibt ei - nen, der zu dir hält, dam, dam; dam, dam. Marmor, Stein und

Ei-sen bricht, a-ber un- se-re Lie- be nicht! Al-les, al-les, geht vor- bei,

doch wir sind uns treu! Mar-mor, Stein und Ei-sen bricht, a-ber uns'-re

Lie-be nicht! Al-les, al-les, al-les geht vor- bei, doch wir sind uns treu!

2 Kann ich einmal nicht bei dir sein, dam, dam;
dam, dam. Denk daran, du bist nicht allein,
dam, dam; dam, dam.

3 Nimm den goldenen Ring von mir, dam, dam;
dam, dam. Bist du traurig, dann sagt er dir;
dam, dam; dam, dam.
Weine nicht...

T/M: G. Loose/Chr. Bruhn/D. Deutscher © 1965 by Nero Musikverlag G. Hämmerling oHG

Matilda

Ma -til - da, Ma -til - da, Ma -til - da, she take me mon - ey and

run Vene-zue-la. Five thousand dol-lars, friend I lost, wom-an e-ven take me cart and hoss. Ma-til - da, she take me mon- ey and run Venezuela.

2 Well the money was just inside me bed. Stuck up in the pillow beneath me head. Matilda, she take me money and run Venezuela.

3 Wee, me friend never to love again. All me money gone in vain. Matilda, she take me money and run Venezuela.

T/M: Hans Bradtke / Norman Span © H. Schneider Musikverlage, A-Wien

315 Meine Oma fährt im Hühnerstall Motorrad

Mei- ne O- ma fährt im Hüh- ner- stall Mo tor- rad, Mo- tor- rad, Mo-
tor- rad, mei- ne tor- rad, mei- ne O- ma ist 'ne ganz pa-ten- te Frau.

2 Meine Oma hat im hohlen Zahn ein Radio...

3 Meine Oma hat 'nen Nachttopf mit Beleuchtung...

4 Meine Oma hat 'ne Glatze mit Geländer...

5 Meine Oma hat 'nen Petticoat aus Wellblech...

6 Meine Oma hat im Strumpfband 'nen Revolver...

7 Meine Oma hat 'nen Handstock mit 'nem Rücklicht...

8 Meine Oma hat Klosettpapier mit Blümchen...

9 Meine Oma hat 'nen Bandwurm, der gibt Pfötchen...

10 Meine Oma hat 'ne Brille mit Gardine...

11 Meine Oma hat 'n Waschbecken mit Sprungbrett...

Meine Zeit steht in deinen Händen

Mei - ne Zeit steht in dei - nen Hän - den. Nun kann ich ru - hig sein,

ru - hig sein in dir. Du gibst Ge - bor - gen - heit, du kannst al - les wen - den.

Gib mir ein fe - stes Herz - mach es fest in dir! Sor - gen quä - len und

wer - den mir zu gross. Mut - los frag ich: Was wird mor - gen sein?

Doch du liebst mich, du lässt mich nicht los. Va - ter, du wirst bei mir sein.

2 Hast und Eile, Zeitnot und Betrieb nehmen mich gefangen, jagen mich. Herr, ich rufe: Komm und mach mich frei! Führe du mich Schritt für Schritt.

3 Es gibt Tage, die bleiben ohne Sinn. Hilflos seh' ich, wie die Zeit verrinnt. Stunden, Tage, Jahre, gehen hin, und ich frag' wo sie geblieben sind.

T/M: Peter Strauch © Hänssler-Verlag, Neuhausen-Stuttgart

(Mein Gott, welche Freude siehe unter My lord, what a morning)

317

Mein Hut, der hat drei Ecken

C   G⁷   C

Mein Hut, der hat drei Ek - ken, drei Ek - ken hat mein Hut, und

G⁷   C

hat er nicht drei Ek - ken, dann ist es nicht mein Hut.

("Ecken" weglassen usf.)

318

Mein schönste Zier und Kleinod

G   D   C   a   D G   D   G   A D

Mein schönste Zier und Kleinod bist auf Erden du, Herr Je - su Christ. Dich

G   a⁷ G e⁷   D   C G   a⁷   e D G   D G

will ich lassen walten und alle-zeit in Lieb und Leid in meinem Herzen hal - ten.

2 Dein' Lieb' und Treu' vor allem geht, kein Ding
auf Erd' so fest besteht, das muss ich frei
bekennen. Drum soll nicht Tod, nicht Angst,
nicht Not von deiner Lieb' mich trennen.

3 Dein Wort ist wahr und trüget nicht und hält
gewiss, was es verspricht, im Tod und auch im
Leben. Du bist nun mein, und ich bin dein, dir
hab ich mich ergeben.

4 Der Tag nimmt ab. Ach schönste Zier, Herr
Jesus Christ, bleib du bei mir; es will nun
Abend werden. Lass doch dein Licht auslö-
schen nicht bei uns allhier auf Erden.

Mein Vater war ein Wandersmann

Mein Va-ter war ein Wan-ders-mann und mir steckt's auch im Blut, drum

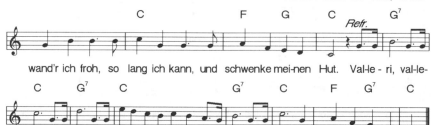

wand'r ich froh, so lang ich kann, und schwenke mei-nen Hut. Val-le - ri, val-le-

ra, val-le- ri, val-le- ra ha ha ha ha ha, valle - ri, valle - ra, und schwenke meinen Hut.

2 Das Wandern schafft stets frische Lust, erhält das Herz gesund, frei atmet draussen meine Brust, froh singet stets mein Mund. Valleri, ...

3 Drum trag ' ich meinen Wandersack weit in die Welt hinein, und werde bis ans kühle Grab ein froher Wandrer sein. Valleri, ...

T/M: Fl. Siegesmund/E. Möller/F. W. Möller © MCMLIV by Bosworth & Co. Ltd., London / Köln

Mer danked dir

Mer dan - ked dir, Härr Je - sus Chrischt, dass du üs wie - der

z'äs - se gisch. Du gisch nöd im - mer, was mer wänd,

doch im - mer, was mer nö - tig händ, drum dan - ked mer dir. A - men.

T/M©: Hans Hauzenberger, Walter Ritter

(Mes amis de la table ronde siehe Chevaliers de la table ronde)

321 Michael row the boat ashore

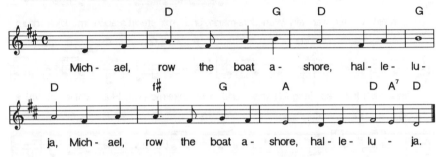

Mich - ael, row the boat a - shore, hal - le - lu -
ja, Mich - ael, row the boat a - shore, hal - le - lu - ja.

2 /:Michael's boat's a gospel boat, halleluja.:/
3 /:Michael's boat's a music boat, halleluja.:/
4 /:Gabriel blow the trumpet horn, halleluja.:/
5 /:0 you mind your boasting talk, halleluja.:/
6 /:Boasting talk will sink your soul, halleluja.:/

7 /:Brother, lend a helping hand, halleluja.:/
8 /:Sister, help for trim that boat, halleluja.:/
9 /:Jordan stream is wide and deep, halleluja.:/
10 /:Jesus stands on t'other side, halleluja.:/
11 /:Sinner, row to save your soul, halleluja.:/

322 Gott mein Herr

(gleiche Melodie wie Michael row the boat ashore)

1 Gott mein Herr, so lasse mich, Halleluja, ein Werkzeug des Friedens sein, Halleluja.

2 Gibt es Hass nur irgendwo, ... lass mich Liebe bringen dort, ...

3 Gibt es Schuld nur irgendwo, ... lass mich Güte bringen dort,...

4 Gibt es Irrtum irgendwo, ... lass mich Wahrheit bringen dort, ...

5 Gibt es Zweifel irgendwo, ... lass mich Glauben bringen dort, ...

T/M: Franz von Assisi / Negro spiritual © Vikar A. Bessire, CH-Zürich

323 Hört, wen Jesus glücklich preist

(gleiche Melodie wie Michael row the boat ashore)

1 Hört, wen Jesus glücklich preist, halleluja, wem er Gottes Reich verheisst, halleluja.

2 Dem, der Gott nichts bieten kann, ... bietet Gott die Freundschaft an, ...

3 Wem hier grosses Leid geschah, ... dem ist Gottes Trost ganz nah, ...

4 Wer von Macht und Krieg nichts hält, ... erbt am Ende Gottes Welt, ...

5 Hungert uns nach Gerechtigkeit, ... steht uns
Gottes Tisch bereit, ...

6 Keinen, der barmherzig ist, ... Gottes Liebe je
vergisst,...

7 Die hier rein durchs Leben gehn, ... werden
Gottes Antlitz sehn, ...

8 Wer zum Frieden sich bekannt, ... der wird
Gottes Kind genannt, ...

9 Wer hier leidet für den Sohn, ... den erwartet
Gottes Lohn, ...

T/M: Hoffmann, Kurt/Walz, Friedrich/Spiritual © Bosse-Verlag, D-Regensburg

Mini Farb und dini

324

Mi-ni Farb und di -ni, das git zä me zwei, wäred's drei,vier, füüf,sechs, sibe,

wo gern wöt -ted zä -me blii -be, git's en Rä -ge - bo - ge, wo sich cha lo

gseh, git's en gseh. Lachsch ab dem, wo ne Bril-le hät. Meinsch nöd au, dass er

kei ni wett? S'isch si-ni Farb. S'isch si-ni Farb. S'isch si-ni Farb.

2 'S hät mol eine en Buggel gha. Hilf ihm doch,
s'isch en alte Ma. /:S'isch sini Farb.:/ (3 x)

3 Schwiizertütsch cha nöd jede Mensch. Denk
drah, wenn de Francesco kensch. /:S'isch sini
Farb.:/ (3 x)

4 Rot isch's Hoor oder lang cha's si. Lueg emol
drunder und scho gsehsch's ii: /:S'isch sini
Farb.:/ (3 x)

T/M: Peter Rüegger

325

Min Vatter isch en Appäzöller

Min Vat-ter isch en Ap-pä-zöl-ler, du-i-o-di, du-i-o-di, dui-a-ho, er ho,

frisst de Chäs mit samt em Täl-ler,

Hier ist des Jodlers Fantasie gefragt

2 Mini Muetter isch e Schwitzeri,... hätt d'Stube voller Gitzeli, ...

3 Min Brüder hät en braite Rogge,... er gäb e wackeri Bschüttitrocke,...

4 Mini Muetter isch e Chüechlifrau, ... und wenn sie hät, so gits mer au, ...

5 Min Vatter isch en wackere Maa, ... das gseht me sine Buebe-n-a, . . .

6 Min Vatter isch en brave Ma,... hät d'Sonntighose-n-am Wärchtig a,...

326

Mir Senne heis luschtig

Mir Sen-ne heis lusch-tig, mir Sen-ne heis guet, hei

Chäs und hei An-ke, das git üs guets

Refr.

Bluet. Hu-dri-a ho-le-lai-ja, hu-dri-a ho-le-lai-ja, hu-dri-a ho-li-o.

2 Am Morge bim Melche, am Tag uf der Weid, wird gsunge und gjohlet, es isch halt e Freud.

3 Und chum i zur Hütte, rüefts Betli mir zue: Chum hurtig min Hansli, wie lang machsch au du?

4 Und es Spinnrad und e Bettstatt und e gschäggeti Chue, das git mer min Aetti, wenn i hürote tue.

5 Und e nigelnagelneus Hüsli und e nigelnagelneus Dach und e nigelnagelneus Feischter, mit Hudle vermacht.

Mon papa ne veut pas

Mon pa - pa ne veut pas, que je dan - se, que je dan - se;

mon pa - pa ne veut pas, que je dan - se la pol - ka.

2 Mais malgré sa défense, moi je danse, ...   3 Sur les noix du gal'tas, moi je danse, ...

Morge früe, wenn d'Sunne lacht

Mor-ge früe, wenn d'Sunne lacht, und sich al-les lusch-tig macht, gan i zue de

Chüe-ne u-se, lommer's ab em Tau nöd gru-se. Bi de-ne Chüe-ne uf de Weid,

hät de Senn si -ni Freud.   A-liho-li du - li ho - li do-li-o, ho - li do- li- o.

2 Ha's doch denkt, es chäm dezue, dass i gäb en Chüjerbueb. Uf em Bärgli isch guet läbe, nei, mer juchzet nöd vergebe. Bi dene Chüene uf de Weid het de Senn sini Freud.

3 Chleb und Bösch und Spiess und Stern, chömet her, i g'sehn eu gern; lueget nu, i ha kein Stecke, i dä Täsche han i z'läcke. Chömet, chömet ali zue, i ha Sache gnueg.

4 Lueget do mis Bethli a, wie-n-es sich no schicke cha! Es cha melche, es cha chäse, Nidle schwinge mit em Bäse; alles wammer chöne mues, isch au ihm kei Buess.

329 Moritat von Mackie Messer

Und der Hai-fisch, der hat Zäh-ne, und die trägt er im Ge-sicht, und Mac-heath, der hat ein Mes-ser, doch das Mes-ser sieht man nicht.

2 An 'nem schönen blauen Sonntag liegt ein toter Mann am Strand, und ein Mensch geht um die Ecke, den man Mackie Messer nennt.

3 Und Schmul Meier bleibt verschwunden und so mancher reiche Mann, und sein Geld hat Mackie Messer, dem man nichts beweisen kann.

4 Jenny Towler ward gefunden mit 'nem Messer in der Brust, und am Kai geht Mackie Messer, der von allem nichts gewusst.

5 Und das grosse Feuer in Soho, sieben Kinder und ein Greis, in der Menge Mackie Messer, den man nichts fragt und der nichts weiss.

6 Und die minderjähr'ge Witwe, deren Namen jeder weiss, /:wachte auf und war geschändet, Mackie, welches war dein Preis?:/

T/M: Bert Brecht/Kurt Weill aus "Dreigroschenoper" © 1928, 1956 Universal Edition

330 Morning has broken

Morn-ing has bro-ken like the first morn - - ing, black-bird has spo-ken like the first bird. Praise for the sing-ing, praise for the morn - - ing, praise for them spring-ing fresh from the world.

2 Sweet the rain's new fall, sunlit from heaven, like the first dewfall on the first grass. Praise for the sweetness of the wet garden, sprung in completeness where his feet pass.

3 Mine is the sunlight, mine is the morning born of the one light Eden saw play. Praise with elation, praise ev'ry morning, God's recreation of the new day.

T/M Neil Diamond

Mues immer de plogeti Hansli sy

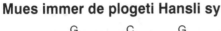

Mues im-mer de plo-ge-ti Hans-li sy, so-lang als i lä-be, so-lang als i

bi. Mues sy, so-lang als i lä-be und bi. Hal-li hal-lo, hal-li hal-

lo, bi üs goht's im-mer je län-ger, je schlim-mer, hal-im-mer e-so.

2 Mini Frau isch siebezehni gsi und i genau so alt wie sie. Mini Frau ... und i so alt wie sy.

3 Hend Hochzit gha zur rächte Zitt, hend Hochzit gha wie andri Lüt, ... genau wie andri Lüt.

4 Und wenn i emol ä Büebli ha, so mues es heisse Hanslima, ... so heisst es Hanslima.

5 Und wenn i a min Hansli denk, so gwagglet alli Stüel und Bänk, ... so gwagglet Stüel und Bänk.

6 Solangs no bravi Maitle (Buebe) git, so lang verlaufed d'Buebe (Maitle) nöd, ... verlaufed d'Buebe (Maitle) nöd.

Munotglöckelein

Auf des Mu-nots al-tem Tur-me, schau' hin-aus ich in die Nacht, ü-ber
Dä-cher, ü-ber Gie-bel, ein-sam hal-te ich die

G   D   A⁷

Wacht. Lei-se rauscht des Rhei-nes Wel-le, lei-ser rauscht des Kohl-firsts

D   A⁷   D

Wald, doch im Her-zen pocht und häm-mert mei-ner Lie-be All-ge-walt.

Refr.   **e   A   D**

Klin - ge, Mu - not - glök - ke - lein, grüs - se mir die Lieb- ste fein,

e⁷   A⁷   D

klin- ge, Mu- not- glök- ke- lein, bim - bam, bim - bam, bum.

2 Auf des Munots weiter Zinne, sah ich sie zum
letzten Mal, wie sie scherzend, kosend tanzte
auf dem grossen Munotball. Auf dem Turme
musst ich wachen, Gott, wie ist die Welt
Betrug. Ach, man küsste mir mein Liebchen,
während ich die Stunden schlug.

3 Als ich sah das frech' Gebaren, zog ich wütend
an dem Strang, und ich schlug so fest die Stun-
de, dass die kleine Glocke sprang. Seither
sind des Glöckleins Klänge so von stillem Weh
erfüllt, dass den Menschen selbst im Städt-
chen Trän' um Trän' dem Aug' entquillt.

4 So muss auch mein Liebchen hören, dieses
Treubruchs harten Klang. Mög' er allen
falschen Mädchen klingen in den Ohren bang.
Doch dir, Glöcklein, will ich's sagen, aber
schweige wie das Grab, ich gesteh', dass ich
das Mädchen seither fast noch lieber hab!

T/M: Ferdinand Buomberger © Musikhaus Marcandella, CH-Schaffhausen

Muss i denn zum Städtele hinaus

D   A⁷   D

Muss i denn, muss i denn zum Städ - te - le hin - aus,
komm, wenn i komm, wenn i wie - de - rum komm,

Städ - te - le hin - aus, und du mein Schatz bleibst hier. Wenn i
wie - de - rum komm, kehr i ein, mein Schatz bei

dir. Kann i au nit all - weil bei dir sein, han i doch mei Freud an

dir! Wenn i komm, wenn i komm, wenn i wie - de - rum komm,

wie - de - rum komm, kehr i ein, mein Schatz, bei dir.

2 Wie du weinst, wie du weinst, dass ich wan-
dere muss, wandere muss, wie wenn d'Lieb
jetzt wär vorbei; sind auch druss', sind auch
druss' der Mädele viel, Mädele viel, lieber
Schatz i bleib dir treu. Denk' du net, wenn i 'ne
andre seh', so sei mei Lieb' vorbei; sind auch
druss', sind auch druss' der Mädele viel,
Mädele viel, lieber Schatz, i bleib dir treu.

334

My bonny is over the ocean

My bon - ny is o - ver the o - cean, my bon - ny is o - ver the sea, my

bon - ny is o - ver the o - cean. Oh, bring back my bon - ny to me.

Bring back, bring back, oh bring back my bon-ny to me, to me. me.

2 Oh blow ye winds over the ocean, oh blow ye winds over the sea, oh blow ye winds over the ocean and bring back my bonny to me.

3 Last night as I lay on my pillow, last night as I lay on my bed, last night as I lay on my pillow, I dreamed that my bonny was dead.

4 The winds have blown over the ocean, the winds have blown over the sea, the winds have blown over the ocean and brought back my bonny to my.

    Brought back, brought back, oh ...

335

My Lord, what a morning

My Lord what a morn-ing, my Lord, what a morn-ing, my Lord, what a

morning, when the stars begin to fall. You'll hear the trumpet sound to wake the

nations underground, looking to my God's right hand, when the stars begin to fall.

2 You'll hear the trumpet sound to wake the nations underground, looking to my God's right hand, when the stars begin to fall.

3 You'll hear the sinner moan, to wake...

4 You'll hear the Christians shout, to wake ...

336

Mein Gott, welche Freude

(gleiche Melodie wie My Lord, what a morning)

/:Mein Gott, welche Freude!:/ Mein Gott, welche Freude an dem Tag, an dem Du kommst.

1 Es jauchze die Wüste, der Jubel füllt das Einödland, die Steppe steht in Blüte da. Wenn der Herr im Licht erscheint.

2 Wacht auf doch ihr Müden! Erstarket, die der Tod beherrscht! So tröstet euch, seid ohne Furcht, Gott ist unterwegs zu uns!

3 Er baut eine Strasse, erlöste pilgern auf ihr hin. Bald sehen sie Jerusalem. Gott führt uns in Freuden heim.

4 Der Herr ist der Retter. Aus Fesseln und aus Dunkelheit. Ja, hebt die Augen und vertraut! Trösten wird er bald sein Volk.

T/M: L. Hoffmann/trad. © Vikar A. Bessire, CH-Zürich

Nach des Tages Last

Nach des Ta-ges Last su-chen wir Ru-he in dir. Du warst mit uns
Du, Herr Je-sus, hast den wah-ren Frieden bei dir. Al-le Ar-bei

die-sen Tag, hast uns ge-segnet oh-ne En-de.
Freud und Klag, le-gen wir
jetzt in dei-ne Hän-de.

2 Du sahst unser Tun, o Herr, du hast es erfüllt, lässt uns in dir ruhn, von deinem Segen umhüllt. Herr, wir geben dir zurück den ganzen Tag mit seinen Mühen. Du allein bist unser Glück, willst uns durch alles zu dir ziehen.

3 Nach des Tages Last finden wir Ruhe in dir. Du, Herr, schenk uns Rast und tiefen Frieden mit dir. Du allein bist unser Ziel, darum erheben wir die Hände: Deine Gnade, deine Treu' lass uns anbeten ohne Ende!

T/M: Kommunität Gnadenthal; aus: Mosaik 1-4/5 © Präsenz-Verlag, D-Gnadenthal

Nach Süden nun sich lenken

Nach Sü-den nun sich len-ken die Vög-lein all-zu-mal, viel Wan-drer
lu-stig schwen-ken die •Hüt' im Mor-gen-strahl. Das

sind die Her-ren Stu-den-ten, zum Tor hin-aus es geht. Auf ih-ren In-stru-men-ten sie bla-sen zum Va-let, zum Va-let! A-de in die Läng'und Brei-te, o Prag, wir ziehn in die Wei-te: et ha-beat bo-nam pa-cem, qui se-det post for-na-cem!

2 Nachts wir durchs Städtlein schweifen, die Fenster schimmern weit, am Fenster drehn und schleifen viel schön geputzte Leut'. Wir blasen vor den Türen und haben Durst genug, das kommt vom Musizieren, Herr Wirt, 'nen frischen Trunk, einen Trunk. Und siehe, über ein kleines mit einer Kanne Weines: Venit ex sua domo beatus ille homo.

3 Nun weht schon durch die Wälder der kalte Boreas. Wir streichen durch die Felder, von Schnee und Regen nass. Der Mantel fliegt im Winde, zerrissen sind die Schuh', da blasen wir geschwinde und singen noch dazu, noch dazu: Beatus ille homo, qui sedet in sua domo et sedet post fornacem et habet bonam pacem!

(Nehmt Abschied, Brüder siehe unter Should auld acquaintance be forgot)

339 Niene geit's so schön und luschtig

Nie-ne geit's so schön und lusch-tig, wie de-heim im Em-mi-tal. Da git's al-ler-gat-tig Rusch-tig, schö-ni Meit-schi ü-ber-

all, Holdi- ri- a- du- i- a- i- ri- aho, hol di ri- a- du- i- a- i- ri- aho, holdi- ri- a- du- i- a- i- ho.

2 Da git's nüt vo Komplimänte, allne seit me
nume "Du", sigs der Milchbueb mit der Brän-
te, oder trag er Ratsherrschue, ...

3 D'Chleider het me nume simpel, so vo albem
Halblin gmacht, herschelige Narregrümpel
ghört gar nid zu üser Tracht, ...

4 Rosshaarspitzli treit no ds Müeti, Plätzlihose
no der Alt, d'Meitschi schöni Schwäfelhüetli,
Chöpfli drunder grad wie gmalt, ...

Nkosi sikelela Africa

340

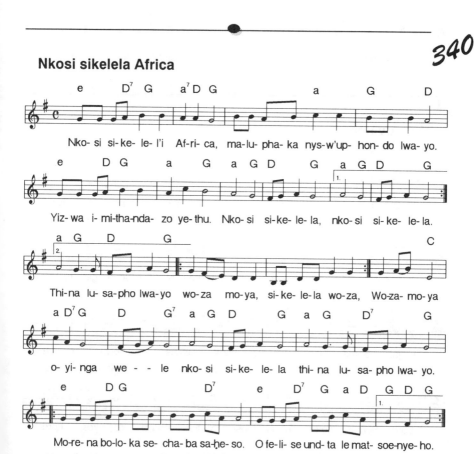

Nko- si si- ke- le- l'i Af- ri- ca, ma- lu- pha- ka nys- w'up- hon- do lwa- yo.

Yiz- wa i- mi- tha- nda- zo ye- thu. Nko- si si- ke- le- la, nko- si si- ke- le- la.

Thi- na lu- sa- pho lwa- yo wo- za mo- ya, si- ke- le- la wo- za, Wo- za- mo- ya

o- yi- nga we - - le nko- si si- ke- le- la thi- na lu- sa- pho lwa- yo.

Mo- re- na bo- lo- ka se- cha- ba sa- he- so. O fe- li- se und- ta le mat- soe- nye- ho.

soe-nye-ho. O se bo-lo-ke, o- se bo-lo-ke, o- se bo- lo-ke, o- se bo-lo-ke, se-

cha- ba sa he- so se- cha- ba sa Af-ri ca. O se bo- lo-ke mo-re-na,

o se bo-lo- ke se bo- lo- ke mo-re- na, se bo-lo- ke, se- Af-ri- ca.

Nobody knows

Oh no - bo - dy knows the trou - ble I've seen, no - bo - dy knows but

Je - sus. Oh no - bo - dy knows the trou - ble I've seen, glo - ry hal - le -

lu- ja. Some - times I'm up, some - times I'm down, oh, yes.

Lord. Some - times I'm al - most to the ground, oh, yes, Lord.

2 Although you see me goin' long so, oh, yes
Lord. I have my trials here below, oh, yes, Lord.

3 One day when I was walking long so, oh, yes,
Lord, the el'ment opened and love came down,
oh, yes, Lord.

4 I never shall forget that day, oh, yes, Lord.
When Jesus washed my sins away, oh, yes,
Lord.

O Herr, wir rufen

(gleiche Melodie wie Nobody knows)

O Herr, wir rufen alle zu dir. Sieh unsre
Not und hilf uns. O Herr wir rufen alle zu
dir. Sieh die Not und rette uns.

1 Ich bin voll Unrast fern von dir, o mein Gott,
und deine Stimme schweigt in mir, o mein Gott.
Es fällt mir schwer, vor dir zu stehn, o mein
Gott. Doch lass mich nicht verloren gehn, o
mein Gott.

2 Die Sünde raubte mir das Glück, o mein Gott,
liess Ueberdruss und Angst zurück, o mein
Gott. In mir nun alles zu dir schreit, o mein
Gott. Mach meines Herzens Enge weit, o mein
Gott.

3 Ein neues Leben ist mein Ziel, o mein Gott,
doch jeder Schritt ist mir zuviel, o mein Gott.
Scheu' ich den Aufbruch hin zu dir, o mein
Gott. Sprich du mit aller Macht in mir, o mein
Gott.

T/M: L. Hoffmann/trad. © Vikar A. Bessire,CH- Zürich

Noi siamo i tre re

Noi siamo i tre re! Noi siamo i tre re! Ve-nuti dall'Oriente per adorar Gesu. Un
re supe-rio-re di tutti'l mag-giore, di quanti al mondo ne fu- ron giammai. Un -mai.

2 /:Ei fu che ci chiamò.:/ Mandando la stella che
ciconduci qui. /:Dov'è il Bambinello vezzoso e
bello? In braccio Maria che madre di Lui.:/

344

Non, je ne regrette rien

Non, rien de rien. Non, je ne re-grette ri- en. Ni le bien qu'on m'a

fait, ni le mal, tout ça m'est bien é- gal. Non, rien de rien.

Non, je ne re- grette ri- en. C'est pay- é, ba-lay- é, ou-bli-

é, je me fous du pas- sé. A- vec mes sou-ve- nirs j'ai al-lum- mé le

feu, mes cha-grins, mes plai- sirs, je n'ai plus be soin d'eux. Ba- lay- és les a-

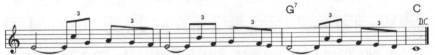

mours, a-vec leurs tré mo- los, balay- és pour tou- jours, je re pars à zé- ro.

Non, rien de rien. Non, je ne regrette
rien. Ni le bien, qu'on m'a fait, ni le mal,
tout ça m'est bien égal. Non, rien de rien.
Non, je ne regrette rien.

Car ma vie, car mes joies aujourd'hui, ça
commence avec toi.

T/M: M. Vaucaire/C. Dumont © 1960 Editions musicales Eddie Barclay, F-Paris / Edifo SA, CH-Zürich

Nowhere man

He's a re - al no - where man, sit - ting in his no -where land,
Does n't have a point of view, knows not where he's go - ing to,

ma - king all his no - where plans for no - bo - dy.
is- n't he a bit like you and

me? No -where Man, please lis - ten, you don't know what you're

miss - ing, No - where Man, the world is at your com - mand.

2 He's as blind as he can be, just sees what he
wants to see, Nowhere Man can you see me
at all? Doesn't have a point of view, knows not
where he's going to, isn't he a bit like you and
me? Nowhere Man, don't worry, take your
time, don't hurry, leave it all till somebody else
lends you a hand.

T/M: Lennon/McCartney © Northern Songs Ltd., GB-London

Nun danket alle Gott

Nun dan - ket al - le Gott mit Her - zen, Mund und
gros - se Din - ge tut an uns und al - len

Hän-den, der En-den, der uns an Leib und Seel von frü-her Kind heit

an un-zäh-lig viel zu gut bis hier-her hat ge-tan.

2 Der ewigreiche Gott woll' uns in unserm Leben ein immer fröhlich Herz und edlen Frieden geben, woll' uns in seiner Gnad erhalten fort und fort und uns aus aller Not erlösen hier und dort.

3 Lob, Ehr und Preis sei Gott, dem Vater und dem Sohne und Gott dem Heil'gen Geist im höchsten Himmelsthrone, ihm, dem dreiein'gen Gott, wie er im Anfang war und ist und bleiben wird so jetzt und immerdar.

Nun jauchzt dem Herren, alle Welt

Nun jauchzt dem Her - ren, al- le Welt, kommt

her, zu sei - nem Dienst euch stellt; kommt mit Froh-lok - ken,

säu - met nicht, kommt vor sein hei - lig An- ge- sicht.

2 Erkennt, dass Gott ist unser Herr, der uns erschaffen ihm zur Ehr, und nicht wir selbst; durch Gottes Gnad ein jeder Mensch sein Leben hat.

3 Wie reich hat uns der Herr bedacht, der uns zu seinem Volk gemacht. Als guter Hirt ist er bereit, zu führen uns auf seine Weid.

4 Die ihr nun wollet bei ihm sein, kommt geht zu seinen Toren ein mit Loben durch der Psalmen Klang, zu seinem Hause mit Gesang.

5 Dankt unserm Gott, lobsinget ihm, rühmt seinen Nam' mit lauter Stimm; lobsingt und danket allesamt. Gott loben, das ist unser Amt.

6 Er ist voll Güt und Freundlichkeit, voll Lieb und Treu zu jeder Zeit. Sein Gnad währt immer dort und hier und seine Wahrheit für und für.

7 Gott Vater in dem höchsten Thron und Jesus Christus, seinem Sohn, dem Tröster auch, dem Heil'gen Geist, sei immerdar Lob, Ehr und Preis.

348

Nun ruhen alle Wälder

G   e D G   a D⁷ G   D   b A⁷ˢᵘˢ⁴ A D   D⁷

Nun ru -hen al - le Wäl - der, Vieh, Men-schen, Städt' und Fel -der, es
     a - ber, mei-ne Sin - nen, auf,   auf, ihr sollt be - gin -nen, was

G   D G   D B⁷   e   D G   a⁷ G D   G

1. schläft die gan - ze Welt; ihr

2. eu - rem Schöp - fer wohl -ge -   fällt.

2 Der Tag ist nun vergangen, die güldnen Sternlein prangen am blauen Himmelssaal; also werd' ich auch stehen, wann mich wird heissen gehen mein Gott aus diesem Jammertal.

3 Auch euch, ihr meine Lieben, soll heute nicht betrüben, kein Unfall noch Gefahr. Gott lass euch selig schlafen, stell euch die güldnen Waffen ums Bett und seiner Engel Schar.

(Nun so höret die Geschichte siehe Hulda)

349

Nur nicht aus der Ruhe bringen lassen

C   a   F   G   F   d⁷   G
Refr.

Nur nicht aus der Ruhe bringen lassen, nur nicht das Gesicht verlieren und am besten

a   F   d   E   *fine (Akk. C)*

gar nicht rühren. Gar nicht erst da- mit be fassen, nur nicht irre - machen lassen.

a   G

Strophe

Sag - te je - ner Herr, dem man er - klär - te, dass sein Fahr -schein zwar in
Und er hub mit vie - len Ar - gu - men -ten zu be - wei - sen an, dass

d   E

1.

Ord - nung, doch der Zug, in dem er sass, der fal - sche sei.
man das nicht so sa - gen kann; die

E   G

2.   D.C.

Ge - gend sei doch an -ge - nehm, und auch sein Sitz sei sehr be - quem.

2 Sagte auch die Dame im Orchester, die voll Inbrunst Haydn geigte, als man im Programm schon bei Vivaldi war. Und sie wies recht ärgerlich auf ihren satten Bogenstrich und meinte selbstbewusst und froh: Ihr Spiel, das läg ja sowieso auf einem höheren Niveau.

3 Sagen sich so viele, wenn sie hören, dass ein Leben ohne Christus letzten Endes in die falsche Richtung läuft. Ewigkeit, wieso denn das? Man hat doch eine Menge Spass und freut sich über dies und das, und ehe man sich ändern will, da ist man lieber einfach still.

Lass dich doch mal aus der Ruhe bringen! Fang mal wieder an zu denken; hör auf, von dir abzulenken. Gott fragt dich nach deinem Leben, und du sollst ihm Antwort geben.

T/:M Manfred Siebald © Hänssler-Verlag, Neuhausen-Stuttgart

 350

Ob-la-di ob-la-da

D   A⁷

Des-mond has a bar -row in the mar-ket place,   Mol -ly is the sing -er in a

D   D⁷   G

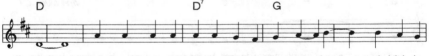

band.   Des - mond says to Mol - ly: "Girl, I like your face",   and Mol - ly

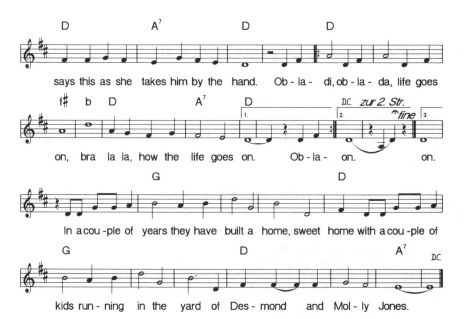

says this as she takes him by the hand. Ob - la - di, ob - la - da, life goes

on, bra la la, how the life goes on. Ob - la - on. on.

In a cou -ple of years they have built a home, sweet home with a cou -ple of

kids run - ning in the yard of Des - mond and Mol - ly Jones.

2 Desmond takes a trolley to the jewellers sto-
res. Buys a twenty carat golden ring. Takes it
back to Molly waiting at the door, and as he
gives it to her she begins to sing.

In a couple of years they have built a home,
sweet home. With a couple of kids running in
the yard of Desmond and Molly Jones.

3 Happy ever after in the market place, Des-
mond lets the children lend a hand. Molly stays
at home and does her pretty face, and in the
evening she still sings it with the band.

And if you want some fun, take Ob-la-di bla-
da.

T/M: Lennon/McCartney © Northern Songs Ltd., GB-London

T/M: Lennon/McCartney © Northern Songs Ltd., GB-London

351

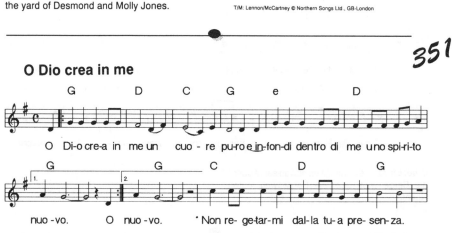

O Dio crea in me

O Di-o cre-a in me un cuo - re pu-ro e in-fon-di dentro di me uno spi-ri-to

nuo -vo. O nuo -vo. *Non re- ge-tar-mi dal-la tu-a pre- sen-za.

Fam-mi re-star con te in commu-nio-ne. Ren-di-mi la gio-ia del-la tu-a sal-

vez-za e in- fon-di den-tro di me u-no spi- ri-to nuo - vo, e in - nuo -vo.

352

O Gott schaffe in mir

(gleiche Melodie wie O Dio crea in me)

/:O Gott schaffe in mir ein reines Herz und gib
mir einen neuen gewissen Geist.:/ Wende dich
nicht von mir und sei mir gnädig. Mach mich
doch wieder froh durch deine Hilfe. Schenk mir
wieder Freude, denn nur du kannst mir helfen
/:und gib mir einen neuen gewissen Geist.:/

353

O du stille Zeit

O du stil - le Zeit, kommst eh wir's ge - dacht

ü - ber die Ber - ge weit, ü - ber die Ber - ge weit, gu - te Nacht.

2 In der Einsamkeit rauscht es nun so sacht über
die Berge weit, über die Berge weit, gute
Nacht.

Oh behold the fowls of the air

Oh be -hold the fowls of the air, they do not sow, they do not plough,
gath -er they not, har - vest they not, stock they not the barns and stalls.

Heav'n -ly Fath -er feeds them well, aren't we so much bet - ter than they?

Nev -er wor - ry what you may eat; nev -er wor - ry what you may drink.

2 Oh behold the lilies in fields, they do not toil, they do not spin. Not the glory of Solomon dims the wonder they display. Heav'nly Father clothes them well, e'en those who don't know his love. Never worry what you may wear; won't he clothe his loved child.

3 Seek you first the kingdom of God; seek you first the love of God. Heav'nly Father through his love gives you all your daily needs. For tomorrow take you no heed for the cares and worry it brings. Take heed for the cares of today; leave your heart and mind to him.

T/M: Nah Young-Soo, Korea © Asia YMCA, Hongkong

*(Oh Champs-Elysées siehe unter **Les Champs-Elysées**)*

Oh du fröhliche

Oh du fröh - li -che, oh du se -li -ge, gnaden- bringen-de Weihnachts -zeit!

Welt ging ver -lo - ren,Christ ist ge -bo - ren. Freu- e, freu-e dich,oh Christen -heit.

2 Oh du ... Christ ist erschienen, uns zu versüh-
nen: Freue, freue dich, oh Christenheit.

3 Oh du ... Himmlische Heere jauchzen dir Ehre:
Freue, freue dich, oh Christenheit.

*(O Herr, wir rufen siehe unter **Nowbody knows**)*

356 Oh freedom

Oh free - dom, oh free - dom, oh, oh free - dom ov - er me!

And be - fore I'd be a slave, I'll be bur - ied in my

grave, and go home to my Lord and be free.

2 No more moaning, no more moaning, no more
moaning over me! And before I'd be a slave ...

3 No more weeping, ...

4 No more kneeling, ...

5 There'll be singing, ...

6 Oh freedom, ...

*(Oh freedom siehe **Freedom is coming**)*

357 Oh happy day

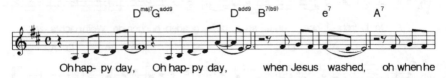

Oh hap- py day, Oh hap- py day, when Jesus washed, oh when he

washed, when Je- sus washed, he washed the sins a- way

Oh hap-py day, oh hap-py day He taught me how to walk,

run and play, run and play, and we re- joice him, ev'-ry- day,

ev'-ry- day, ev'- ry- day, oh hap -py day. Oh hap -py day,

oh hap-py day, oh hap-py day, oh hap-py day.

*(Oh Lord, guide me siehe unter **Oh tuhan pimpinlah langkahku**)*

358

Oh my darling Clementine

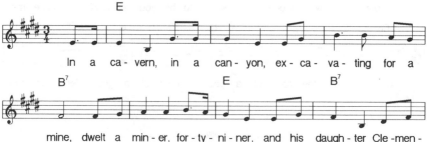

In a ca- vern, in a can- yon, ex- ca- va- ting for a

mine, dwelt a min- er, for- ty- ni- ner, and his daugh- ter Cle -men-

tine. Oh my dar - ling, oh my dar - ling, oh my dar - ling Cle -men -

tine, thou art lost and gone for - ev -er, dread -ful sor -ry, Cle -men - tine.

2 Light she was and like a fairy, and her shoes were number nine, herring boxes without top-ses, sandals were for Clementine.

3 Drove she ducklings to the water ev'ry morning just at nine, struck her foot against a splinter, fell into the foaming brine.

4 Ruby lips above the water, blowing bubbles mighty fine, but, alas, I was no swimmer, so I lost my Clementine.

5 Then the miner, forty-niner, soon began to peak and pine, thought the oughter jine his daughter, now he's with his Clementine.

6 In my dreams she still doth haunt me, robed in garments, soaked in brine, tough in life I used to hug her, now she's dead, I draw a line.

7 How I missed her! How I missed her! How I missed my Clementine! But I kissed her little sister and forgot my Clementine.

359

Oh, my lovin' brother

Oh, my lov - in' broth - er, when the world's on fire,

don't you want God's bos - om to be your pil- low? Hide me

o - ver in the rock of a - ges, rock of a - ges, cleft for me.

Oh, Susanna

I came from A-la-ba-ma with my ban-jo on my knees. I'm going to Loui-si-a-na, my true love for to see. Oh, Su-san-na, oh don't you cry for me. I've come from A-la-ba-ma with my ban-jo on my knees.

2 It rain'd all night the day I left, the weather was so dry; the sun so hot, I froze myself; Susanna, don't you cry.

3 I had a dream the other night, when everything was still. I thought I saw Susanna, a-coming down the hill.

4 The red, red rose was in her hand, the tear was in her eye. I said, "I come from Dixie Land, Susanna, don't you cry".

5 I soon will be in New Orleans, and then I'll look around, and when I find Susanna, I'll fall upon the ground.

6 But if I do not find her then, I'm surely bound to die, and when I'm dead and buried, oh, Susanna, don't you cry.

Oh tuhan pimpinlah langkahku

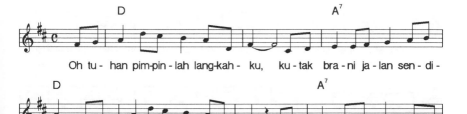

Oh tu-han pim-pin-lah lang-kah-ku, ku-tak bra-ni ja-lan sen-di-ri. Ser-ta-mu i-tu lan do-a-ku, a-jar-ku mer-en-dah-kan di-

ri. Me - nu - rut fir-man - mu tiap ha - ri. Ja - di - kan pe - li - ta da - lam

g'lap men - ca-ri-dom-ba yang se - sat, i - tu - lah ke - rin - du -an ji - wa ku.

© Asia YMCA, Hongkong

362

Oh Lord, guide me

(gleiche Melodie wie Oh tuhan pimpinlah langkahku)

Oh Lord, guide me on my foot steps, I dare not walk all alone. Abide with me, I pray, please teach me that I may be humble and obey your commandments everyday, that I may be a torch in the dark, just searching for the lost souls. This is my earnest hope.

© Asia YMCA, Hongkong

(Oh wänn dä Sänn siehe vier Lieder weiter)

363

Oh when the saints go marching in

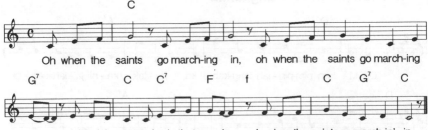

Oh when the saints go march-ing in, oh when the saints go march-ing

in, oh Lord, I want to be in that num-ber, oh, when the saints go march in' in.

2 /:And when the stars begin to shine,:/ ...

3 /:When Gabriel blows in his horn,:/ ...

4 /:And when the sun refuse to shine,:/ ...

5 /:And when the moon has turned to blood,:/ ...

6 /:And when they gather round the throne,:/ ...

7 /:And when they crown him Lord of all,:/ ...

8 /:And on that halleluja day,:/ ...

9 /:Oh when the Saints go marching in,:/ ...

In einer Welt

(gleiche Melodie wie Oh when the saints go marching in)

1 In einer Welt, wo Liebe fehlt, wo nur noch Geld und Mode zählt, nein, da mag ich nicht dabei sein, in der Welt, wo Liebe fehlt.

2 In einer Welt voll Aggression, total entstellt durch Hass und Hohn, nein, da mag ich nicht dabei sein, in der Welt voll Aggression.

3 In einer Welt, wo man sich duckt und nicht als Held viel Böses schluckt, nein, da mag ich nicht dabei sein, in der Welt, wo man sich duckt.

4 In einer Welt voll Einsamkeit, die überquillt von Selbstmitleid, nein, da mag ich nicht dabei sein, in der Welt voll Einsamkeit.

5 In dieser Welt wir brauchen Mut, was uns gefällt zu machen gut, ja, da wollen wir dabei sein, in der Welt mit neuem Mut.

6 Wo wir das tun, was Gott gefällt und nicht mehr ruhn, bis Liebe zählt, ja, da wollen wir dabei sein, um zu tun, was Gott gefällt.

T/M/©: Fritz Peier, CH-Baar

Ja, wenn der Herr einst wiederkommt

(gleiche Melodie wie Oh when the saints go marching in)

1 /:Ja, wenn der Herr einst wiederkommt,:/ dann lass mich auch dabei sein, wenn der Herr einst wiederkommt.

2 /:Und wenn die Heil'gen auferstehn,:/ dann lass mich auch dabei sein, wenn die Heil'gen auferstehn.

3 /:Und wenn das Buch geöffnet wird,:/ dann lass mich auch dabei sein, wenn das Buch geöffnet wird.

4 /:Und wenn die Welt wird wieder neu,:/ dann lass mich auch dabei sein, wenn die Welt wird wieder neu.

5 /:Und wenn du uns beim Namen rufst, dann lass mich auch dabei sein,:/ wenn du uns beim Namen rufst.

Oh wänn dä Sänn

(gleiche Melodie wie Oh when the saints go marching in)

1 Oh wänn dä Sänn go mälchä goht. (4 x)

2 /:Und wänn die Chue, scho gmolchä wär:/...

3 /:Er bringt die Milch, id Molkerei:/...

4 /:Und us dä Milch, wird Joghurt gmacht:/...

5 /:Und alli Lüüt, händ Joghurt gärn:/...

6 /:Drum mues dä Sänn, go mälchä goh:/...

7 /:Und au dä Sänn, hät Joghurt gärn:/...

8 /:Drum wänd au mir, go mälchä go:/...

(Oh, where have you been siehe A hard rain's a gonna fall)

367 Oh wie wohl ist mir am Abend

Kanon zu 3 Stimmen

Oh wie wohl ist mir am A - bend, mir am A - bend, wenn zur Ruh' die

Glok-ken läu - ten, Glok-ken läu - ten. Bim, bam, bim, bam, bim, bam.

368 Old Mac Donald had a farm

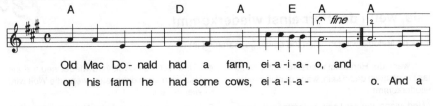

Old Mac Do - nald had a farm, ei -a -i -a - o, and

on his farm he had some cows, ei -a -i -a - o. And a

moo moo here, and a moo moo there, here a moo, there a moo, everywhere a moo.

2 Old Mac Donald had e farm, e-i-a-i-a-o, and on his farm he had some dogs, e-i-a-i-a-o. And a wow wow here, ...

3 ... cats ... miaow miaow...

4 ... ducks ... quack quack ...

5 ... birds ... peep peep ...

6 ... pigs ... hoink hoink ...

7 ... sheep ... baa baa ...

8 ... goats ... maeh maeh ...

9 ... girls ... kiss kiss ...

(On a wagon bound for market siehe Dona, dona, dona)
(On my way to heaven siehe Just like a tree)

Paint it black

I see a red door and I want it paint-ed black,
I see the

no col-ours an-y more I want them turn to black.
I have to

girls walk by dressed in their sum-mer clothes,

turn my head un -

til the dark-ness goes.

2 I see a line of cars and they're all painted black,
with flowers and my love, both never to come
back. I see people turn their heads and qickly
lookaway, like e newborn baby it just happens
ev'ry day.

3 I look inside myself and see my heart is black,
I see my red door and I want it painted black.
May be then I'll fade away and not have to face
the facts, it's not easy facing up when your
whole world is black.

4 No more will my green sea go turn a deeper
blue, I could not forsee this thing happening to
you. If I look hard enough into the setting sun,
my love will laugh with me before the morning
comes.

5 I see a red door ...

T/M: Mick Jagger/Keith Richard © by Mirage Music Ltd. / Essex Musikvertrieb GmbH, D-Bergisch Gladbach

Probier's mal mit Gemütlichkeit

Refr.

Pro-bier's mal mit Ge-müt-lich-keit, mit Ru-he und Ge-müt-lich-keit wirfst

du die dum-men Sor-gen ü-ber Bord. Und wenn du stets ge-müt-lich bist und

et - was ap - pe - tit - lich ist, greif zu, denn spä - ter ist es viel - leicht fort.

Strophe

Was soll ich wo - an - ders, wo's mir nicht ge - fällt? Ich ge - he nicht

fort hier, auch nicht für Geld. Die Bie - nen sum - men in der Luft, er - fül - len

sie mit Ho - nig - duft, und schaust du un - ter 'nen Stein, ent - deckst du

A - mei - sen, die hier gut ge - deih'n. Nimm da - von zwei, drei, vier. Denn mit Ge-

müt - lich - keit kommt auch das Glück zu dir! Es kommt zu dir!

2 Na, und pflückst du gern Beeren und piekst
dich dabei, dann lass dich belehren: Schmerz
geht bald vorbei! Du musst bescheiden und
nicht gierig im Leben sein, sonst tust du dir
weh, du bist verletzt und zahlst nur drauf, drum
pflücke gleich mit dem richt'gen Dreh! Hast du
das jetzt kapiert? Denn mit Gemütlichkeit
kommt auch das Glück zu dir! Es kommt zu dir!

M: T. Gilkyson / dt. T: H. Riethmüller © 1964 Wonderland Music Co. Inc. / Neue Welt Musikverlag GmbH, D-München

(Puff, de Wunderdrache siehe zwei Lieder weiter)

Puff, the magic dragon

Refr. und Str. mit gleicher Melodie

Puff, the ma-gic dra-gon lived by the sea and fro - licked in the
Lit - tle Ja-cky Pa -per loved that ras-cal Puff and brought him strings and

au - tumn mist in a land called Ho -na Lee.
sea - ling wax and oth - er fan -cy stuff.

/:Puff, the magic dragon lived by the sea and frolicked in the autumn mist in a land called Hona Lee.:/

2 Together they would travel on a boat with billowed sail, Jacky kept a lookout perched on Puff's gigantic tail. Noble kings and princes would bow whenever they came, pirate ships would low'r their flags when Puff roared out his name.

3 A dragon lives forever but not so little boys, painted wings and giant rings make way for other toys. One grey night it happened, Jacky Paper came no more, and Puff, that mighty dragon, he ceased his fearless roar.

4 His head was bent in sorrow, green scales fell like rain, Puff no longer went to play along that cherry lane. Without his life-long friend Puff could not be brave, so Puff, that mighty dragon, sadly slipped into his cave.

T/M: Lipton, Leonard/Yarrow, Peter © 1963 by Pepamar Music Corp. / Neue Welt Musikverlag GmbH, D-München

Puff, de Wunderdrache

(gleiche Melodie wie Puff, the magic dragon)

1 Puff, de Wunderdrache, wohnt am Meeresstrand, hät im Herbstlaub Fangis gmacht. Halila heisst sis Land. De chli Baschi Meier hät de Schlingel Puff so gern, het em Guetzli brocht und Siegelwachs und vom Wienachtsbaum de Stern.

Puff, de Wunderdrache, wohnt am Meeresstrand, hät im Herbstlaub Fangis gmacht. Halila heisst sis Land.

2 Zäme sinds uf Reise, ime Schiff us Häfechranz, de Baschi isch de Stürma gsi, höch uf em Puff sim Ringelschwanz. Könige,

Fürschte hends am Ufer winke gseh, Pirateschiff sind usem Weg, chum het de Puff sin Name gheepet.

3 Drache läbed ewigs, aber chlini Buebe nöd. Immer s'glich vertleidet ne; dänn finded's Drache blöd. Ame Tag, s'het grägnet, isch dä Baschi nümme cho und de grossi, starchi Drachebueb hät s'Nastuech füregno.

4 De Ringelschwanz hät glampet, me het en nie so gseh, de Puff hät nüme Fangis g'macht i de Chriesibaumallee. Ohni sin Fründ Baschi het de Puff sin Muet verloh, isch still i sini Höhli zrugg, er chan d'Welt nümm verstoh.

(Put your hand in the hand siehe The man from a Galilee)

373 Quattro cavai che trottano

G   C   a

Quat -tro ca -vai che trot -ta -no, sot -to la ti - mo -nel -la, que -sta c'è l'o -ra

D   D⁷   G   D⁷   G *Refr.*   D⁷

bel -la, que -sta c'è l'o -ra bel- la,   per far   l'a - mor.   Che bel -la not -te che

G   b   C   a   D⁷   G

fa,   in gon - do - let - ta si   va,   col -la Li - set - ta   per far   l'a - mor.

2 Vieni alla finestra, bruna, oh bella luna, ...
farem l'amor.

3 Bruna tu sei gentile, gentil' fra le più belle, bella
come le stelle, ... per far l'amor.

4 E noi che siamo militi, amiamo il vino buono,
ma più le belle donne, ... per far l'amor.

(Questa mattina siehe Bella ciao)

374 Rise up, shepherds

G   D   C   G

Dere's a   star in de eas' on Christ -mas morn', rise up, shep-herds, an'

D   G   D G F♯   b   Gᵐᵃʲ⁷   A
                                        Choir

fol -ler.   It'll   lead to de place, where de sav-ior's born,   rise up, shepherds, an'

fol - ler.   Leave yo' ewes an' leave yo' lambs, rise up, shep -herds, an'

fol - ler.   Leave yo' sheep an' leave yo' rams, rise up, shep -herds, an'

fol - ler.   Fol - ler, fol - ler,   rise up, shep - herds, an' fol - ler.

Fol -ler de star o' Beth - le -hem,   rise up, shep -herds, an' fol - ler.

375

Rivers of Babylon

Refr.

By the riv -ers of Ba -by - lon   there we sat down   yeah we

wept   when we re -mem - bered Zi - on.   For there they that

car - ried us in- to cap -ti -vi- ty   re- quir -ing of us a song   now how

shall   we   sing the Lord's song   in a   strange.

2 /:Let the words of our mouth and the medita-
tions of our hearts be acceptable in thy sight
here tonight.:/

T/M: F.Farian/B. Dowe/T. McNaughton/ G. Reyam © 1978 by Far Musikverlag GmbH/Ackee Music Inc.

376 Rock my soul

Kanon zu 3 Stimmen

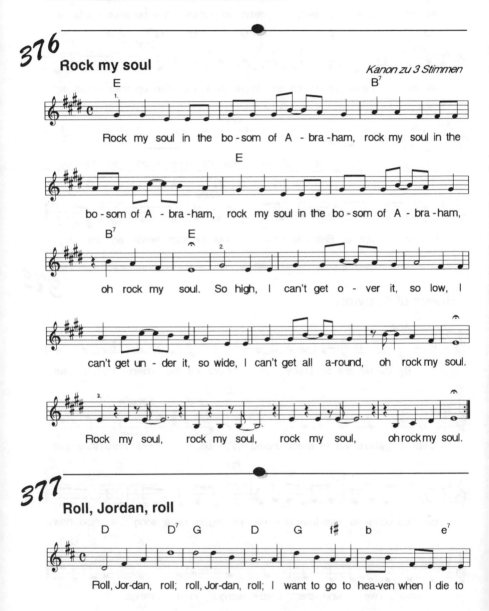

Rock my soul in the bo-som of A - bra-ham, rock my soul in the bo-som of A - bra-ham, rock my soul in the bo-som of A - bra-ham, oh rock my soul. So high, I can't get o - ver it, so low, I can't get un - der it, so wide, I can't get all a-round, oh rock my soul. Rock my soul, rock my soul, rock my soul, oh rock my soul.

377 Roll, Jordan, roll

Roll, Jor-dan, roll; roll, Jor-dan, roll; I want to go to hea-ven when I die to

hear ol' Jor -dan roll. roll. Oh bro -thers, you ought to have been there,

yes my Lord. A - sit - ting in the king - dom, to hear ol' Jor - dan roll.

(Rote Lippen soll man küssen siehe unter Lucky lips)

378

Sad Lisa

She hangs her head and cries in my shirt. She must be hurt ve-rybad-

ly. Tell me what's mak- ing you sad- ly? Op-en your door, don't

hide in the dark. You're lost in the dark, you can trust me 'cause you

know that's how it must be. Li-sa, Li- sa, sad Li-sa, Li - sa.

2 Her eyes like windows tricklin' rain, upon her pain getting deeper. Tho' my love wants to relieve her. She walks alone from wall to wall, lost in a hall, she can't hear me, tho' I know she likes to be near me.

3 She sits in a corner by the door. There must be more I can tell her, if she really wants me to help her, I'll do what I can to show her the way. And maybe I will free her, tho' I know no one can see her.

T/M: Cat Stevens © 1970 Salafa Ltd / worldwide by Westbury Music Consultants

*(Sag mir das Wort siehe **Lang, lang ist's her**)*
*(Sag mir, wo die Blumen sind siehe unter **Where have all the flowers gone**)*

379 Sailing

| D | b | G | D |

I am sail-ing, I am sail-ing, home a - gain 'cross the sea. I am

| E | b | e | D (G) |

sail - ing stor - my wa - ters, to be near you, to be free.

2 I am flying, I am flying, like a bird 'cross the sky.
I am flying passing high clouds, to be with you,
to be free.

3 Can you hear me, can you hear me, thro' the
dark night far away. I am dying forever trying,
to be with you, who can say.

4 We are sailing, we are sailing, home again
'cross the sea. We are sailing, stormy waters,
to be near you, to be free.

T/M: Gavin Sutherland © 1972 Island Music Ltd / Polygram Songs Musikverlag GmbH

380 Sanctus, sanctus

Kanon zu 4 Stimmen

| D | A | D | A |

Sanc - tus, sanc - tus, sanc - tus, sanc - tus, sanc - tus, sanc - tus. Ho -

(Schluss stimmweise)

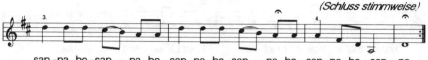

san -na, ho -san - na, ho - san -na, ho -san - na, ho - san -na, ho - san - na.

Schalom chaverim

Kanon zu 8 Stimmen

Scha - lom cha - ve - rim, scha - lom cha - ve - rim, scha - lom, scha -

lom. Le - hit - ra - ot, le - hit - ra - ot, scha - lom, scha - - lom.

(Schlaf, mein Kind siehe Bajuschki Baju)

Schon früh am Morgen

Schon früh am Mor- gen ritt ich los, aus un-serm Ho- fe hoch zu Ross. Das
Portemornaie hielt ich um krallt, der Va - ter hat mich

aus - be-zahlt. Mein Heim hab ich ver -las sen und irr' auf fremden Strassen.

Den War-nun- gen zum Hohn, ritt ich da- von, ritt ich da- von.

Ja, ich will wieder heim und zu meinem Vater gehn,
mein Vater wird verzeihn und lässt mich nicht draussen stehn.

2 Nach ein paar Wochen kam ich dann im Trubel einer Grossstadt an. Hab dort ein Vierteljahr mich fast bedenkenlos hindurchgeprasst. Ein Mädchen, ein modernes, fand ich und hatte gern es. Doch sie ging mir zum Lohn auf und davon, auf und davon.

3 Nach einem Jahr, o welch Malheur, besass ich keinen Rappen mehr. Mein Magen, ach, der knurrte sehr, und hilflos eilte ich umher, von aller Welt verlassen. Nun war es aus mit Prassen, und ohne einen Ton ging ich davon, ging ich davon.

4 Von Ort zu Ort bin ich geirrt, und schlug mich durch als Schweinehirt. Man gönnte mir noch nicht mal, dass ich Eicheln ass vom Schweinefrass. Da weinte Tag und Nacht ich, an meinen Vater dacht' ich, wie ein verlorner Sohn und ging davon, und ging davon.

T/M: A.M. Cocagnac O.P./dt. T.:Helmut Oess © Edition Schwann, D-Frankfurt

383

Schön ist die Welt

Schön ist die Welt, drum Brü - der, lasst uns rei - sen, wohl in die wei - te Welt, wohl in die wei - te Welt.

2 Wir sind nicht stolz, wir brauchen keine Pferde, /:die uns von dannen ziehn.:/

3 Wir laben uns an jeder Wasserquelle, /:wo frisches Wasser fliesst.:/

4 Wir steigen hin auf Berge und auf Hügel, /:wo uns die Sonne lacht.:/

5 Wir reisen fort, von einer Stadt zur andern, /:wo uns die Luft gefällt.:/

384

Schweigen möcht' ich

Refr.

Schweigen möcht' ich, Herr, und auf dich warten. Schweigen möcht' ich, Herr.

Strophe

Schweigen möchte ich, damit ich ver -stehe, was in deiner Welt geschieht!

2 Schweigen möchte ich, damit ich den Dingen
und Geschöpfen nahe bin.

3 Schweigen möchte ich, dass ich deine Stim-
me unter vielen Stimmen hör'.

4 Schweigen möchte ich und darüber staunen,
dass du ein Wort für mich hast.

T/M: Jörg Zink/Siegfried Fietz © ABAKUS Schallplatten & Ulmtal Musikverlag, D-Greifenstein

385

Schweige und höre

Kanon zu 3 Stimmen

Schwei-ge und hö-re, nei-ge dei-nes Her-zens Ohr! Su-che den Frie-den!

386

Seek ye first

Kann auch als Kanon gesungen werden

Seek ye first the king-dom of the Lord and His right-eous- ness,
and all these things will be add-ed un-to you, hal-le - lu, hal- le -

lu - ja! Hal -le - lu - ja, hal - le, hal - le -lu - ja, hal -le - lu - ja, hal- le - lu - ja!

387

See you later alligator

Well, I saw my ba -by walk -ing   with an- oth-er man to - day.

Well, I saw my ba -by walk -ing with an -oth-er man to - day.

When I asked her what's the mat -ter, this is what I heard to say.

Refr.

See you lat - er al - li - ga - tor, af - ter' while croc - o - dile,

see you lat - er al - li - ga - tor, af - ter' while croc - o - dile,

can't you see you're in my way now, don't you know you cramps my stile?

2 /:When I thought of what she told me, nearly made me lose my head.:/ But the next time that I saw her, reminded her of what she said.

3 /:She said, I'm sorry, pretty daddy, you know my love is just for you.:/ Won't you say that you'll forgive me, and say your love for me is true.

4 /:I said, wait a minute, 'gator, I know you meant it just for play.:/ Don't you know you really hurt me, and this is what I have to say.

T/M: Robert Guidry © 1955 by Arc Music Corp., New York / Edition Melodia Hans Gerig, Bergisch Gladbach

388

Segne uns, o Herr

Seg - ne uns, o Herr! Lass leuch - ten dein An - ge - sicht ü - ber

uns und sei uns gnä-dig e-wig-lich! Seg-ne uns, o Herr! Dei-ne

En-gel stell' um uns! Be-wah-re uns in dei-nem Frie-den e-wig-lich!

T/M: Kommunität Gnadenthal; aus: Mosaik 1-4/5 © Präsenz-Verlag, Gnadenthal, D-Hünfelden

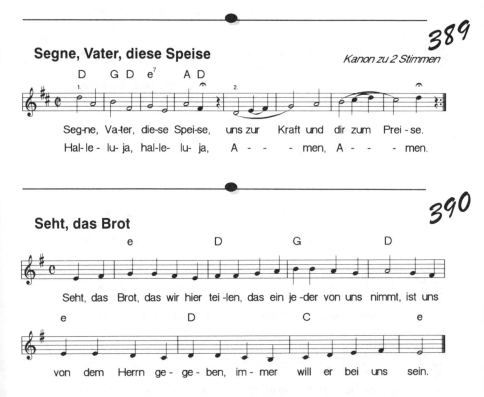

389

Segne, Vater, diese Speise

Kanon zu 2 Stimmen

Seg-ne, Va-ter, die-se Spei-se, uns zur Kraft und dir zum Prei-se.
Hal-le-lu-ja, hal-le-lu-ja, A - - - men, A - - - men.

390

Seht, das Brot

Seht, das Brot, das wir hier tei-len, das ein je-der von uns nimmt, ist uns

von dem Herrn ge-ge-ben, im-mer will er bei uns sein.

2 Seht, das Brot, das wir hier teilen, das ein jeder
von uns nimmt, ist ein Brot, das soll gehören
allen Hungernden der Welt.

3 Seht, der Kelch, den wir jetzt teilen, den ein
jeder von uns nimmt, ist ein Zeichen für den
Frieden, für den Bund in Christi Blut.

4 Seht, der Kelch, den wir jetzt teilen, den ein jeder von uns nimmt, mahnt uns, dass auch wir versöhnen und verbinden, was getrennt.

5 Seht, was wir heut' hier vollziehen, was wir miteinander tun, will den Tod des Herrn bezeugen, bis er wiederkommt in Kraft.

6 Seht, was wir heut' hier vollziehen, was wir miteinander tun, will uns neu mit ihm verbünden, dass wir tun, was er getan.

T. L. Zenetti © Strube Verlag GmbH, D-München

391

Seid froh in dem Herren allezeit

Kanon zu 2 Stimmen

Seid froh in dem Her-ren al-le-zeit, a-ber-mals sag ich: Seid froh! Seid froh! Seid froh, seid froh, a-ber-mals sag ich: Seid froh! Seid froh!

392

Sei ein lebend'ger Fisch

Refr.

Sei ein le-bend'-ger Fisch, schwim-me doch ge-gen den Strom.

Auf, und wag' es frisch, Freu-de und Sieg ist dein Lohn. *fine*

Strophe

Nur die to-ten Fi-sche schwim-men im-mer mit dem Strom,

las - sen sich mit al -len an-dern trei-ben, ha - ben we -der Kraft noch Mut, was

an - de - res zu tun, wol - len in der gros - sen Mas - se blei - ben.

2 Habe doch den Mut, auch einmal anders zu sein, als die meisten Leute um dich her. Wenn sie dich auch alle als "nicht ganz normal" ver-schrei'n, frage du nur: Was will denn der Herr?

3 Doch aus eigner Kraft wirst du nie ein lebend'ger Fisch. Bitte Gott um Kraft an jedem Tag. Glaub, dass auch in deinem Leben Jesus Sieger ist, und du staunst, was er zu tun ver-mag.

T/M: Margret Birkenfeld © 1973 Musikverlag Klaus Gerth, D-Asslar

393

Sende dein Licht und deine Wahrheit

Kanon zu 3 Stimmen

Sen - de dein Licht und dei - ne Wahr - heit, dass sie mich lei - ten

zu dei - ner Woh - nung, und ich dir dan - ke, dass du mir hilfst.

*(S'git Lüt die würden alletwäge siehe **Hemmige**)*

*(She hangs her head siehe **Sad Lisa**)*

She was coming round the mountain

She was com - ing round the moun - tain, when she came, she was
com - ing round the moun - tain, when she came, she was
com - ing round the moun - tain, com - ing round the moun - tain,
com - ing round the moun - tain, when she came. Sing - ing
i - i, jup - pee jup - pee i, sing - ing i - i, jup - pee jup - pee i, sing - ing
i - i, jup - pee, i - i jup - pee, i - i jup - pee, jup - pee i.

2 She was driving six white horses, when she came...

3 She was wearing red pyjamas, when she came ...

4 She was driving no white horses, when she left ...

5 And the baby in the cradle, was the end ...

Von den blauen Bergen kommen wir

(gleiche Melodie wie She was coming round the mountain)

1 Von den blauen Bergen kommen wir, von den Bergen, ach so weit von hier. Auf den Rücken uns'rer Pferde reiten wir wohl um die Erde, von den blauen Bergen kommen wir.

2 Colt und Whisky liebt ein Cowboy sehr, Girls und Mustangs und noch vieles mehr; denn das sind ja scharfe Sachen, die ihm immer Freude machen, von den blauen Bergen kommen wir.

3 Wo die Rothaut lauert, schleicht und späht, wo der Wind über die Prärien weht, sitzen wir am Lagerfeuer, und es ist uns nicht geheuer, von den blauen Bergen kommen wir.

T/M: Heinz Woezel/trad. © 1949 Tempoton-Verlag Hans Sikorski, D-Hamburg

Shinkoo to Kiboo

Shin - koo to Ki - bo - o to a - i wa i - tsu ma - de mo. Shin -

tsu ma - de mo. Je - su no mi - ko - to - ba wa - re no ko - ko - ro ni a -

ri. Shin - koo to Ki - bo - o to a - i wa i - tsu ma - de mo.

T/M: Noshiro Ichiro, Japan © Asia YMCA, Hongkong

Faith, hope and love

(gleiche Melodie wie shinkoo to Kiboo)

/:So faith, hope and love shall remain forever more.:/

1 The word of Jesus Christ is a living stream in our hearts. So faith, hope and love shall remain forever more and more.

2 Should darkness us descend, discontentment us over power. So faith, hope and love shall remain forever more and more.

3 The cross of Christ we'll bear, thorny road we'll march onward. So faith, hope and love shall remain forever more and more.

T/M: Noshiro Ichiro, Japan © Asia YMCA, Hongkong

398

Should auld acquaintance be forgot

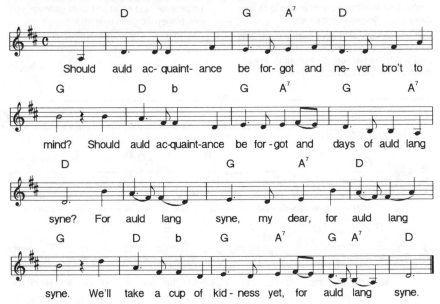

Should auld ac-quaint-ance be for-got and ne-ver bro't to mind? Should auld ac-quaint-ance be for-got and days of auld lang syne? For auld lang syne, my dear, for auld lang syne. We'll take a cup of kid-ness yet, for auld lang syne.

399

Les bons amis du temps passé

(gleiche Melodie wie Should auld acquaintance be forgot)

Les bons amis du temps passé vivront dans
notre coeur, jamais ne seront oubliés les amis
du temps passé. Chantons avant de nous quit-
ter, chantons notr' amitié, jamais ne seront
oubliés les amis du temps passé.

Nehmt Abschied, Brüder

(gleiche Melodie wie Should auld acquaintance be forgot)

Nehmt Abschied, Brüder, ungewiss ist alle Wiederkehr, die Zukunft liegt in Finsternis und macht das Herz uns schwer. Der Himmel wölbt sich über's Land, ade, auf Wiedersehn. Wir ruhen all in Gottes Hand, lebt wohl, auf Wiedersehn.

Shut de do

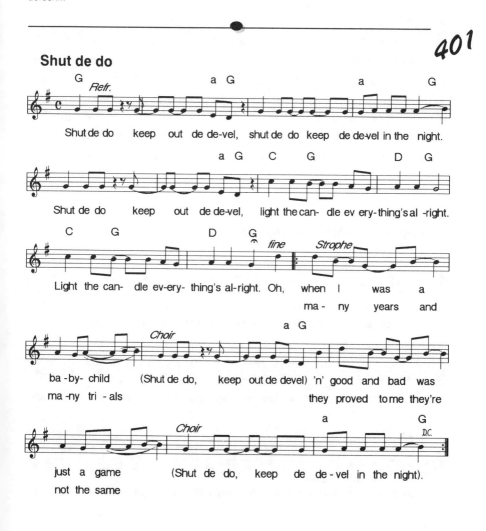

2 Oh, Satan is an evil charmer (...) he's hungry for a soul to hurt (...) and without your holy arm (...) he will eat you for dessert (...).

3 My mama used to sing this song (...) my papa used to sing it too (...) Jesus called and took them home (...) and so I sing this song for you (...).

T/M Labi Siffre

402 Siehe, ich habe dir geboten

Siehe, ich habe dir ge boten, dass du getrost und freu dig seist; darum fürchte dich

nicht, ich bin dein Gott! Denn wer sich fürchtet, weiss nicht, dass Gott ihn liebt.

2 Auch wenn du schwach bist, so hat dich Gott erwählt.

3 Denn tief in dir lebt der Gott und Herr der Welt.

T/M: Kommunität Gnadenthal, aus: Mosaik 1-4/5 © Präsenz-Verlag, Gnadenthal, D-Hünfelden

403 Si hei dr Wilhälm Täll ufgfüert

Si hei dr Wil-hälm Täll uf-gfüert im Löi- e z'Not-tis- wil. Da bruuchts vil Volk, gwüss ds halbe Dorf het mitgmacht i däm

Spil. Die and-ri Helf-ti isch im Saal gsy, bym-ne gros-se Bier, alls

Pub-li-kum het zue-gluegt und isch gspannt gsy was pas-sier. -här, si·

wür -de d'Frei -heit gwin -ne, wenn sie dä - wäg z'gwin -ne wär, si wär.

2 Am Afang isch es schön gsy, da het als Stouffacherin, d'Frou Pfarrer mit em Schnyder gredt i Wort vo tiefem Sinn. Und alls isch grüert gsy: sie het dasmal nid gseit ds Chleid syg z'tüür, und är het guet ufpasst dass är dr Fade nid verlüür.

3 Uf ds mal churz vor em Oepfelschuss, dr Lehrer chunnt als Täll, sy Sohn dä fragt ne dis und äis, da rüeft dert eine schnäll, wo undrem Huet als Wach isch gstande, so dass's jede ghört: wieso fragt dä so tumm, het dä ir Schuel de nüt Rächts glehrt?

4 E Fründ vom Täll, e Maa us Altdorf, zwickt em eis uf ds Muul, und dise wo dr Huet bewacht git ume gar nid fuul, und stosst im mit syr Helebarde eine zmitts i Buuch. Da chunnt scho ds Volk vo Uri z'springe, tonner, jitz geits ruuch.

5 Die einte, die vo Oeschterrych, die näh für d'Wach Partei, die andre, die vo Altdorf, für e Täll - ei Schlegerei. Mit Helebarde, Kartonschwärt, Gulisse schlöh si dry, dr Täll ligt underem Gessler scho, da mischt dr Saal sech y.

6 Jitz chöme Gleser z'flüge, jede stillt sy gheimi Wuet, es chroose Tisch u Bänk, u ds Bier vermischt sich mit em Bluet. Dr Wirt rouft sech sys Haar, d'Frou schinet brochni Glider y. Zwo Stund lang het das duuret, du isch Oeschterrych gschlage gsy.

7 Si hei dr Wilhälm Täll ufgfüert im Löie z'Nottiswyl, und gwüss no nienen i naturalistischerem Schtyl. D'Versicherig hets zalt, hingängen eis weis i sithär, /:si würde d'Freiheit gwinne, wenn sie däwäg z'gwinne wär.:/

T/M: Mani Matter © 1972 by Benziger Verlag AG, CH-Zürich

Sing mit mir ein Hallelujah

404

Sing mit mir ein Hal- le- lu- jah, sing mit mir ein Dan- ke-
Denn im Dan- ken da liegt Se- gen und im Dan- ken preis' ich

schön!

ihn: Für den Re- gen in der Nacht, für die

Son - ne, die mir lacht, für die Luft, die mir den A - tem gibt.

2 Für die Freude, die ich hab', für die Liebe jeden
   Tag, die aus seiner grossen Gnade quillt.

3 Dafür, dass er heute lebt und mir treu zur Seite
   steht, dafür, dass mich seine Liebe trägt.

T/M: Thomas Eger © Born-Verlag, D-Kassel

405 Singt dem Herrn, alle Völker

Singt dem Herrn, al-le Völ-ker und Ras-sen, Tag für Tag ver-kün-det sein Heil

Singt, als wär es zum er-sten Mal, singt in al-len Spra-chen und Tö-nen,

singt und ruft sei-nen Na - men aus. Wer-det nicht mü-de,

von ihm zu sprechen von seiner verborgenen Gegenwart in al-lem, was lebt und ge-

schieht. Sucht neu-e Wor-te, das Wort zu ver-kün-den,

neue Gedanken, es auzudenken, da - mit alle Menschen die Botschaft hör'n.

Lasst Gott gross sein und be-tet ihn an. Er ist mehr als

Wort und Ge - dan - ke. Sagt es al - len: er ist der Herr.

T/M. Hans Bernhard Meyer/Peter Janssens © Peter Janssens Musik Verlag, D-Telgte-Westfalen

Singt dem Herrn ein neues Lied

Singt dem Herrn ein neues Lied, singt dem Herrn ein neues Lied, denn er

tut gros - se Wun - der ü - ber - all. Jauch-zet ihm, al - le Welt, jauch-zet dem

Herrn, singt, rühmt und prei-set ihn, den Herrn al ler Er-den. Herrn al ler Er den.

2 Er ist stark und siegreich, die Seinen lässt er nicht im Stich. Ost und West, Süd und Nord, allen ist er Herr.

   Jauchzet ...

3 Er ist stark ...

4 Lobt den Herrn mit Liedern, und lobt ihn mit Posaunenton, jauchzt ihm mit Schlagzeug und singt mit Saxophon.

   Jauchzet ...

5 Lobt den Herrn ...

6 Land und Meer und Berg und Tal, alle Menschen singen ihm; denn das Ziel aller Welt liegt in ihm allein.

   Jauchzet ...

7 Land und Meer ...

8 Singt dem Herrn ein neues Lied, ...

T/M: Glossner, Herbert © Bosse-Verlag, aus "Gott ist da"

407

Singt und tanzt

Singt und tanzt und ju - belt laut vor Freu - den! Gott, der Herr, lässt
Kommt her - ein, auch ihr seid ein - ge - la - den. Kommt und lasst uns

Strophe

uns ein Fest be - rei - ten.
           mit ihm fröh - lich sein.
                        Reiss dich los und

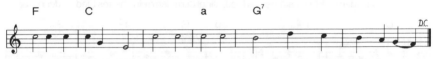

ei - le ins Va - ter-haus. Er, dein Va - ter, schaut längst schon nach dir aus.

2 Er, dein Vater, will dir vergeben. So beginnst
du dein neues Leben.

3 Niemals wird das Feiern zu Ende sein. Nach
der Fremde bist du ja nun daheim.

T/M: Kommunität Gnadenthal; aus: Mosaik 1-4/5 © Präsenz-Verlag, Gnadenthal, D-Hünfelden

408

S'isch äbene Mönsch uf Aerde

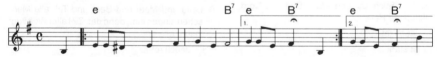

S'isch ä - be-ne Mönsch uf Aer - de, Si-me-li-berg! S'isch Si-me-li-berg! Und

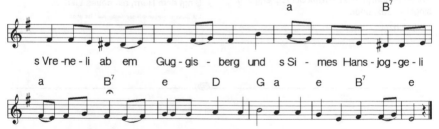

s Vre -ne - li ab em Gug - gis - berg und s Si - mes Hans - jog - ge - li

ä - net em Berg, s'isch ä-be-ne Mönsch uf Aer-de, dass i möcht bi-n- ihm si.

2 /:Und mahn er mir nid wärde, Simeliberg!:/
Und s Vreneli ... s isch äbene Mönsch uf
Aerde, vor Chummer stirben i.

3 /:Und stirben i vor Chummer, Simeliberg!:/ ...
so leit me mi is Grab.

4 /:Dört unten i der Tiefi, Simeliberg!:/ ... da steit
es Mühlirad.

5 /:Das mahled nüt als Liebi, Simeliberg!:/ ... bi
Nacht und auch bi Tag.

6 /:Und s Mühlirad isch broche, Simeliberg!:/ ...
und d Liebi het es Aend.

Siyahamba

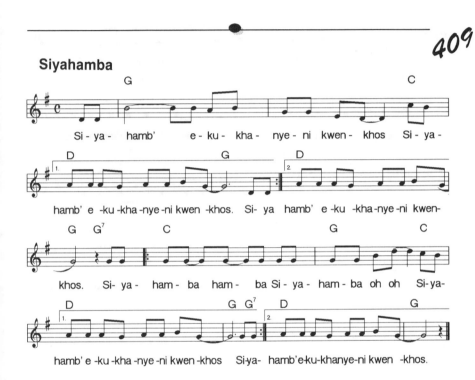

Si - ya - hamb' e - ku - kha - nye - ni kwen - khos Si - ya -
hamb' e -ku -kha -nye -ni kwen -khos. Si- ya hamb' e -ku -kha -nye -ni kwen-
khos. Si - ya - ham - ba ham - ba Si - ya - ham - ba oh oh Si-ya-
hamb' e -ku -kha -nye -ni kwen -khos Si-ya- hamb'e-ku-khanye-ni kwen -khos.

We are marching in the light of God

(gleiche Melodie wie Siyahamba)

/:We are marching in the light of God, we are
marching in the light of God.:/ We are mar-
ching, marching, we are marching, oh, we are
marching in the light of God.

(S' Känguruh siehe unter The Kangaroo)

411

S' Müsli

D · · · · · · · · · · · A

Am Belle- vue hockt es Müs- li, es sün- ne- let sis Fäll. Da

g# · · · · · · f# · · · · · · D

chunt en groosse Ka -ter, jetz gaat al es schnäll. S'Müs-li rännt de -voo, ver-

G · · · · · · E⁷ · · · · · · A

bii isch's mit de Rueh, de Ka-ter rüeft em naa: "He Müs- li los doch zue":

Refr.

Chomm, mir bou -ed e Schtadt mi -te -nand, s'ein -zig Gsetz wird d'Lie -bi si

i de - re Schtadt, wo mir wänd, isch a - le Schtriit ver - bii.

2 Es Fischli schwümmt im Wasser, es baded vor
sich hii, es trüllt so sini Runde und tänkt sich
nüt debii. Doch luutlos chunt vo hine en Hecht
dick und fett. Er schpeert sis riise Muul uf und
seit dänn ganz nett.

3 E Mugge summet schtill es Liedli vor sich hii,
si gseet drum nöd säb Schpinnenetz und
flüügt diräkt deet drii. D'Schpinne pirscht sich
ane, für d'Mugge isch's verbii, doch si hilftere
usem Gwickel und ladt si zu sich ii.

4 Ich ha daa en Gedanke, s'isch nume en Idee,
doch waag ich's fasch nöd z'säge: Villicht gits
drus no mee. Chum es bitzli nöcher, ich flüsch-
teres is Ohr. Sägemal, wie chunter das dänn
vor?

T/M/©: Bruno Pedrazzoli, CH-Bern-Ittigen

Soli Deo gloria

Kanon zu 3 Stimmen

Glo -ri - a, glo -ri - a, so -li De -o glo -ri -a, so - li De - o glo - ri - a,

glo -ri - a. So - li De - o, so - li De - o, so - li De - o glo -ri -a, so -li De - o,

so -li De - o glo -ri - a. So - li De - o, so - li De - o, so - li De - o

glo -ri -a, glo -ri -a, glo - ri -a, glo -ri- a. So - li De - o glo - - ri - a.

T/M: Paul Kickstat © Musikverlag Gerhard Rabe, D–Köln-Rodenkische

Somebody's knocking at your door

Refr.

Some -bo - dy's knock -ing at your door, some -bo - dy's knock -ing at your

door, oh sin -ner, why don't you an-swer? Some-bo - dy's knock-ing at your

door. Knocks like Je-sus, some-bo-dy's knock-ing at your door,

knocks like Je-sus, some-bo-dy's knock-ing at your door, oh sin-ner,

why don't you an-swer? Some-bo-dy's knock-ing at your door.

2 Can't you hear him? ...

3 Answer Jesus ...

414 Sometimes I feel

Some-times I feel like a moth-er-less child, some-times I feel like a

moth-er-less child, some-times I feel like a moth-er-less child, a

long way from home, a long way from home,

2 /::Sometimes I feel like I'm almost gone,::/
/:way up in the heavenly land.:/

3 /::Sometimes I feel like a feather in the air.::/
/:A long way from home.:/

(Sometimes in our lives siehe **Lean on me)**

Sonne der Gerechtigkeit

Son - ne der Ge - rech -tig - keit, ge - he auf zu uns - rer Zeit; brich in dei-ner Kir-che an, dass die Welt es se -hen kann. Hand.

2 Weck' die tote Christenheit aus dem Schlaf der Sicherheit, mache deine Kraft bekannt überall im ganzen Land.

3 Schaue die Zertrennung an, der kein Mensch sonst wehren kann; sammle, grosser Menschenhirt, alles, was sich hat verirrt.

4 Tu der Völker Türen weit, mach die Herzen doch bereit; hemme List und Todesmacht, schaffe Licht in dunkler Nacht.

5 Gib den Boten Kraft und Mut, Glaubenshoffnung, Liebesglut; lass viel Früchte deiner Gnad' folgen ihrer Tränensaat.

6 Lass uns deine Herrlichkeit spüren auch in dieser Zeit, und mit Zeichen deiner Hand leben mit des nächsten Hand.

T/M: KGB 335 mit adaptierten Worten/Martin Peier, CH-St. Gallen

S' Ramseyers wei go grase

S'Ram-sey-ers wei go gra - se, s'Ram-sey-ers wei go gra - se, s'Ram-sey- ers wei go gra - se, wohl uf de Güm-me- li- ge Berg. Fi- de- ri, fi- de-ra, fi- de-ra- la- la- la- la, fi- de- ri, fi- de-ra, fi- de-ra- la- la- la-la, s'Ram-

2 /::De Aeltischt geit a d'Stange,::/ die angere hingeredri.

3 /::Er laht die Stange fahre,::/ und s'Gras gheit hingeri.

4 /::Do chunnt der alt Ramseyer,::/ mit em
Stäcke i dere Hand .

5 /::"Cheut ihr nid besser achtig geh!::/ ihr don-
ners schnuderige Hüng!"

6 /::"Mou, mou, mir cheu scho achtig geh,::/ mir
si kei schnuderigi Hüng!"

417

Steal away

Steal a - way, steal a - way, steal a - way to Je - sus;
steal a - way, steal a - way home, I ain't got long to stay here.

My Lord He calls me; He calls me by the thun - der; the
trum - pet sounds with - in my soul; I ain't got long to stay here.

2 Green trees are bending, the sinner stands a
trembling; the trumpet sounds within my soul;
I ain't got long to stay here.

3 My Lord, he calls me; he calls me by the light-
ning; the trumpet sounds within my soul; I ain't
got long to stay here.

418

Stille Nacht, heilige Nacht

Stil - le Nacht, hei - li - ge Nacht, al - les schläft, ein - sam wacht

nur das trau - te hoch - hei - li - ge Paar, hol - der Kna - be im lok - ki - gen Haar,

schlaf in himm - li - scher Ruh. Schlaf in himm - li - scher Ruh.

2 Stille Nacht, heilige Nacht, Gottes Sohn, oh
wie lacht Lieb' aus deinem göttlichen Mund, da
uns schlägt die rettende Stund, /:Christ, in dei-
ner Geburt.:/

3 Stille Nacht, heilige Nacht, die der Welt Heil
gebracht aus des Himmels goldenen Höhn,
uns der Gnaden Fülle lässt sehn: /:Christ in
Menschengestalt.:/

4 Stille Nacht, heilige Nacht, wo sich heut' alle
Macht väterlicher Liebe ergoss, und als Bru-
der huldvoll umschloss /:Christ die Völker der
Welt:/

5 Stille Nacht, heilige Nacht, Hirten erst kund-
gemacht; durch der Engel Halleluja tönt es laut
von fern und nah: /:Christ, der Retter ist da!:/

419

Streets of London

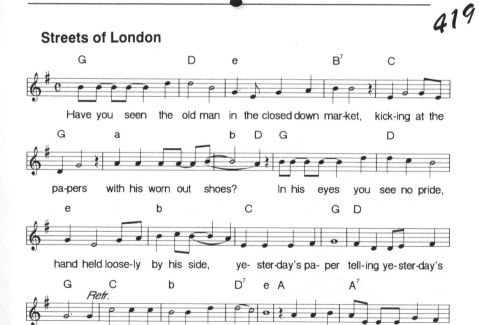

Have you seen the old man in the closed down mar-ket, kick-ing at the

pa-pers with his worn out shoes? In his eyes you see no pride,

hand held loose-ly by his side, ye- ster-day's pa- per tell-ing ye-ster-day's

Refr.

news. So how can you tell me you're lone- ly and say for you that the sun doesn't

shine? Let me take you by the hand and lead you through the streets of Lon - don. I'll show you some-thing to make you change your mind.

2 Have you seen the old girl who walks the streets of London, dirt in her hair and her clothes in rags? She's no time for talkin', she just keeps right on walkin', carrying her home in two carrier bags.

3 In the all night café at a quarter past eleven same old man sitting there on his own, looking at the world over the rim of his teacup and each tea lasts an hour and he wanders home alone.

4 Have you seen the old man outside the seaman's mission, memory fading with the medal ribbons that he wears? And in our winter city the rain cries a little pity for one more forgotten hero and a world that doesn't care.

T/M: Ralph McTell © by Westminster Music Ltd. / Essex Musikvertrieb GmbH, D-Bergisch Gladbach

420 Strassen unserer Stadt

(gleiche Melodie wie Streets of London)

1 Siehst du dort den alten Mann, mit ausgetret'nen Schuh'n schlurft er übers Pflaster, und er sieht so müde aus. Hin und wieder hält er an, nicht nur um sich auszuruh'n, denn er hat kein Ziel und auch kein Zuhaus.

Doch du redest nur von Einsamkeit, und dass die Sonne für dich nicht scheint. Komm und gib mir deine Hand, ich führe dich durch unsre Strassen. Ich zeig' dir Menschen, die wirklich einsam sind.

2 Kennst du die alte Frau, die auf dem Marktplatz steht mit schneeweissem Haar, welke Blumen in der Hand? Die Leute geh'n vorbei, sie merkt nicht, wie die Zeit vergeht, so steht sie jeden Tag, und niemand stört sich dran.

3 Im Bahnhofrestaurant sitzt um ein Uhr in der Frühe der selbe alte Mann, und er sitzt ganz allein. Er ist der letzte Gast, und das Aufsteh'n macht ihm Mühe. Fünf leere Stunden, fünf leere Gläser Wein.

4 Siehst du dort den alten Mann mit ausgetret'nen Schuh'n schlurft er übers Pflaster, und er sieht so müde aus. Denn in einer Welt, in der nur noch die Jugend zählt, ist für ihn kein Platz mehr, und auch kein Zuhaus.

T/M: Christian Heilburg/Ralph McTell © by Westminster Music Ltd. / Essex Musikvertrieb GmbH, D-Bergisch Gladbach

Sur le pont d'Avignon

Sur le pont d'A -vi -gnon l'on y dan -se, l'on y dan -se, tout en rond. Les

beaux Mes - sieurs font comme ça et puis en -co - re comme ça:

2 Les belles dames...

3 Les petits bébés...

4 Les bons amis...

5 Les musiciens...

6 Et les abbés...

7 Et les gamins...

Swing low, sweet chariot

Swing low, sweet char - i - ot, com - in' for to car -ry me home.

Swing low, sweet char - i - ot, com - in' for to car -ry me home. I

looked o-ver Jor-dan, an' what did I see, com-in' for to car-ry me home, a

band of an -gels com -in' af -ter me, com -in' for to car -ry me home.

2 If you get there before I do, ... all tell my friends that I'm a-comin' too...

3 I'm sometimes up an' sometimes down, ... but still my soul feels heavenly boun'...

Komm, Herr

(gleiche Melodie wie Swing low, sweet chariot)

/:Komm Herr, dass wir dich sehen. Bist
du uns nicht überall nah?:/

1 Ich singe vor Freud', ich hab' mein Vergnügen.
Bist du uns nicht überall nah? Die letzte Freud'
kannst Du uns geben. Bist Du uns nicht über-
all nah.

2 Versklavt an die Arbeit verplant, verloren. ...
Wann werden wir dich sehen kommen? ...

3 Ich geh' mit den vielen, doch fremd verlassen.
... Zerbrich die Mauern, weck die Stummen. ...

4 Ich möchte gern frei sein von Sünden und Feh-
lern. ... Ich kämpfe, ich fall' immer wieder. ...

T/M: L. Hoffmann/trad.

424

Tausend und eine Nacht

Du woll- test dir bloss den A- bend ver-trei- ben und

nicht grad' al-lein geh'n und riefst bei mir an. Wir wa-ren nur Freun- de und

woll- ten's auch blei- ben, ich dacht' nicht im Traum, dass was pas-

sie-ren kann. Ich weiss nicht, wie e- wig wir zwei uns schon kennen. Dei-ne

b | **A** | **D** | **E** | **A** | **E**

Eltern sind mit meinen damals kegeln gefahr'n, wir blieben zu Haus, du schliefst

D | **A** | **D** | **f#** | **B** | **D**

ein vorm Fern- seh'n, wir war'n wie Geschwi- ster in all' den Jahr'n.

A | **E**
Refr.

Tau- send- mal be- rührt, tau- send- mal ist nix pas- siert,

f# | **b⁷** | **E** | **D** | **A**

tau-send und ei- ne Nacht und es hat Zoom ge- macht.

2 Erinnerst du dich, wir ha'm Indianer gespielt,
und uns an Fasching in die Büsche versteckt.
Was war eigentlich los, wir ha'm nie was
gefühlt, so eng nebeneinander un' doch gar
nix gecheckt. War alles logisch, wir kennen
uns zu lange, als dass aus uns nochmal irgen-
was wird. Ich wusst' wie dein Haar riecht, und
die silberne Spange, hatt' ich doch schon tau-
sendmal beim Tanzen berührt.

3 Wieviele Nächte wusst' ich nicht, was gefehlt
hat, wär' nie drauf gekommen, denn das warst
ja du. Und wenn ich dir oft von meinen Pro-
blemen erzählt hab', hätt' ich nie geahnt, du
warst der Schlüssel dazu. Doch so aufgewühlt
hab' ich dich nie gesehen, du liegst neben mir,
und ich schäm' mich fast dabei. Was war bloss
passiert, wir wollten tanzen gehen, alles war
so vertraut und jetzt ist alles neu.

T/M: N. Heirel/G. Walger © 1985 Edition Musikant, Musikverlag GmbH, D-Berlin

425

Thank you Lord

D | **A** | **b b⁷** | **G** | **D** | **e⁷** | **E⁷sus4**

Thank you Lord, I just want to thank you, I just want to thank you.

D | **A** | **b b⁷** | **G** | **D** | **e⁷** | **E⁷sus4** | **D** | **A**

Oh, na na na na na na na na na na na na na na I just want

T/M: A. Crouch

426 Thank you Lord for giving us food

That's what friends are for

And I ne - ver thought I'd feel this way, and as far as I'm con -
if I should ev - er go a - way, well, then close your eyes and

cerned I'm glad I've got the chance to say, that I do be - lieve I
try to feel the way we do to - day, and then

love you, and

Keep smil - ing, keep shin - ing,

if you can re - mem - ber.

know - ing you can al - ways count on me for sure.

That's what friends are for. For good times and bad times

I'll be on your side for ev - er more, that's what friends are for.

2 'cause you came and opened me, now there's
so much more I see, and so by the way I thank
you and then for the times when we're apart
well then close your eyes and know the words
are coming from my heart, and then if you can
remember.

T/M: Dionne Warwick & Friends

428 The boxer

I am just a poor boy. Though my sto-ry's sel-dom told, I have
left my home and my fami-ly I was no more than a boy. In a

squan-dered my re-sist-ance for a pock-et-ful of mum-bles, such are
com-pa-ny of stran-gers, in the quiet of a rail-way sta-tion runn-in'

pro-mis-es. All lies and jest, still a man hears what he
scar-ed. Lay-ing low, seek-ing out the poor-er

wants to hear and dis-re-gards the rest. When I
quar-ters where the ragg-ed peop-le go, look-ing

for the pla-ces on-ly they would know. Lie-la-lie,
lie-la- lie-la-lie-la-

lie, lie-la- lie, lie-la-lie-la-la-la-la-la-lie - la-la-la-la-lie.

3 Asking only workman's wages I come looking for a job, but I get no offers, just a come on from the whores on Seventh Avenue. I do declare, there were times when I was so lonesome I took some comfort there. Ooolala lala lala.

4 Then I'm laying out my winter clothes and wishing I was gone, going home where the New York City winters aren't bleeding me, leading me, going home.

5 In the clearing stands a boxer and a fighter by his trade and he carries the reminders of ev'ry glove that laid him down or cut him till he cried out in his anger and his shame, "I am leaving, I am leaving!", but the fighter still remains.

/: Liela lie, Lielalie la lielalie, Lielalie Liela lie lala la la liela la la la la lie.:/

T/M: Paul Simon © Paul Simon Music / Fanfare Musikverlag, D-München

The first nowell

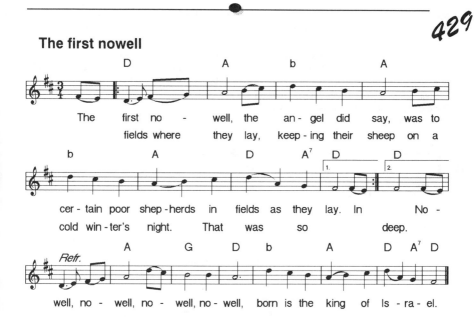

The first no - well, the an - gel did say, was to
fields where they lay, keep - ing their sheep on a

cer - tain poor shep - herds in fields as they lay. In No -
cold win - ter's night. That was so deep.

well, no - well, no - well, no - well, born is the king of Is - ra - el.

2 They looked up and saw a star, shining in the east beyond them far; and to the earth it gave great light, and so it continued both day and night.

3 This star drew nigh to the northwest, over Bethlehem it took its rest, and there it did both stop and stay, right over the place where Jesus lay.

4 Then let us all with one accord sing praises to our heavenly Lord, that hath made heaven and earth of nought, and with his blood mankind hath bought.

The house of the Rising Sun

There is a house in New Or - leans they call the Ris - ing Sun, and it's

been the ruin of ma-ny a poor girl, and me, oh Lord, I'm one.

2 My mother is a tailor. She sews those new blue jeans. My father is a gambling man, drinks down in New Orleans.

3 The only thing a gambler needs is a suitcase and a trunk, and the only time he is satisfied, is when he's all a-drunk.

4 Go tell, go tell my baby sister, never do like I have done. To shun that house in New Orleans they call the Rising Sun.

5 Well I've one foot on the platform, the other on the train, I'm going back to New Orleans to wear that ball and chain.

6 I'm going back to New Orleans, my race is almost run, I'm going back to spend my life, beneath that Rising Sun.

431 The kangaroo

Swing

When things go wrong, when peop-le frown and all the world seems up-side down, when we are con-fused and need a light, what shall we do?

What shall we do? Why, we must jump like the kan-go -roo.

2 When the future is dim, when plans are lost, how can we learn to bear the cost? And we don't know just where to turn, what shall we do?

3 When we want to love, when your brothers call, the task seems great and we are so small, should we start here, should we start there? What shall we do?

4 To be saints together we are on our way both feet firmly in our ray. It's the will of God for me and you for us to jump

like the kangaroo. Why, we must jump like the kangaroo.

S 'Känguruh

432

(gleiche Melodie wie The kangaroo)

1 Wenn alls schief gaat, jede macht en Stei. Und keine weiss me us no ii, wenn's nümme gsesch, es löschter ab. Und jetzt, was machsch?

Es git nur eis: Du machsch en Gump wie n'es Känguruh!

2 Wenn nümme weisch, wo's dure söll, wenn alli Plän dernäbed gönd. S'isch gar nöd liecht, das durestah und wiiterzgaa.

3 Wenn öpper dini Liebi bruucht, wenn Ufzgi häsch und chunsch nöd drus, s'isch z'vill für dich, du fühlsch di z'chli. Und jetzt, was machsch?

4 Mir sind unterwägs zur Sunne, hie zäme wämmer vorwärts goo. Mit beide Füess jede uf sim Weg, drum seit au ER:

Mundart: Martin Peier & Freunde, CH-St. Gallen

(The leaves are gold siehe A chance to live)

The man from a Galilee

433

Gleiche Melodie in Strophe, aber rhythmisch schwieriger

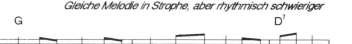

Put your hand in the hand of the man who stilled the wa- ter,

put your hand in the hand of the man who calmed the sea.

Take a look at your-self, and you can look at oth-ers diff'-rent- ly,

by putt- in' your hand in the hand of the man from a-Ga-li- lee.

1 Ev'ry time I look into the Holy Book I want to tremble, when I read about the part where a carpenter cleared the temple; for the buyers and the sellers were no diff'rent fellers than what I profess to be, and it causes me shame to know I'm not the gal that I should be.

2 Mama taught me how to pray before I reached the age of seven, and when I'm down on my knees that's a-when I'm close to heaven; Daddy lived his life with two kids and a wife; you must do, you must do, but he showed me enough of what it takes to get you through.

T/M: Gene MacLellan © 1970 Beechwood Music of Canada, Don Miles, Ontario, Edition Accord Musikverlag GmbH, D-Hamburg

De Maa vo Nazareth

(gleiche Melodie wie The man from a Galilee)

Tue dini Hand i die Hand vo dem Maa, wo's
Wasser beruigt hät. Tue dini Hand i die Hand
vo dem Maa, wo dir Rue gää wett. Und dänn
gsesch die sälber, und gseesch au di andere
andersch als vorhär. Mit diner Hand id e Hand
vo dem Maa vo Nazareth.

T: H. U. Jäger, CH-Einsiedeln

(There comes a time siehe We are the world)

(There goes my baby siehe Bye-bye, love)

(There is a house in New Orleans siehe The house of the rising sun)

There's hope

There's hope, joy and there's mer - cy, hid - den in this world, to - day.

Can't you see it? Can't you feel it, a - ny - way, through be -
Through the Spi - rit you can live it, ev' - ry - day through be -

liev -ing you can find an - o -ther way. There's

liev -ing you can

find the on -ly way. This whole world is filled with dark -ness

and the peo-ple don't wan-na see, the light that came to

shine and be, the on-ly way to set us free. There's

2 All around us there's darkness just open up
your eyes and see, this world is not how it's
made to be, but Jesus came to set us free.

There were ten green bottles

(Gleich beigefügt: eine Schweizer Mundartversion)

There were ten green bott-les hang-ing on the wall, ten green
Da hät's zäh grüeni Fläsch-li, die hang-ed a de Wand. Zäh grüeni

bott-les hang-ing on the wall, and if one green bott-le should
Fläsch-li hang-ed a de Wand. Und wänn eis grüens Fläsch-li an

ac-ci-dent-ly fall, there'd be nine green bott-les a-hang-ing on the wall.
Bo-de a-be-gheit, denn het's nüün grüen Fläsch-li häng-end a de Wand.

2 There were nine green bottles hanging ...
3 There were eight green bottles...
...

10 There was one green bottle hanging on the
wall, one green bottle hanging on the wall. And
if that one green bottle should accidently fall,
there'd be nothing but the smell a-hanging on
the wall.

436

437

The universal soldier

C — F — G — C — a

He is five feet two and he's six feet four, he

F — G — C — F — G

fights with mis- siles and with spears, he is all of thir- ty- one and he's

C — a — F — d — G

on- ly sev- en- teen, 's been a sold- ier for thou- sand years.

2 He's a Catholic, a Hindu, an atheist, a Chein, a Buddhist and a Baptist and a Jew, and he knows he shouldn't kill and he knows, he always will care for me, my friend, and I will care for you.

3 And he's fighting for Canada, he's fighting for France, he's fighting for the U.S.A. and he's fighting for the Russians, he's fighting for Japan, and he thinks we put an end to war this way.

4 And he's fighting for democracy, he's fighting for the Reds, he says it's for the peace of all, he's the one, who must decide, who's to live and who's to die, and he never sees the writing on the wall.

5 And without him, how would Hitler kill the people at Dachau, without him Caesar would have stood alone, he's the one, who gives his body as a weapon of the war, and without him always killing can't go on.

6 He's the universal soldier, and he really is to blame, his orders came from far away, no more; they came from here and there, and you and me ain't brothers, can't you see, this is not the way we put an end to war!

T/M: Buffy Sainte-Marie © peermusic, Southern Music AG, 8604 Volketswil

438

This land is your land

Refr. und Strophe mit gleicher Melodie

G — C — G — D

This land is your land, this land is my land, from Ca- li- for- nia

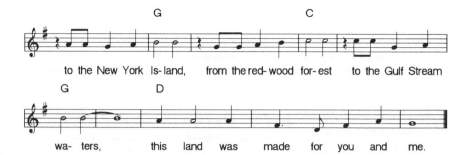

G **C**

to the New York Is- land, from the red- wood for- est to the Gulf Stream

G **D**

wa- ters, this land was made for you and me.

1 As I was walking that ribbon of highway, I saw above me that endless skyway. I saw below me that golden valley, this land was made for you and me.

2 I roamed and rambled, and I followed my footsteps to the sparkling sands of her diamond

deserts, and all around me, a voice was sounding, this land was made for you and me.

3 When the sun came shining, and I was strolling, and the weat fields waving, and the dust clouds rolling, as the fog was lifting, a voice was chanting, this land was made for you and me.

T/M: Woody Guthrie © by Ludlow Music Inc. / Essex Musikvertrieb GmbH, D-Bergisch Gladbach

---

439

This little light

D **a⁷** **D** **a⁷** **D** **a⁷** **D** **a⁷** **G** **d⁷**

This litt-le light of mine I'm gon-na let it shine. This litt-le light of mine

Jesus gave it to me. Jesus gave it to me.

G **d⁷** **G** **d⁷** **G** **d⁷** **D** **a⁷** **D** **a⁷**

I'm gon-na let it shine. This litt-le light of mine.

Jesus gave it to me.

D **a⁷** **D** **a⁷** **D** **A⁷ˢᵘˢ⁴** **g⁷** **a⁷** **D** **A⁷ˢᵘˢ⁴**

fine

I'm gon-na let it shine. Let it shine. Let it shine. Let it shine.

a⁷ **D** **a⁷** **D** **G**

Ev-ery-where I go, Lord, ev-ery-where I'll be. Ev-ery-where I go,

Ev-ery-where I'll be, I'm gon-na hold my light up high for the world to see. I'm gon-na let it shine. I'm gon-na let it shine. I'm gon-na let it shine. Let it shine. Let it shine. Let it shine.

T/M: Bobby Jones

440 This world is driving me mad

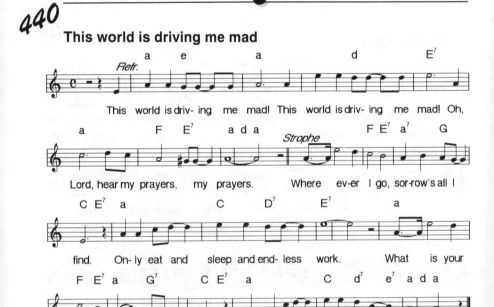

Refr.
This world is driv-ing me mad! This world is driv-ing me mad! Oh, Lord, hear my prayers, my prayers.

Strophe
Where ev-er I go, sor-row's all I find. On-ly eat and sleep and end-less work. What is your will for me, oh my God? What am I to do in this mad world?

2 In the darkness I stretch out my hands for help. Suddenly a bright light shines on me. Jesus stands before me with tearfilled eyes. He says, I am waiting, come to me.

Tom Dooley

Refr. und Strophe mit gleicher Melodie

G — a⁷ — G — D⁷

Hang down your head, Tom Doo-ley, hang down your head and cry,

a⁷ — D⁷ — d⁷⁽ᵇ⁹⁾ — G

hang down your head, Tom Doo-ley, poor boy you're bound to die.

1 Met her on a montain, I swore she'd be my wife, but the gal refused me, so I stabbed her with my knife.

2 This tim tomorrow, reckon where I'll be? Down in some lonesome valley, hanging from a white oak tree.

Alles vorbei, Tom Dooley

(gleiche Melodie wie Tom Dooley)

Alles vorbei, Tom Dooley, noch vor dem Morgenrot ist es gescheh'n, Tom Dooley, dann bist du tot, old Boy.

(Gesprochen, Chor singt auf "mmmmm" weiter:) Das ist die Geschichte von Tom Dooley aus Tennessee und seinem Ende. Er liebte die Frau eines andern, und weil sie nichts von ihm wissen wollte, da erdolchte er sie. Ich, der Sheriff, musste Tom Dooley zum Tode verurteilen, und morgen, ja morgen muss er hängen.

Alles vorbei, Tom Dooley, ...

1 Keiner wird um dich weinen. Auf deinem letzten Gang wird keine Sonne scheinen, klingt dir kein Glockenklang.

2 Hinter den blauen Bergen wartet ein kleines Haus. Hinter den blauen Bergen bist du nicht mehr zuhaus.

3 Drum nimm dir noch einen Whisky, trink ihn mit dir allein. Das ist ein harter Whisky und wird dein letzter sein.

4 Nie wieder mehr im Leben siehst du das Sonnenlicht. Gnade, die kann's nicht geben, Gnade, die gibt es nicht.

5 Willst du noch etwas sagen. Bald ist der Tag erwacht. Hörst du die Turmuhr schlagen, das ist die letzte Nacht.

443 Trittst im Morgenrot daher

Trittst im Mor- gen- rot da- her, seh' ich dich im Strah- len- meer, dich, du Hoch- er- ha- be- ner, Herr- li- cher! Wenn der Al- pen- firn sich rö - tet, be- tet, frei- e Schwei - zer, be- tet. Eu- re from- me See- le ahnt, eu- re from- me See- le ahnt, Gott im heh- ren Va- ter- land, Gott, den Herrn, im heh-ren Va - ter- land.

2 Kommst im Alpenglühn daher, find ich dich im Sternenheer, dich, du Menschenfreundlicher, Liebender. In des Himmels lichten Räumen kann ich froh und selig träumen, /: denn die fromme Seele ahnt,:/ Gott im hehren Vaterland. Gott, den Herrn, im hehren Vaterland.

3 Fährst im wilden Sturm daher, bist du selbst uns Hort und Wehr, du allmächtig Waltender, Rettender. In Gewitternacht und Grauen lasst uns kindlich ihm vertrauen. /:Ja, die fromme Seele ahnt,:/ Gott im hehren Vaterland. Gott, den Herrn, im hehren Vaterland.

T/M L. Widmer/Alberik Zwyssig ("Schweizerpsalm")

(Tue dini Hand i die Hand siehe De Maa vo Nazareth)

(Uapapaduba siehe D' Bouschtell)

Über abendstille Auen

Kanon zu 4 Stimmen

Ue - ber a -bend- stil - le Au - en geht der letz - te hel - le Schein.

Va - ter, lass uns Son - ne schau -en, führ uns in dein Glück hin -ein.

Ue - ber a- bend - stil - le Au - en geht der letz - te hel - le Schein.

Va - ter, lass uns Son - ne schau en, führ uns in dein Glück hin - ein.

T/M: Schmid, Theo/Hensel, Walther © Bärenreiter-Verlag, D-Kassel

Über den Wolken

Wind Nord-ost, Startbahn Null- Drei, bis hier hör ich die Mo -to -ren.

Wie ein Pfeil zieht sie vor - bei, und es dröhnt in mei -nen Oh -ren,

und der nas -se As-phalt bebt. Wie ein Schlei-er staubt der Re - gen,

bis sie ab - hebt und sie schwebt der Son - ne ent - ge - gen.

Refr.

Ü - ber den Wol - ken muss die Frei - heit wohl gren - zen - los sein.

al le Aengste al le Sor gen, sagt man, blieben da runter ver - borgen, und dann

wür - de, was uns gross und wich - tig er-scheint, plötz - lich nich-tig und klein.

2 Ich seh' ihr noch lange nach, seh' sie die Wolken erklimmen, bis die Lichter nach und nach ganz im Regengrau verschwimmen. Meine Augen haben schon jenen winz'gen Punkt verloren. Nur von fern klingt monoton das Summen der Motoren.

3 Dann ist alles still, ich geh'. Regen durchdringt meine Jacke, irgend jemand kocht Kaffee in der Luftaufsichtsbaracke. In den Pfützen schwimmt Benzin, schillernd wie ein Regenbogen. Wolken spiegeln sich darin. Ich wär' gern mitgeflogen.

T/M. Reinhard Mey © Chanson-Edition Reinhard Mey, D-Bonn

446

Ubi caritas

U - bi ca - ri - tas et a - mor. U - bi ca - ri - tas De - us i - bi est.

M. J. Berthier "Gesänge aus Taizé" © Les Presses de Taizé / Christophorus-Verlag, D-Freiburg

Wo Barmherzigkeit und Liebe ist

(gleiche Melodie wie Ubi caritas)

Wo Barmherzigkeit und Liebe ist, da ist Gott
selbst.

M: J. Berthier "Gesänge aus Taizé" © Les Presses de Taizé / Christophorus-Verlag, D-Freiburg

Wo d'Barmherzigkeit

(gleiche Melodie wie Ubi caritas)

Wo d'Barmherzigkeit und d'Liebi isch, da isch
Gottes Geischt, da isch Gott mit eus.

(Und der Haifisch, der hat Zähne siehe Moritat von Mackie Messer)

(Und es geschah zu Zeiten siehe Immer nur Gras)

Und keiner soll sagen

Und kei-ner soll sa-gen, wer da isst, der sei schlecht, denn für
ei- ne isst die Tor- te, die der Him-mel ihm be - schert, und der

al - le, die da es - sen, wächst der Wei- zen erst recht. Und der
andre all die kleinen Krümelchen, die er fin- det auf der Erd.

2 Und keiner soll sagen, wer da trinkt, der sei
schlecht, denn für alle, die da trinken, wächst
der Weinstock erst recht. Und der eine trinkt
Champagner, den der Himmel ihm beschert,
/:und der andre all die kleinen Wässerchen,
die er findet auf der Erd.:/

3 Und keiner soll sagen, wer da tanzt, der sei
schlecht. Denn für alle, die da tanzen, spielt
die Musik erst recht. Und der eine tanzt den
Walzer, den der Himmel ihm beschert, /:und
der andre all die Rock and Röllerchen, die er
findet auf der Erd.:/

4 Und keiner soll sagen, wer da liebt, der sei schlecht, denn für alle, die da lieben, wächst die Liebe erst recht. Und der eine liebt die einzige, die der Himmel ihm beschert, /:und der andre all die kleinen Lümmelchen, die er findet auf der Erd.:/

(Und sie tanzen einen Tango siehe Kriminal-Tango)

450 Unfriede herrscht auf der Erde

Un- frie- de herrscht auf der Er- de. Krie- ge und Streit bei den Völ- kern und Un-ter-drük- kung und Fes- seln zwin- gen so vie- le zum Schwei- gen. *Refr.* Frie- de soll mit euch sein. Frie- de für al- le Zeit. Nicht so, wie ihn die Welt euch gibt, Gott sel- ber wird es sein.

2 In jedem Menschen selbst herrschen Unrast und Unruh' ohn' Ende, selbst wenn wir ständig versuchen, Friede für alle zu schaffen.

3 Lass uns in deiner Hand finden, was du für alle verheissen. Herr, fülle unser Verlangen, gib du uns selber den Frieden.

Unser Leben gleicht der Reise

Un - ser Le - ben gleicht der Rei - se ei - nes Wand - rers

in der Nacht. Je - der hat in sei - nem Glei - se

et - was, das ihm Kum - mer macht, et - was, das ihm Kum - mer macht.

2 Aber unerwartet schwindet vor uns Nacht und Dunkelheit, und der Schwergeprüfte findet /:Linderung in seinem Leid.:/

3 Darum lasst uns weitergehen, weichet nicht verzagt zurück. Hinter jenen fernen Höhen /:wartet unser noch ein Glück.:/

4 Mutig, mutig, liebe Brüder, gebt das bange Sorgen auf. Morgen geht die Sonne wieder /:freundlich an dem Himmel auf.:/

Unser Mund, der ist voll Jubel

Refr.

Un - ser Mund, der ist voll Ju - bel, un - ser Herz, das ist voll Dank, dass

du uns hast er - lö - set, er - kauft ein Le - ben lang. Wir prei - sen dei - ne

der du uns be -

| A | E⁷ | | A A⁷ | A |

Gü - te, die je - den Mor - gen neu, mit
hü - tet. Wie gross ist dei - ne Treu!

2 Wir richten unsre Blicke zu dir, dreiein'ger
Gott, und gehen nicht zurücke. Nur dir gebührt
das Lob.

3 Was unsre Augen sehen, schuf deine Wun-
derhand. Vor dir vereint wir stehen, du knüpfst
das Liebesband.

T/M: Kommunität Gnadenthal; aus: Mosaik 1-4/5 © Präsenz-Verlag, Gnadenthal,
D-Hünfelden

453

Unser Vater im Himmel

Un - ser Va - ter im Him - mel, ge - hei - ligt wer - de dein

Na - me, dein Reich kom - me, dein Wil - le ge - sche - he

wie im Him - mel so auf Er - den. Un - ser täg - li - ches

Brot gib uns heu - te und ver - gib uns, wie auch wir ver - ge - ben.

Führ' uns nicht in Ver - su - chung, son - dern er - lös' uns von dem

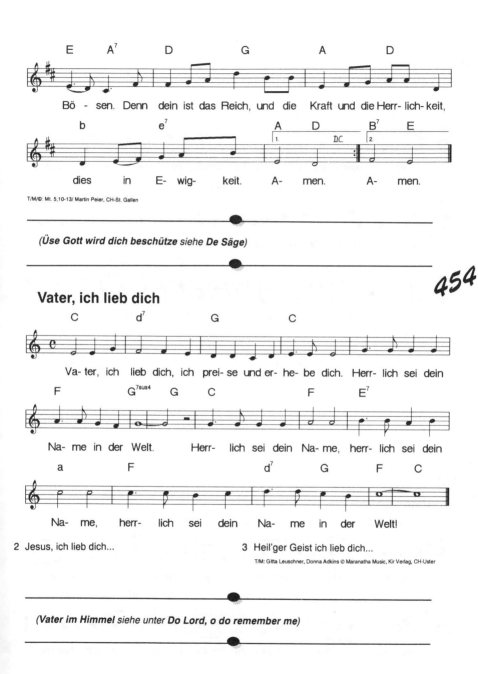

E   A⁷   D   G   A   D

Bö - sen. Denn dein ist das Reich, und die Kraft und die Herr- lich- keit,

b   e⁷   A   D   B⁷   E
1.   D.C.   2.

dies in E- wig- keit. A- men. A- men.

T/M/© : Mt. 5,10-13/ Martin Peier, CH-St. Gallen

(Üse Gott wird dich beschütze siehe De Säge)

454

Vater, ich lieb dich

C   d⁷   G   C

Va- ter, ich lieb dich, ich prei- se und er- he- be dich. Herr- lich sei dein

F   G⁷ˢᵘˢ⁴   G   C   F   E⁷

Na- me in der Welt.   Herr- lich sei dein Na- me, herr- lich sei dein

a   F   d⁷   G   F   C

Na- me, herr- lich sei dein Na- me in der Welt!

2 Jesus, ich lieb dich...   3 Heil'ger Geist ich lieb dich...

T/M: Gitta Leuschner, Donna Adkins © Maranatha Music, Kir Verlag, CH-Uster

(Vater im Himmel siehe unter Do Lord, o do remember me)

Vater, mach uns eins

G	C	D	G	C	D	C

Va- ter, mach uns eins. Va- ter, mach uns eins, dass die Welt er-

D		G D e	C	D	C G *fine*

kennt, du hast den Sohn ge- sandt, Va- ter, mach uns eins. Sie-he, wie

C	D	G	C	D

fein und wie lieb-lich ist's, wenn Brü-der in Ein-heit zu- sam-men sind, denn

C	D	G	e	C	D	G *D.C.*

dort hast du den Se- gen ver- heis- sen: Le- ben in E- wig- keit!

T/M: JmeM/Rick Ridings: "Father make us one" © 1976, 1983 Scripture in Song/Thankyou Music / Hänssler-Verlag, D-Neuhausen-Stuttgart

Vater unser

G	b	C	D	e	D	G

Va-ter un-ser, der du bist im Him-mel, ge- hei-ligt wer-de dein Na-me. Dein

b	a7	e	b	G	a7	G

Reich kom- me. Dein Wil- le ge-sche- he. Ge- hei- ligt wer- de dein Na- me.

2 Wie im Himmel, so auch auf Erden. Geheiligt werde dein Name. Unser tägliches Brot gib uns heute. Geheiligt werde dein Name.

3 Und vergib uns unsere Schuld ... Wie auch wir vergeben unsern Schuldnern ...

4 Und führe uns, Herr, nicht in Versuchung ... Sondern erlöse uns von dem Bösen ...

5 Denn dein ist das Reich und die Kraft ... Und die Herrlichkeit in Ewigkeit. Amen ...

T: E. Arfken © Strube Verlag GmbH, D-München

(Vater unser im Himmel siehe unter Father, I adore you)

457

Vergiss nicht zu danken dem ewigen Herrn

Ver- giss nicht zu dan- ken dem e- wi- gen Herrn, er
den- ke, in Je- sus ver- gibt er dir gern, du

hat dir viel Gu- tes ge- tan. Be-   Barm- her- zig, ge-dul- dig und
darfst ihm, so wie du bist,   nah'n.

gnä- dig ist er,   viel mehr als ein Va- ter es kann. Er warf uns-re Sün- de ins

äus- ser- ste Meer,   kommt,   be- tet den E- wi- gen an.

2 Im Danken kommt Neues ins Leben hinein, ein Wünschen, das du nie gekannt, dass jeder, wie du, Gottes Kind möge sein, vom Vater zum Erben ernannt.

3 In Jesus gehörst du zur ewigen Welt, zum Glaubensgehorsam befreit. Er hat dich in seine Gemeinde gestellt und macht dich zum Dienen bereit.

T/M: Heino Tangermann/Paul Ongman © mundorgel verlag gmbh D-Köln/Waldbröl

458 Vieni sulla barchetta

Vie - ni sul - la bar - chet - ta, vien mo - ret - ti - na, vien!
Guar - da che bian - ca lu - na, guar - da che ciel se - ren!

Vie - ni sul - la bar - chet - ta, vien mo - ret - ti - na, vien!

Guar - da che bian - ca lu - na, guar - da che ciel se - ren!

2 /:Sei la mia speranza, non fermi più penar.
Vieni sulla barchetta, vieni con me a remar.:/

3 /:Sei la mia bellina, vien morettina, crudel. Sor-
ridono le stelle, ma piang' il tuo fedel.:/

459 Vive l'amour

Vi - ve la, vi - ve la, vi - ve l'a-mour, vi - ve la, vi - ve la, vi - ve l'a-mour, vi - ve l'a-mour,

vi - ve l'a - mour, vi - ve la com - pa - gnie. Let ev'- ry good fel - low now join
ces to each oth - er and pass

in a song, vi - ve la com - pa - gnie. Vi - ve la com - pa - gnie.
it a - long. Suc-

2 A friend on your left and a friend on your right ... In love and good fellowship, let us unite ...

3 Now wider and wider our circle expands ... We sing to our friends in faraway lands ...

Vo Luzern gäge Wäggis zue

VoLu- zern gä- ge Wäg- gis zue, hol- je gug- gu, hol- je gug- gu, brucht me we- der Strümpf no Schue, hol- je gug- gu, gug- gu. Ho-la- di je- jo hop- sas- sa hol- je gug- gu, hol- je gug- gu, gu, gug- gu.

2 Me fahrt es bitzeli über dä See, ... um die schöne Maitli z'gseh, ...

3 Z'Wäggis goht das Stiige a, ... mit dä Jumpfere hopsassa, ...

4 Im Chalte Bad, do chert me-n-i, ... und trinkt es Schöppeli gueti Wii, ...

5 Und wommer sind uf d'Rigi scho, ... so lauft üs s'Sennemaiteli no, ...

6 Es trait üs Alperösli a, ... und sait, es hegi no kain Mah, ...

7 Maiteli, gümpele nöd eso, ... s'Gümpele wird der no vergoh, ...

8 S'Gümpele isch em scho vergange, ... d'Windeli hanged a de Stange, ...

Vom Aufgang der Sonne

Kanon zu 4 Stimmen

Vom Auf- gang der Son- ne bis zu ih- rem Nie- der- gang sei ge- lo- bet der Na- me des Herrn, sei ge- lo- bet der Na - me des Herrn.

Text: Psalm 113, 3 / Kanon: Paul Ernst Ruppel © Möseler Verlag, Wolfenbüttel/Zürich

*(Von den blauen Bergen siehe unter **She was coming round the mountain**)*

462

Von guten Mächten treu und still umgeben

C	G	a	F	

Von gu-ten Mäch-ten treu und still um-ge-ben, be-hü-tet und ge-

d G C G a

trö-stet wun-der-bar, so will ich die-se Ta-ge mit euch le-ben und

F C G C *Refr.* G

mit euch ge-hen in ein neu-es Jahr; Von gu-ten Mäch-ten wun-der-bar ge-

a C F d[7] G C

bor-gen er-war-ten wir ge-trost, was kommen mag. Gott ist bei uns am

G a C F G F C

A-bend und am Mor-gen und ganz ge-wiss an je-dem neu-en Tag.

2 noch will das alte unsre Herzen quälen, noch drückt uns böser Tage schwere Last. Ach, Herr, gib unsern aufgeschreckten Seelen das Heil, für das du uns geschaffen hast.

3 Und reichst du uns den schweren Kelch, den bittern, des Leids, gefüllt bis an den höchsten Rand, so nehmen wir ihn dankbar ohne Zittern aus deiner guten und geliebten Hand.

4 Doch willst du uns noch einmal Freude schenken, an dieser Welt und ihrer Sonne Glanz, dann woll'n wir des Vergangenen gedenken, und dann gehört dir unser Leben ganz.

5 Lass warm und still die Kerzen heute flammen, die du in unsre Dunkelheit gebracht, führ, wenn es sein kann, wieder uns zusammen! Wir wissen es, dein Licht scheint in der Nacht.

6 Wenn sich die Stille nun tief um uns breitet, so lass uns hören jenen vollen Klang, der Welt, die unsichtbar sich um uns weitet, all deiner Kinder hoher Lobgesang.

T/M: Dietrich Bonhoeffer / Siegfried Fietz © Chr. Kaiser Verlag / Gütersloher Verlagshaus, D-Gütersloh

Vor lauter Freude

Wa- rum ha -be ich heu-te die-se Freu-de? Wa- rum ist um mich al -les heut' so

froh und klar? Wa- rum? Ich möch- te sin- gen vor lau- ter
Men- schen, der mir be-

Freu- de, mit neu- en Au- gen sehn in die Welt, und je-dem
geg- net, möch- te ich sa- gen: Freun-de sind wir!

Jetzt end- lich weiss ich, wa- rum ich le- be auf die- ser Stras- se voll A-ben-teu- ern,

denn ich er- kann- te durch dich, was Lie- be ist. Ich möch- te

Gern will ich gehen auf deinen Strassen,
weil sie mich führen, alle zu dir. Ich
möchte singen vor lauter Freude und
weiterschenken, was du mir gibst.

Jetzt endlich weiss ich, ...

Ich möchte singen ...

La,la,la,la,la, ...

T/M: Zappala/Mancuso © Neue Stadt, D-München

Wade in the water

swing

Wade in the wa-ter, wade in the wa-ter, chil-dren wade in the

wa-ter, God's a gon-na trou-ble the wa-ter. If Jor-dans wa-ter is

chil-ly and cold, God's a gonna trouble the wa-ter, it chills the body but

lifts the soul, God's a gon-na trou-ble the wa-ter.

2 See that band all dressed in red, God's gonna
trouble these waters, looks like a band that
moses led, God's gonna trouble these waters.

Wajahi-hamabol

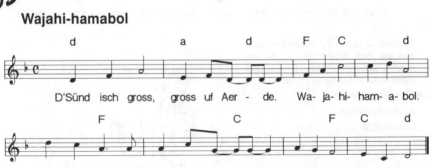

D'Sünd isch gross, gross uf Aer - de. Wa-ja-hi-ham-a-bol.

Grös-ser cha sie müm-me wär - de. Wa-ja-hi-ham-a-bol.

2 Jede stilt, jede fluecht,... Gott wird längscht scho nümme gsuecht...

3 Tilge will ich alls wo läbt,... Alls wo chrücht und lauft und schwäbt...

4 Noah du, numme du,... Gnad häsch gfunde, numme du,...

5 Du söllsch läbe, wyterhi,... nu mit dir hät's na en Sinn,...

6 Alli andre stärbe müend,... wills bis z'letscht nu spotte tüend,...

7 Bau es Schiff uf em Sand,... under Wasser staht bald s'Land,...

8 Mit dir schlüss ich hüt en Bund,... mini Gnad tuen ich dir kund,...

9 Dr Noah folgt, und er baut,... dr Noah folgt, und es haut,...

T/M: L. Bardill

(Walking with the Lord siehe unter Dungtien i wang)

466

Wänn d'Morgesune schynt

Wänn d'Mor- ge-sun- ne schynt und de Buech- fink singt im
d'Mor- ge-sun- ne schynt und de Dorf- bach springt, dänn

wun- der- schö- ne Mo- net Mai, wänn
lö- mer d'Sor- ge gern di- hei. Dänn nüt wie los und

u- se u- sem Hus, ei- fach ab, ei- fach drus, ei- fach

schnäll zur Bu- de-n- us und im- mer ü- ber Stock und Stei.

2 Wänn s'Chätzli ume liit und e Pause macht und fulänzt vor de Nachberschür, wänn d'Wiese wieder blüeht und de Himmel lacht, dänn chömer würkli nüt defür!

Dänn nüt wie los und ab dur Wald und Fäld, eifach ab, eifach drus, eifach schnäll zur Bude'n'us und immer frisch u fro id Wält.

*(Wär hät sys Läbe am beschte glänkt siehe unter **Der hat sein Leben am besten verbracht**)*

*(Warum habe ich heute diese Freude siehe **Vor lauter Freude**)*

467 Was i bruche, gisch du mir

Was i bru- che, gisch du mir, da- rum Herr, bin i bi dir. Wil nie- mer an- ders bie- te cha, was i, Herr, bi dir cha ha. Was i Herr, bi dir cha ha,

und du mir Sün- de gärn ver- gisch, wil du e Gott vo der Lie- bi bisch,

und du mir Sün- de gärn ver- gisch, wil du e Gott vo der Lie- bi bisch.

T/M: C. Engel/M. Dolder © Creation-Music, Schweiz

468 Way down upon the Swanee River

Way down u- pon the Swa- nee Ri- ver, far, far a- way,
See up and down the old cre- a- tion, sad- ly I roam,

there's where my heart is turn- ing e- ver, there's where the old folks
still long- ing for the old plan- ta- tion and for the old folks at

C   G⁷   C   F   G

Refr.

stay.   All the world is sad and drea-ry, ev'-ry-where I roam.

home.

C   C⁷   F   C°   C   d⁷   G   C

Oh, dark-ies, how my heart grows wear-y, far from the old folks at home.

2 All round the little farm I wandered, when I was young; the many happy days I squandered, many the songs I sung. When I was playing with my brother, happy was I. Oh, take me to my kind old mother, there let me live and die.

3 One little hut among the bushes, one that I love, still sadly to my mem'ry rushes, no matter where I rove. When will I see the bees a-humming, all round the comb? When will I hear the banjo tumming down in my good old home.

*(We are marching in the light of God siehe unter **Siyahamba**)*

469

We are the world

E   A   B   E

There comes a time   when we heed a cer- tain call,   when the

A   B   E   c♯

world must come to-geth-er as one.   There are peo-ple dy-i-

g♯   f♯⁷   Bˢᵘˢ⁴   B

ing and it's time to lend a hand to life, the great-est gift of all.

me.   When you're down and out,   there seems no   hope   at   all.
                        just be- lieve   there's   no   way   we   can   fall.

but if you   Let us re-al-ize   that a   change will on- ly   come

when   we   stand to - geth - er   as   one.   We are the world

T/M: Michael Jackson/Lionel Richie © 1985 by MIJAC Music, USA / Brockmann Music, USA / Neue Welt Musikverlag GmbH, D-München

*(Well, I saw my baby siehe **See you later alligator**)*

*(Well I've got Jesus siehe **Call him up**)*

*(Well Jo'anna she runs a country siehe **Gimme hope, Jo'anna**)*

470

Wem Gott will rechte Gunst erweisen

Wem   Gott will rech- te Gunst er- wei- sen, den   schickt   er in die wei- te

Welt,   dem   will er sei ne Wunder wei-sen in Berg und Tal und Strom und Feld.

2 Die Trägen, die zu Hause liegen, erquicket nicht das Morgenrot; sie wissen nur von Kinderwiegen, von Sorgen, Last und Not ums Brot.

3 Die Bächlein von den Bergen springen, die Lerchen schwirren hoch vor Lust. Was sollt ich nicht mit ihnen singen aus voller Kehl und frischer Brust?

4 Den lieben Gott nur lass ich walten; der Bäch-
lein, Lerchen, Wald und Feld, und Erd und
Himmel will erhalten, hat auch mein' Sach'
aufs best' bestellt!

(Wenn alls schief gaat siehe S' Känguruh)
(Wenn du singst, sing nicht allein siehe Zieh den Kreis nicht zu klein)

471

Wenn eine tannigi Hose hät

Kanon zu 4 Stimmen

Wenn ei- ne tan- ni- gi Ho- se hät und ha-ge-bue- chig Strömpf, so

chan-ner tan- ze, wie-ner will, es git em kei-ni ri-ra, ri-ra, ri-di- ri-di ri-di- ri-di

Römpf, Römpf, Römpf, ri- ra, ri-ra, ri-di- ri-di ri-di- ri-di Römpf, Römpf, Römpf, . . .

. . .   . . .

. . . Römpf. Du- li-du-li- du, du-li- du- li-du- li du- li-du- li-du,

du, du- li- du, du- li- du- li- du. Wenn du- li-du- li-

(Wenn's di fascht verjagt for Freud siehe unter If you're happy)
(Wenn wir erklimmen siehe Bergvagabunden)

Were you there, when they crucified my Lord

472

Were you there, when they cru-ci-fied my Lord? Were you there, when they cru-ci-fied my Lord? O some-times it cau-ses me to trem-ble, trem-ble, trem-ble. Were you there, when they cru-ci-fied my Lord?

2 /:Were you there, when they nailed him on the tree?:/

3 /:Were you there, when they pierced him in the side?:/

4 /:Were you there, when the sun refused to shine?:/

5 /:Were you there, when they laid him in the tomb?:/

Wer nur den lieben Gott lässt walten

473

Wer nur den lie-ben Gott lässt wal-ten und hof-fet auf ihn al-le-zeit, den wird er wun-der-bar er-hal-ten in al-ler Not und Trau-rig-

keit, Wer Gott, dem Al-ler-höch-sten, traut, der hat auf kei-nen Sand ge -baut.

2 Was helfen uns die schweren Sorgen, was hilft uns unser Weh und Ach? Was hilft es, dass wir alle Morgen beseufzen unser Ungemach? Wir machen unser Kreuz und Leid nur grösser durch die Traurigkeit.

3 Man halte nur ein wenig stille und warte in sich selbst vergnügt, wie unsres Gottes Gnaden-wille, wie sein allweiser Rat es fügt. Gott, der uns ihm hat auserwählt, der weiss am besten, was uns fehlt.

4 Sing, bet' und geh auf Gottes Wegen, verricht' das Deine nur getreu und trau' des Himmels reichem Segen, so wird er bei dir werden neu. Denn wer nur seine Zuversicht auf Gott setzt, den verlässt er nicht.

474 Wer sagt hier die Wahrheit

In Pres-se, Ra-dio, Fern-sehn wird uns gar viel ge- sagt, Be- rich- te, Tex- te,

Re- den, Ge- sprä- che Tag für Tag. *Refr.* Wer sagt hier die Wahr- heit?

Wes-sen Wort ist echt? Gott, gib du uns Klar-heit! Gott, weis uns zu- recht!

2 Es lockt uns die Reklame auf jedem Schritt und Tritt. Die Stimmen sind verwirrend, hier preist man das - dort dies.

3 Wir hören auf den Nachbarn, das Kind, die Frau, den Mann, den Fachmann und den Laien, den Lehrling und den Chef.

4 Instrumente (Text dazu selber denken)

5 Um uns sind viele Worte, viel Tausend jeden Tag! Wir selber reden endlos, das ganze Leben lang.

    Spreche ich die Wahrheit? Sind die Worte echt? Gott, gib du mir Klarheit! Gott, weis mich zurecht!

T/M© Walter Ritter, CH-Wängi

We shall overcome

We shall o-ver-come, we shall o-ver-come, we shall o-ver-come some day. O deep in my heart, I do be-lieve: We shall o-ver-come some day.

2 We shall live in peace, ...

3 We are not afraid, ...

4 We'll walk hand in hand, ...

5 We shall overcome, ...

T/M: Zilphia Horton/Frank Hamilton/Guy Carawan/Pete Seeger © Ludlow Music Inc. / Essex Musikvertrieb GmbH, D-Bergisch Gladbach

(We starve, look at one another siehe **Let the sunshine***)*

We've come on the sloop John B

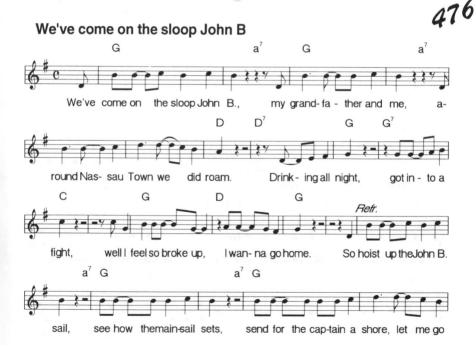

We've come on the sloop John B., my grand-fa-ther and me, a-round Nas-sau Town we did roam. Drink-ing all night, got in-to a fight, well I feel so broke up, I wan-na go home. So hoist up the John B. sail, see how the main-sail sets, send for the cap-tain a shore, let me go

home, let me go home, I wan - na go home, a yeah,

yeah, well I feel so broke up, I wan - na go home.

2 The first mate, oh he got drunk, he broke up the people's trunk, the constable had to come and take him away. Sheriff Johnstone, please let me go home, I feel so broke up, I wanna go home.

3 The cook went and got the fits, he poured beer on my grits, into my soup went his comb. Oh, what a trip! This mis'rable ship! I feel so broke up, I wanna go home.

477

What a wonderful world

I see trees of green, red ros-es too, I see them bloom for me and you, and I

think to my-self: What a won-der-ful world. I see skies of blue and

clouds of white, the bright bless-ed day the dark sac-red night, and I

think to my-self: What a wonder-ful world. The col-ors of the rain- bow, so

pret- ty in the sky are al- so on the fac- es of peo- ple go- in' by, I see

friends shak-in' hands, say-in' "How do you do!" They're real-ly say-in'

"I love you", I hear ba-bies cry, I watch them grow. They'll learn much more than

I'll ev-er know and I think to my-self: What a won-der-ful

world. Yes, I think to my-self: What a won-der-ful world.

T/M. G.D. Weiss/G. Douglas © 1983 Herald Square Music Co., Eldorado Musikverlag GmbH, D-Hamburg

What a wonderful world

(gleiche Melodie wie oben)

1 I see trees of green, red roses too, I see them bloom, for me and you, and I think to myself: What a wonderful world. Auer Wald stirbt still, his Blättwerk kränk, what for a Ruh, for me and you, and I think to myself: What a wonderful world.

2 The rainschauer is sauer, my hair is falling out, we have not more viel hout, wie is the world versaut, in the face a Ekzem, I wird gern gehn, weit, weit, weit weg, me help noch 'ne Creme.

3 I blick on the sky, I see a loch, the rough scheint the sunschine of me noch und noch, and I think to myself: What a wonderful world. Our children wern born, as so smal Krüppel, it's not sehr schön, but's can vergehn, and I think to myself: What a wonderful world.

My house stands of am Erdreich, that is total verstrehlt, da help me auch kein people, den lastings ich gewählt, I wish you good luck, money marketing and friss and drink, thap wächst out Ding. I singing the song, wer white wie long, wann the overkill comes, that geht mir not on, than I think to myself: What a wonderful world - I think to myself: What a wonderful world ... I love me!

T: Zieger/Terhorst © Potsdamer Kabarett am Obelisk, D-Potsdam

What colour is God's skin

"Good- night", I said to my lit- tle son, so ti- red out when the

day was done. Then he said, as I tucked him in

"Tell me, Dad- dy what col- our's God's skin?" *Refr.* What col- our is God's skin?

What col- our is God's skin? I said, "It's black, brown, it's yel- low, it's

red, it's white, ev'- ry one's the same in the good Lord's sight."

2 He looked at me with his shining eyes, I knew
I could tell no lies, when he said, "Daddy, why
do the diff'rent races fight, if we are the same
in the good Lord's sight?"

3 "Son, that's part of our suffering past, but the
whole human family is learning at last that the
thing we missed, on the road we trod, is to walk
as the daughters and sons of God."

4 These words to America a man once hurled,
God's last chance to make a world: The diffe-
rent races are meant to be our strength and
glory from sea to sea.

What grace

D   A

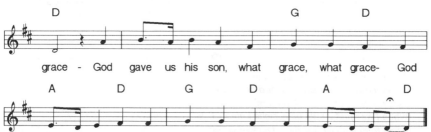

What grace - God gave us his son, what grace - God gave us his son, what

D   G   D

grace - God   gave   us   his   son,   what   grace,   what   grace-   God

A   D   G   D   A   D

gave   us   his   son,   what   grace,   what   grace-   God   gave   us   his   son.

2 What grace - He died on the cross ...   4 What grace - He's coming again ...
3 What grace - He rose on the grave ...   5 What grace - sing halleluja ...

What shall we do with a drunken Sailor

d   C

What shall we do with a drunk-en Sail-or? What shall we do with a drunk-en

D   C   d

Sail- or?   What shall we   do with a   drunk- en Sail- or ear- ly in the morn-

C

Refr.

ing?   Hoo-   ray   and   up   she   ris- es,   hoo-   ray   and   up   she

ris- es, hoo- ray and up she ris- es, ear- ly in the morn- ing.

2 /::Put him in the long-boat until he's sober,::/ early in the morning.

3 /::Pull out the plug and wet him all over,::/ early in the morning.

4 /::Put him in the scuppers with a hose-pipe on him,::/ early in the morning.

5 /::Heave him by the leg in a running bowling',::/ early in the morning.

6 /::Tie him to the taffrail when she's yard-arm under,::/ early in the morning.

(When I find myself siehe **Let it be)**
(When Israel was in Egypt's land siehe **Go down, Moses)**
(When the moon siehe **Aquarius)**
(When I was just a little baby siehe **Lemon Tree)**
(When things go wrong siehe **The kangaroo)**

482

When we get together

When we get to- geth - er, to- geth- er in the Lord.

Eve- ry-thing that hap - pens is with one ac- cord. Yes, we all have a good

time, all have a good time when we get to- geth-er in the Lord.

2 Everybody present has something to share. Someone has a message, someone leads in prayer.

3 Someone shares a vision, someone prophesies. Someone else with wisdom teaches something wise.

4 Someone plays the guitar, someone sings a song. Someone is translating when someone speaks in tongues.

T/M: Ingemar Olsson / O. Jacobsen

(When you're down siehe You've got a friend)
(When you're weary siehe Bridge over trubled water)
(When you set forth siehe unter Yesus slalu besertamu)

Where have all the flowers gone

Where have all the flow-ers gone, long time pas - sing,

long time a- go, Young girls picked them eve-ry- one,

when will they e- ver learn, when will they e - ver learn?

2 Where have all the young girls gone,..., Gone
to husbands everyone, /:when will they ever
learn?:/

3 Where have all the husbands gone,..., Gone
to soldiers everyone, /:when will they ever
learn?:/

4 Where have all the soldiers gone,..., Gone to
graveyards everyone, /:when will they ever
learn?:/

5 Where have all the graveyards gone,...,
Covered with flowers everyone, /:when will
they ever learn?:/

6 Where have all the flowers gone,...

T/M: Pete Seeger © Fall River Music Inc. / Essex Musikvertrieb GmbH, D-Bergisch Gladbach

Sag mir, wo die Blumen sind

(gleiche Melodie wie Where have all the flowers gone)

1 Sag mir, wo die Blumen sind, wo sind sie
geblieben? Sag mir, wo die Blumen sind, was
ist geschehn? Sag mir, wo die Blumen sind;
Mädchen pflückten sie geschwind; /:wann wird
man je verstehn?:/

2 Sag mir, wo die Mädchen sind, ... Männer nah-
men sie geschwind, /:wann wird man je ver-
stehn?:/

3 Sag mir, wo die Soldaten sind, ... über Gräber
weht der Wind, /:wann wird man je verstehn?:/

4 Sag mir, wo die Gräber sind, ... Blumen blühn
im Sommerwind, /:wann wird man je ver-
stehn?:/

5 Sag mir, wo die Blumen sind, ... Mädchen
pflückten sie geschwind, /:wann wird man je
verstehn?:/

T/M: Max Colpet/Pete Seeger © Fall River Music Inc. / Essex Musikvertrieb GmbH, D-Bergisch Gladbach

(Wie das Licht nach der Nacht siehe unter Amazing grace)

485 Wieder ist nach dunkler Nacht

Wie- der ist nach dunk- ler Nacht hei- ter hell der Tag er- wacht. Ich

nehm den Wan- der- stab, an dem ich mei- ne Freu- de hab.

La, la,... (als Refrain)

2 Und so zieh ich in die Welt; manches denk ich nicht dabei, als dass sie mir gefällt und immer noch voll Wunder sei.

3 Jeder Garten blüht mir zu, und der Kuckuck ruft mich bald in seinen stillen, kühlen Wald zu Rast und kurzer Ruh.

T/M: Hans Roelli © Musikverlag zum Pelikan, Hug & Co. Musikverlage, CH-Zürich

486 Wie gross ist mein Gott

Wie gross ist mein Gott! Kein and-rer wie er. Sein Na-me so hoch,

nur er ist der Herr. Er teil-te die Flu - ten im ro - ten Meer

und hat heu- te noch die sel- be Kraft, nichts ist ihm zu schwer.

Wie macheds denn die Zimmerslüt

Wie ma- cheds denn die Zim- mers- lüüt? Und e- so ma- ched sis:

Si hau- ed ab en chli- ne Spohn und heu- sched denn en gros- se

Lohn. Und e- so, und e- so, und e- so ma- ched sis.

2 Wie macheds denn die Murerslüt? Und eso mached sis: Dä Murer, dä schlot Dräck is Loch,- und breicht er's nöd, so tätscht es doch, und eso...

3 Wie macheds denn die Schmittelüt? Und eso mached sis: Sie haued en alte Nagel i und säged, es sig en neue gsi, und eso...

4 Wie macheds denn die Schriberslüt? Und eso mached sis: Si setzed es Tüpfli uf es i und schribed es Fränkli Chöschte i, und eso...

5 Wie macheds denn die Lehrerslüt? Und eso mached sis: Si säged, si siged uf de Hochschuel gsi, aber im Unterricht schloffed-ne d'Buebe i, und eso...

(Wind Nordost, Startbahn Null-Drei siehe **Über den Wolken)**

Wir lagen vor Madagaskar

Wir la- gen vor Ma- da- gas- kar und hat- ten die Pest an Bord. In den

Fäs- sern, da faul- te das Was- ser, und täg- lich ging ei- ner ü- ber

Bord. A- hoi, Ka- me- ra- den, a- hoi, a- hoi! Lebt wohl, Ka- me- ra- den, lebt

wohl, lebt wohl!

2 Der Heiner, der war der erste, der soff von dem stinkenden Nass. Und die Pest, die gab ihm das letzte und schuf ihm ein kühles Grab.

3 Und endlich, nach 14 Tagen, bekamen wir Segel in Sicht. Doch sie zogen an uns vorüber und sahen uns Verlorene nicht.

T/M: Just Scheu © Harth Musik Verlag, D-Leipzig

(**Wir leben miteinander** siehe **Der erste Schritt**)

489 **Wir lieben die Stürme**

Wir lie- ben die Stür- me, die brau- sen- den Wo- gen, der
sind schon durch Mee- re so vie- le ge- zo- gen, und

eis- kal- ten Win- de rau- hes Ge- sicht. Wir
den- noch sank uns- re Fah - ne nicht.

Hei- o, hei- o, hei- o, hei- o, hei- o- ho, hei- o, hei- o, hei o - ho!

2 Unser Schiff gleitet stolz durch die schäumen-
den Wellen, jetzt strafft der Wind unsre Segel
mit Macht. Seht ihr hoch droben die Fahne
sich wenden, die blutrote Fahne, ihr Seeleut'
habt acht.

3 Ja, wir sind Piraten und fahren zu Meere, wir
fürchten nicht Tod und den Teufel dazu. Wir
lachen der Feinde und aller Gefahren: im
Grunde des Meeres erst finden wir Ruh.

T/M: Klaus Prigge © Musikverlag Hans Sikorski, D–Hamburg

Wir reiten geschwinde

Kanon zu 3 Stimmen

490

Wir rei- ten ge- schwin- de durch Feld und Wald, wir

rei- ten berg- ab und berg- auf. Und fällt wer vom Pfer- de, so

fällt er ge- lin- de und klet- tert be- hend wie- der auf. Es

geht ü- ber Stock und Stein, wir ge- ben dem Ros- se die Zü - gel und

rei- ten im Son - nen- schein so schnell als hät- ten wir Flü - gel.

Heis - sa, hus- sa! Ü- ber Stock und ü - ber Stein,

heis- sa hus- sa, und in den Stall hin- ein.

491

Wir sind durch die Welt gefahren

Wir sind durch die Welt ge- fah - ren, vom Meer bis zum Al-pen - schnee. Wir

ha- ben noch Wind in den Haa - ren, den Wind von Ber- gen und Seen. Wir

ha- ben noch Wind in den Haa - ren, den Wind von Ber- gen und Seen.

2 In den Ohren das Rauschen des Stromes, der Lerchen Jubelgesang, /:das Geläute der Glocken vom Dome, der Wälder wogender Klang.:/

3 In den Augen das Leuchten der Sterne, des nächtlichen Feuers Glut, /:und tief in der Seele das Ferne, das Sehnen, dass nimmermehr ruht.:/

4 So sind wir durch die Welt gefahren, vom Meer bis zum Alpenschnee. /:Wir haben noch Wind in den Haaren, den Wind von Bergen und Seen.:/

492

Wir sind hier zusammen

Kanon zu 3 Stimmen

Wir sind hier zu- sam - men in Je- su Na - men, um

dich zu lo - ben, o Herr! Wir sind Herr! Eh-re dem Va- ter, Eh-re dem

Sohn, Eh-re dem Heil'-gen Geist, der in uns wohnt. Eh-re dem

wohnt. Hal- le- lu- ja, hal- le- lu - ja! lu- ja!

Wir sind jung, die Welt steht offen

493

Wir sind jung, die Welt steht of- fen, oh du schö- ne, wei - te Welt.
Un- ser Seh- nen, un- ser Hof- fen geht hin in die wei- te Welt.

Bru- der, lass den Kopf nicht hän - gen, kannst ja noch die Ster- ne

sehn. Auf- wärts blik- ken, vor- wärts drän- gen, wir sind jung, und

das ist schön, wir sind jung, und das ist schön.

2 Liegt dort hinter jenem Walde nicht ein schönes fremdes Land, blüht auf jenes Berges Halde nicht ein Blümlein unbekannt? Lasst uns schweifen ins Gelände, über Berge, über Höhn, /:wo sich auch der Weg hinwende, wir sind jung, und das ist schön.:/

3 Auf denn, und die Sonne zeige uns den Weg durch Feld und Hain. Geht darauf der Tag zur Neige, leuchtet uns der Sternenschein. Bruder, schnall den Rucksack über, heute soll's ins Weite gehn. /:Regen, Wind, wir lachen drüber, wir sind jung, und das ist schön.:/

494

Wir sitzen so fröhlich beisammen

Wir sit-zen so fröh- lich bei-sam-men und ha- ben ein-an - der so lieb, er-

hei-tern ein-an-der das Le-ben. Ach, wenn es nur im-mer so blieb! Er- blieb!

2 Es kann ja nicht immer so bleiben hier unter dem wechselnden Mond. /:Es blüht eine Zeit und verwelket, was mit uns die Erde bewohnt.:/

3 Doch, weil es nicht immer so bleibet, so haltet die Freundschaft recht fest, /:wer weiss denn, wie bald uns zerstreuet das Schicksal nach Ost und nach West.:/

4 Und sind wir auch fern voneinander, so bleiben die Herzen doch nah, /:und alle, ja alle wird's freuen, wenn einem was Gutes geschah.:/

5 Und kommen wir wieder zusammen auf wechselnder Lebensbahn, /:so knüpfen ans fröhliche Ende den fröhlichen Anfang wir an.:/

495

Wir tragen viele Masken

Wir tragen viele Masken und haben kein Gesicht, wir sprechen eine Sprache, ver-

stehn ein-an-der nicht. Wir le-ben in der Fül-le und sind im Her-zen leer. Wir

seh-nen uns nach Stil-le, er- tra-gen sie nicht mehr. Wir al- ler uns-rer Schuld.

2 Wir suchen tausend Sonnen und sind doch ohne Licht, wir rühmen unsre Freiheit und haben sie doch nicht. Wir dienen vielen Göttern und sind so fern von Gott, wir spotten mit dem Munde und in uns brennt die Not.

3 Ja einer kennt den Namen und weiss, wie es uns geht, ja er spricht eine Sprache, die jedermann versteht. Er gibt uns aus der Fülle, die er geschaffen hat, und schenkt uns eine Stille durch seine grosse Gnad.

4 Ist denen Licht und Sonne, die glauben an sein Wort, verheisst den Menschen Freiheit, an jedem Ort. Gott hilft zu neuem Leben, vergibt uns in Geduld, so lasst uns vor ihn treten mit aller unsrer Schuld.

T/M: Spitzer/Panthel © Abakus Schallplatten + Ulmtal Musikverlag, D-Greifenstein

Wir versammeln uns zu dir

496

Wir ver- sam- meln uns zu dir, o gros-ser Gott. Wir ver- sam- meln uns zu dir, o gros- ser Gott. Nur zu dir soll dein Volk sich sam- meln, denn du bist gut. Wir ver- sam- meln uns zu dir, o gros- ser Gott.

Wir woll'n uns gerne wagen

497

Wir woll'n uns ger- ne wa- gen, in un- sern Ta- gen der

Ru- he ab- zu- sa- gen, die's Tun ver- gisst. Wir woll'n nach Ar- beit fra- gen, wo wel- che ist, nicht an dem Amt ver- za- gen, uns fröh- lich pla- gen und uns- re Stei- ne tra- gen aufs Bau- ge- rüst.

2 Die Liebe wird uns leiten, den Weg bereiten
und mit den Augen deuten auf mancherlei:
ob's etwa Zeit zu streiten, ob's Rasttag sei. Sie
wird in diesen Zeiten uns zubereiten für unsre
Seligkeit. Nur treu, nur treu.

(Wo Barmherzigkeit und Liebe ist siehe unter Ubi caritas)

(Wo d' Barmherzigkeit siehe unter Ubi caritas)

498 Wo Berge sich erheben

Wo Ber- ge sich er- he - ben am ho- hen Him- mels- zelt, da ist ein frei- es Le - ben, da ist die Al- pen- welt. Es grau- et da kein Mor - gen, es däm- mert kei- ne Nacht, dem Au- ge un- ver- bor - gen das

Licht des Him- mels lacht, das Licht des Him - mels lacht.

2 Da droben thront der Friede, ob die Lawine kracht. Der Fels hat als Aegide die Hütte überdacht. Schallt Kriegsgeschrei vom Tale, der Aelpler drob erwacht; er steigt vom hohen Walle /:und stürzt sich in die Schlacht.:/

3 Oh freies Alpenleben, oh schöne Gotteswelt, ein Aar in Lüften schweben, So nah dem Sternenzelt! Dem Aelpler nehmt die Berge, wohin mag er noch ziehn? Paläste sind ihm Särge, /:drin muss er schnell verblühn.:/

499

Wohlan die Zeit ist kommen

Wohl- an die Zeit ist kom- men, mein Pferd, das muss ge-
sat - telt sein, ich hab' mir's vor - ge - nom- men, ge - rit - ten muss es
sein. Fi - di - rul - la - rul - la rul - la - la - la - la, fi - di - rul - la - rul - la
rul - la - la! Ich hab' mir's vor - ge - nom- men, ge - rit - ten muss es sein.

2 In meines Vaters Garten, da steh'n viel schöne Blum', ja Blum'. Drei Jahr muss ich noch warten, drei Jahr sind bald herum. Fidi ... Drei Jahr muss ich noch ...

3 Du glaubst, du wärst die Schönste wohl auf der ganzen Welt, ja Welt, und auch die Angenehmste. Ist aber weit gefehlt. Fidi ... und auch die Angenehmste, ...

4 So setz' ich mich aufs Pferdchen und trink' ein Gläschen kühlen Wein und schwör' bei meinem Bärtchen, dir ewig treu zu sein. Fidi ... und schwör'...

500

Wo ist solch ein Gott

Wo ist solch ein Gott so wie du? Der die
Sün - de ver - gibt und er- lässt die Schuld sei - nes Vol -kes,
der an sei -nem Zorn nicht e - wig fest -hält, denn er ist barm - her - zig.
Wo ist solch ein Gott so wie du? Lei lei lei lei lei
lei lei lei lei lei lei. Wo ist solch ein Gott? Lei lei lei lei lei
lei lei lei lei lei lei. Wo ist solch ein Gott? Denn Jah - we
ist barm -her zig, und er ist von gros -ser Kraft, vor dem je - der
Mensch schul - dig ist. Wo ist solch ein Gott?

2 Jahwe wird sich unser wieder erbarmen, unse-
re Schuld unter seine Füsse treten und alle
unsere Sünden in die Tiefen des Meeres wer-
fen. Wo ist solch ein Gott so wie du?

501

Wonderful world

Don't know much a-bout his-to-ry, don't know much bi-ol-o-gy.

Don't know much a-bout scie-ence books, don't know much a-bout the

French I took; but I do know that I love you, and I know that if you

love me too, what a won-der-ful world this would be.

2 Don't know much geography, don't know much
trigonometry. Don't know much about algebra,
don't know what a slide rule is for; but I know
that one and one is two, and if this one could
be with you, what a wonderful world this would
be.

I don't claim to be an "A" stu-dent, but I'm try-ing to be,

may-be my be-ing an "A" stu-dent, ba-by, I can win your love for me.

T/M: Sam Cooke/Herp Alpert, Lou Adler

(Worom goht's denn nöd als Solochrist siehe De Solochrist)

502 Wo zwei oder drei

Kanon zu 2 Stimmen

Wo zwei o-der drei in mei-nem Na-men ver-sam-melt sind, da

bin ich mit-ten un-ter ih-nen. Wo zwei o-der drei in

mei-nem Na-men ver-sam-melt sind, da bin ich mit-ten un-ter ih-nen.

T/M: Kommunität Gnadenthal; aus: Mosaik 1-4/5 © Präsenz-Verlag, Gnadenthal, D-Hünfelden

503 Yellow submarine

In the town, where I was born lived a man who sailed to sea. And he
told us of his life in the land of sub-ma-rines. So we
sailed up to the sun till found the sea of green. And we
lived be-neath the waves in our yellow sub-ma-

rine. We all live in a yel-low submarine, yel-low submarine, yel-low submarine.

3 And our friends are all on board, many more of them live next door; and the band begins to play (lalalala lalala).

4 As we live a life of ease, ev'ryone of us has all we need. Sky of blue and sea of green in our yellow submarine.

T/M: Lennon/McCartney © Northern Songs Ltd., GB-London

504

Yesterday

Yes - ter - day, all my troub - les seemed so far a - way,
Sud - den - ly, I'm not half the man I used to be,
Yes - ter - day, love was such an ea - sy game to play.

now it looks as though they're here to stay, oh, I be - lieve in
there's a shad - ow hang - ing o - ver me, oh, yes-ter - day came
Now I need a place to hide a - way. oh, I be - lieve in

yes - ter - day.
sud - den - ly. Why she had to go I don't
yes - ter - day. (Coda nach Wiederholung)

know she would - n't say. I said some - thing wrong, now I

long for yes - ter - day. Mm- mm mm- mm mm m- mmm.

T/M: Lennon/McCartney © Northern Songs Ldt., GB-London

Yesu arangunda

C   F   C   a⁷ F^maj7 G C C⁷ F f   C   G C

Ye-su aran-kun-da, Yesu aran-kun-da, Yesu aran-kun-da. Kuko-yam - firi - ye

(Jesus liebt dich, denn er ist für dich gestorben!)

T/M: aus Ruanda (Satz: Martin Peier, CH–St Gallen)

Yesus slalu besertamu

D   b   f♯   G^maj7   f♯ A

Bi-la   kau per-gi ke-tem- pat yg jauh Ye-sus sla- lu be-ser-ta- mu. Kau di-

D   b   f♯   e⁷   A   D

bim-bing Nya, kau-di-tun-tun Nya sla-mat slu-ruh lang kah hi- dup-mu. Bi-ar

G   D   G   e   A

cu- ram glap ja-lan kau tem-puh Ha-ti mu se-dih men- ge- luh, Tak'- kan

D   b   f♯⁷   e⁷   A   D

kau pe- nat, tak kan kau se- sat Bi- la Ye- sus me- ny- er tai- mu.

© Asia YMCA, Hongkong

When you set forth

(gleiche Melodie wie Yesus slalu besertamu)

When you set forth for a long journey, Jesus is with you, that's sure. The savior guides you walking ahead, your life will always be safe though the roads are rough, full of sorrow and sadness everywhere but the Lord is beside you. You will never be allone.

Ye ti ti hua

Ye ti ti hua ch'uan che mei - li ti i - shang. T'ien-K'ung ti niao-er ts'ung-lai

pu wei sheng - huo mang. Ts'u-ai ti t'ien - fu t'ien t'ien tou K'an - ku,

t'a keng ai shih - shang jen wei t'a - men yu - pei yung- sheng ti lu.

Flowers of the field

(gleiche Melodie wie Ye ti ti hua)

1 Flowers of the field are dressed in bright array. Birds in the heavens never worry for a day. Our gracious Father watches over all. He cares so much for us that he will never let us fall.

2 All of our needs our Father already knows. In stress or trials great mercy he bestows. Our gracious Father watches day by day. He is almighty God, believe in him he'll show you the way.

(Yo soi un hombre siehe Guantanamera)

510 You are my sunshine

Strophe und Refr. mit gleicher Melodie

You are my sun- shine, my litt- le sun- shine, you make me

hap- py, when skies are grey. You'll ne- ver know dear, how much I

love you, please don't take my sun- shine a- way.

1 The other night, dear, as I lay sleeping, I dreamed I held you in my arms. When I awoke, dear, I was mistaken, so I hung my head and cried:

2 You told me once, dear, you really loved me, and no one else could come between, but now you've left me and love another, you have shattered all my dreams.

511 You came by my way

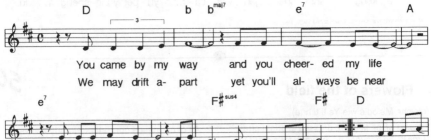

You came by my way and you cheer- ed my life
We may drift a- part yet you'll al- ways be near

in just a short time our path merged in- to one. Love is the life
into dif- fer- ent worlds, our life re- mains the same.

	A		F♯ b		b⁷

we're liv-ing   for us the on- ly way.   This feel-ing of one- ness with you

	G	e	A⁷ D		A

brings to us hea-ven on earth.   Our friend-ship has ta-ken a new mean- ing.

	G		D		C A D		A

We may not see   each oth-er for long,   but I know   that we have

b	b⁷		G E⁷		D/A A		D

loved   and this means the most,   this means the   most   to me.

T/M/©: Mancuso / Cipri, I-Firenze

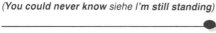

(You could never know siehe I'm still standing)

512

You've got a friend

	f♯		C♯⁷		f♯

When you're down and troub- led and you need a help- ing hand,

	b⁷		E		A	b⁷

and noth- ing,   oh noth- ing   is go- ing right.

D^maj7		C♯⁷		f♯		f♯⁷

Close your eyes   and think of me   and soon I will be there   to

bright-en up e- ven your dark- est nights. You just call out my name

and you know wher'ever I am, I'll come run - ning to see you a-gain.

Win-ter, spring, sum-mer or fall, all you've got to do is call

and I'll be there, you've got a friend.

2 If the sky above you should turn dark and full
of clouds, and that old North wind should begin
to blow, keep your head together, and call my
name out loud. Soon I'll be knocking upon your
door.

T/M. Carole King © 1971 Colgems-EMI Music, Inc., USA / EMI Music Publishing Germany GmbH, D-Hamburg

513 Zieh den Kreis nicht zu klein

Wenn du singst, sing nicht al- lein, steck an-d're an, sin-gen kann Krei-

se ziehn. Wenn du Zieh den Kreis nicht zu klein, zieh den Kreis nicht zu klein.

2 Wenn du lebst, leb nicht allein, hilf and'ren
auch, Helfen kann Kreise ziehn.

3 Wenn du isst, iss nicht allein, gib andr'en auch,
Geben kann Kreise ziehn.

4 Wenn du liebst, lieb dich nicht allein, steck
and're an, Lieben kann Kreise ziehn.

Zieh mich hin zu dir, Herr

Refr.
Ziehmich hin zu dir, Herr, lass uns zusam-menlau-fen! Zieh mich hin zu dir, o

Herr und halt mich fest. Komm und füh-re mich, Herr, in dei-ne Kö-nigs-

kam-mer, in die Ver- bor- gen- heit, wo dei-ne Lie-be mich um- fängt.

Ich will mich freu'n an dir, ich will mich freu'n an dir,
Es ist recht, dich zu lie- ben, Herr, es ist recht, dich zu lie- ben, Herr,
Herz-lich lieb hab ich dich, o Herr, herz-lich lieb hab ich dich, o Herr,

ich will . . . und fröhlich sein.

es ist recht, . . .

herz-lich lieb . . .   du, mein König und mein Gott.

T/M: Jim u. Anne Mills © Jugend mit einer Mission e. V. Aquila Verlag GmbH, D-Frankfurt

Zogä-n-am Bogä, d'r Landamme tanzet

Zo - gä-n - am Bo - gä, d'r Land -am - me tan - zet wie dr Ty - fel dur

Die - li du - re g'schwan - zet! Dü - li, dü - li düi pfyft d's Kla - ri - nett. Hi - te gähm - mer nit i ds Bett! Jüp - pi - di - büi und Zöt -te - li dra, nur im - mer scheen de Wän - de nah. Wän - de nah.

2 Sepp, nimm d's Vreneli rächt a di ane, häb di am Rock wie an ene Fahne! Nimm's rächt züache und häb's ume Büch! Hit wird tanzed! Hit gaht's rüch!

3 Bedele, chäibe, tanze und schwitze, d'Tscheppe abzie und d'Aermu umelitze! Hita tanzet di Jung und d'r Alt und d'Sü und d'r Bock und d'r Stier und d's Chalb!

4 Und wenn's d'r Pfarrer nit will lyde, so gänt em a Kaffemühl z'trybe! Und wer nit tanze und bedele cha, dem trürüt, wennse butzt, käi Tyfel durna!

516 Zum Beginn

Ich fang den Tag im Lie - de an, da - mit ich mich er - freu - en kann, da - mit ich mich er - freu - en kann.

2 Ich hör den Tag im Liede auf: /:so runde ich der Stunden Lauf.:/

3 Die dunkle Nacht hat keine Macht. /:Das Lied gewinnt, die Nacht zerrinnt.:/

4 So sing ich früh, so sing ich spät, /:bis meine Müh vorüber geht.:/

Zum Tanze, da geht ein Mädel

Zum Tan- ze, da geht ein Mä- del mit gül- de- nem Band. Zum

Band. Das schlingt sie dem Bur- schen ganz fest um die Hand. Das

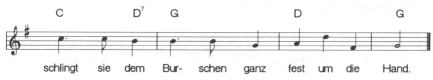

schlingt sie dem Bur- schen ganz fest um die Hand.

2 /:"Ach, herzallerliebstes Mädel, so lass mich doch los.:/ /:Ich lauf dir gewisslich auch so nicht davon.:/

3 /:Kaum löste die schöne Jungfrau das güldene Band,:/ /:da war in den Wald schon der Bursche gerannt.:/

Zünde an dein Feuer, Herr, im Herzen mir

Zün- de an dein Feu- er, Herr, im Her- zen mir, hell mög' es
ha- be, soll dein ei- gen sein, in dei- ne

bren-nen, lie- ber Hei-land, dir. Was ich bin und
Hän- de schliesse fest mich ein. Quelle des Lebens und der Freude

Quell, du machst das Dun- kel mei- ner See- le hell. Du hörst mein

Be -ten, hilfst aus al -ler Not, Je -sus, mein Hei -land, mein Herr und Gott.

2 Wollest mich bewahren, wenn der Satan droht. Du bist der Retter, Herr, von Sünd und Tod. In der Weltnacht Dunkel leuchte mir als Stern. Herr, bleibe bei mir, sei mir niemals fern.

3 Bald wird uns leuchten Gottes ew'ges Licht, freue dich, Seele, und verzage nicht. Lass die Klagen schweigen, wenn das Lied erschallt, fröhlichen Glauben: Unser Herr kommt bald!

T/M: Berta Schmidt-Eller/trad. © Hänssler-Verlag, D-Neuhausen-Stuttgart

519

Zwei Jünger gingen voll Not

Zwei Jün-ger gin-gen voll Not und Zwei-fel, trau-rig war ihr Ge-sicht. Doch da kam Je-sus und sprach mit ih-nen, und plötz- lich wur-de es Licht. *Refr.* Blei-be bei uns, weil es A- bend wird. Blei-be bei uns, oh Herr. Blei-be bei uns, weil es dun- kel ist. Blei-be bei uns, oh Herr!

2 Herr, deine Wege, die du mich leitest, kann ich oft nicht verstehn. Doch weil du mitgehst und um das Ziel weisst, will ich sie gern mit dir gehn.

3 Doch weil wir dein sind mit Leib und Leben, komme, was immer mag. Wir mögen fallen, in Not verzagen, bei dir ist Hilfe und Rat.

4 Viel Jünger gehen voll Not und Zweifel, trau-rig ist ihr Gesicht. Doch da kommt Jesus und spricht mit ihnen, und plötzlich wird es dann Licht.

T/M: Helga Poppe, Kreuzbruderschaft © Präsenz-Verlag, Gnadenthal, D-Hünfelden

Zwischen Jericho und Jerusalem

Zwi - schen Je - ri - cho und Je - ru - sa - lem liegt der
steil und müh - sam und un - be - quem, die - ser

Weg der Barm - her - zig - keit. Er ist
Weg der Barm - her - zig - keit. Da

hat ei - ne Räu-ber-ban-de ei - nen Mann um-stellt und be- droht, bald

lag er am Stras-sen- ran - de, ge - schla - gen, be - raubt und halb

tot. Hört, wie er schreit auf dem Weg der Barm -her - zig - keit.

2 Da kam ein Priester geschritten, auf dem Weg der Barmherzigkeit. Und dann einer von den Leviten, auf dem Weg der Barmherzigkeit. Sie konnten nicht länger verweilen, der Mann tat ihnen zwar leid, doch sie mussten zum Tempeldienst eilen, und der Tempel, der Tempel war weit. Hat keiner Zeit, auf dem Weg der Barmherzigkeit?

3 Doch die Hilfe war gar nicht ferne, auf dem Weg der Barmherzigkeit, denn einer kam, der half gerne, auf dem Weg der Barmherzigkeit. Ob die andern ihn auch verlachten, weil ein Samariter er war; ihn kümmerte nicht, was sie dachten, er machte Barmherzigkeit wahr. Er war schon weit, auf dem Weg der Barmherzigkeit.

4 Zwischen Lebensanfang und -ende liegt der Weg der Barmherzigkeit. Und man braucht bereite Hände, auf dem Weg der Barmherzigkeit. Sag, willst du vorübergehen? Sag, lässt du den andern allein? Sag, willst du die Not nicht sehen? Wem kannst du der Nächste sein? Komm, sei bereit, geh den Weg der Barmherzigkeit!

T/M: Martin G. Schneider © Bosse-Verlag, aus "Weil du Ja zu mir sagst"

Akkorde

Wie bereits im Vorwort angetönt, haben wir bei zahlreichen Liedern die Gitarrengriffe vereinfacht. Wir möchen Euch aber Mut machen, "neue" Griffe anzuschauen; sie sind oft sehr einfach zu spielen und klingen verblüffend gut. Die zusätzlichen Bezifferungen sind jedoch nicht Voraussetzung dafür, dass ein Lied zum Klingen kommt. Wie überall, wo Grifftabellen geschrieben stehen, muss man auch die Zeichen im Griffbild verstehen:

Wo oben am Griffbild ein "°" steht, da soll die leere Saite klingen, wo jedoch ein "x" zu finden ist, soll die entsprechende Saite abgedämpft sein.

Mit einem Punkt "°"weisen wir den jeweiligen Fingern ihren Platz zu. Eine "1" steht für den Zeigfinger und eine "4" für den kleinen Finger; was dazwischen plaziert ist, kann ja jeder an seinen Fingern abzählen. Und noch etwas: Auch römische Ziffern stehen im Gebrauch: Sie kennzeichnen den entsprechenden Bund, auf welchem ein Griff zu Hause ist: Also der erste Bund heisst "I", der sechste Bund "VI" und was dazwischen liegt, sagt Euch Adam Riese. Wer von Euch mit langen Fingern ausgestattet wurde, kann auch einmal einen Barrégriff wagen; ein Balken über ein paar oder über alle Saiten zeigt an, wo Euer Langfinger zu liegen und zu drücken kommt.

Bleibt noch etwas zu ergänzen: Für deutsch "B" steht international "B^b" und für "H" steht "B". Diese Umgewöhnung ist einfach und sinnvoll, da die Musikliteratur oft aus dem englischen Sprachraum stammt.

Nun wünschen wir Euch viel Freude am Ueben und vor allem am Begleiten Eurer Freunde, Schüler, Mitarbeiter, Chöre, usw. Wir sind überzeugt, dass Euch das Singen mit CAVAYOM immer wieder in Hochstimmung zu setzen vermag. Das gönnen wir Euch von ganzem Herzen.

Das Redaktionsteam

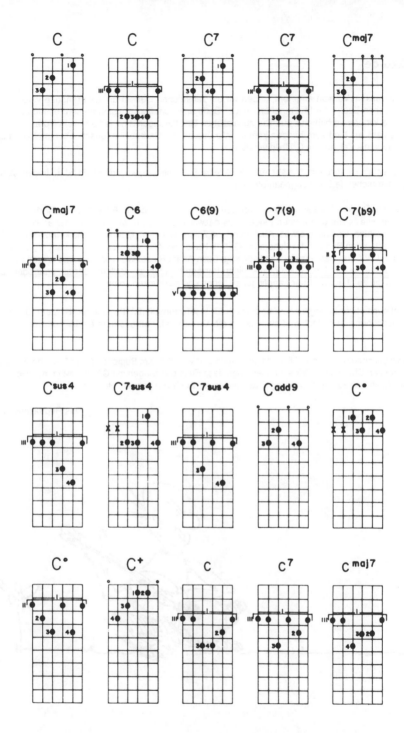

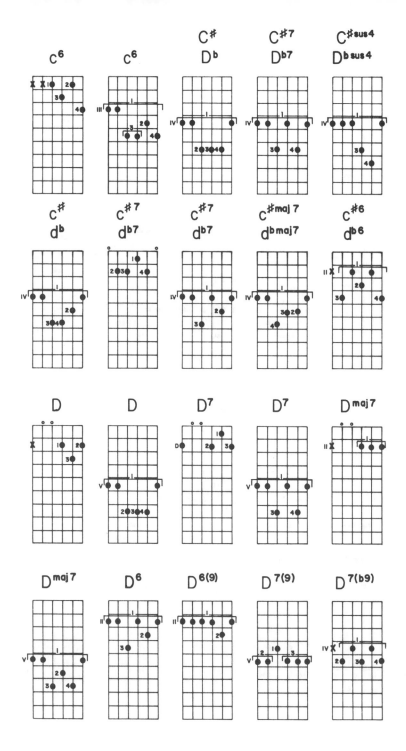

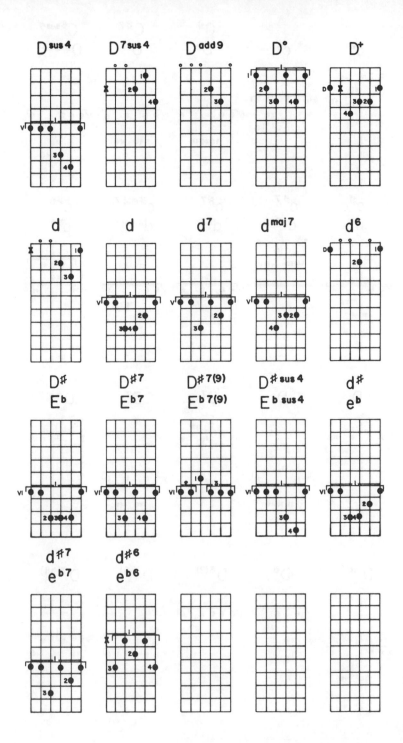

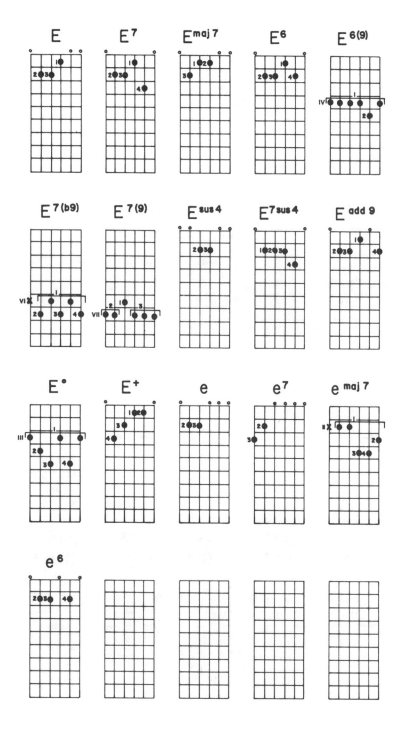

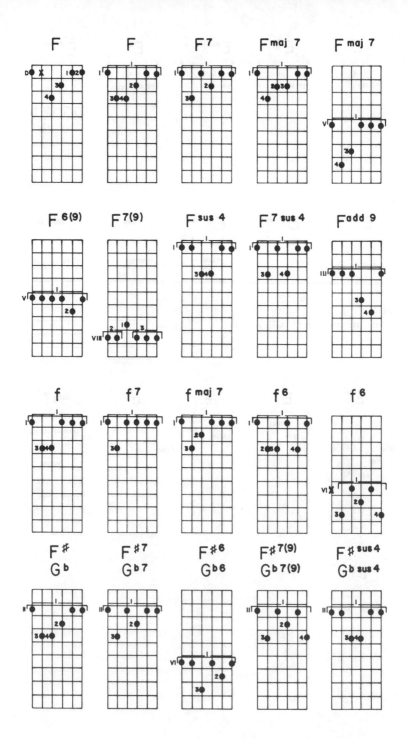

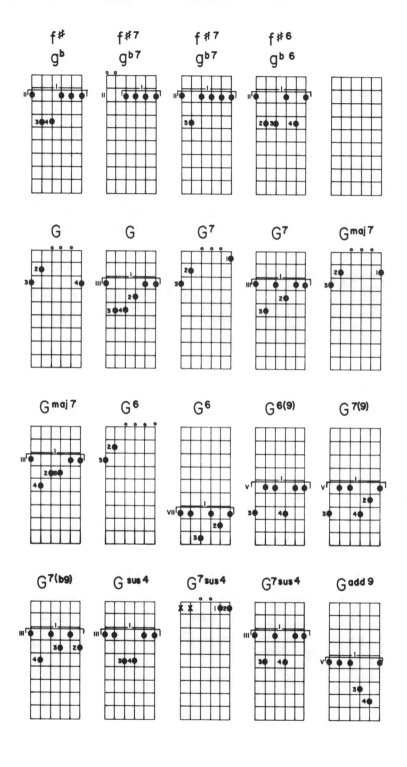

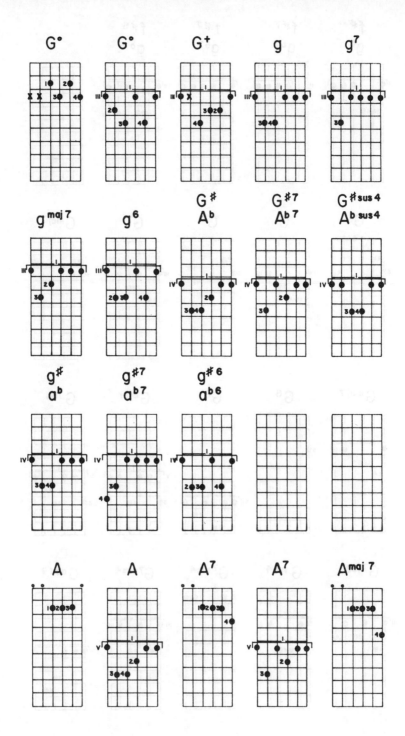

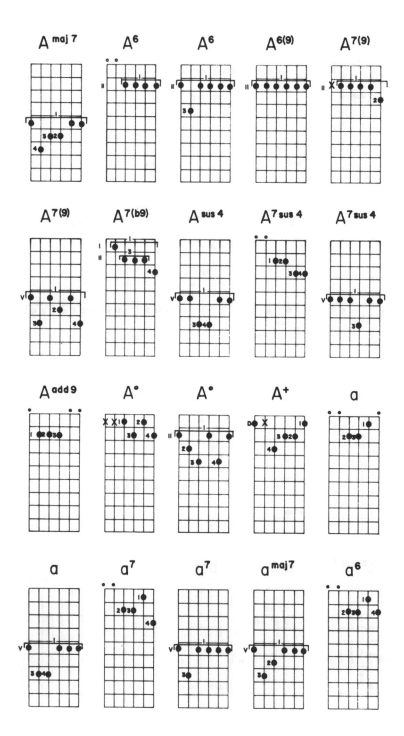

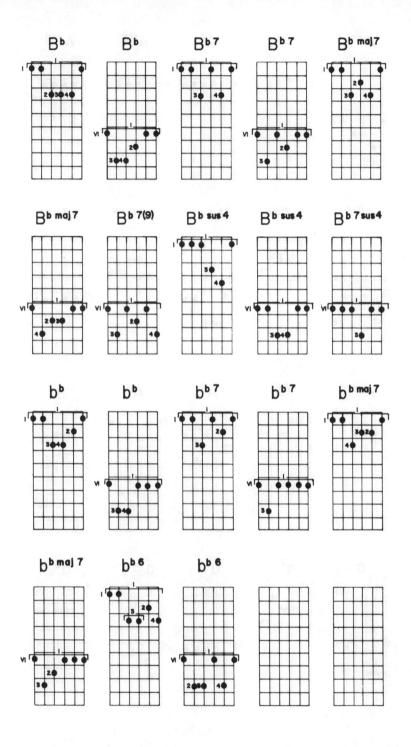

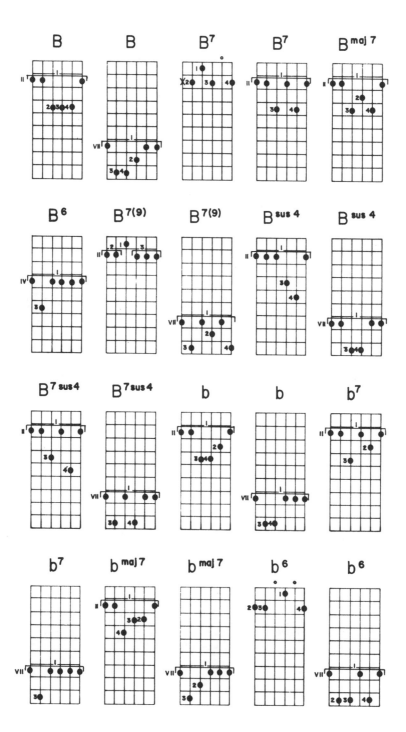

Inhaltsverzeichnis

Wir wurden oft gefragt, weshalb wir das CAVAYOM nicht thematisch gliederten. Wir haben das Repertoire bewusst alphabetisch gestaltet, weil wir unser Leben auch nicht thematisch geordnet erfahren. Wie oft sind wir zugleich fröhlich und traurig, suchen nach ruhigen Tönen und möchten laut herausschreien, lachen ausgelassen und denken dabei über Höhen und Tiefen unseres Lebens nach.